U0917287

中国农业科学院智库报告
中国农业发展战略研究院智库报告

CHINA AGRICULTURAL SECTOR DEVELOPMENT REPORT 2024

# 中国农业产业发展报告 2024

中国农业科学院 ◎ 组织编写

中国农业科学技术出版社

**图书在版编目（CIP）数据**

中国农业产业发展报告．2024 / 中国农业科学院组织编写．-- 北京：中国农业科学技术出版社，2024．8．

ISBN 978-7-5116-6978-0

Ⅰ．F323

中国国家版本馆 CIP 数据核字第 20241NV686 号

**责任编辑** 李 娜 朱 绯
**责任校对** 马广洋
**责任印制** 姜义伟 王思文

**出 版 者** 中国农业科学技术出版社
北京市中关村南大街 12 号　　邮编：100081
**电　　话**（010）82105169（编辑室）　（010）82106624（发行部）
（010）82106624（读者服务部）
**网　　址** https: // castp.caas.cn
**经 销 者** 各地新华书店
**印 刷 者** 北京科信印刷有限公司
**开　　本** 175 mm × 250 mm　1/16
**印　　张** 15.75
**字　　数** 260 千字
**版　　次** 2024 年 8 月第 1 版　　2024 年 8 月第 1 次印刷
**定　　价** 128.00 元

**版权所有 · 侵权必究**

本书得到

中国农业科学院科技创新工程

（10-IAED-XT-03-2024）和中央级

公益性科研院所基本科研业务费专项

（Y2024ZK06）资助

特此致谢！

# 《中国农业产业发展报告2024》

## 编著委员会

**指导顾问：** 吴孔明　杨振海　唐华俊　陈萌山　张合成

**主　　任：** 叶玉江

**副 主 任：** 胡向东　毛世平　王济民　孙东升　朱铁辉　孔繁涛

**主 编 著：** 胡向东　刘　丽　韩昕儒

**编著人员**（按姓氏笔画排序）：

王国刚　王祖力　王晓君　王斌发　石自忠　朱　宁
朱文博　刘　丽　闫　琰　李学惠　杨　春　杨艳涛
辛翔飞　宋莉莉　张　宇　张　琳　陈珏颖　林青宁
周　慧　周向阳　赵思诚　胡向东　姜　茜　钱　宸
钱加荣　钱静斐　高　芸　郭君平　黄圣男　曹芳芳
龚斌磊　常　倩　韩昕儒

# 前　言
PREFACE

2023 年是全面贯彻落实党的二十大精神的开局之年，是加快建设农业强国的起步之年，也是三年新冠疫情防控转段后经济恢复发展的一年，做好“三农”工作、守好“三农”基本盘意义重大。面对复杂严峻的国际环境和艰巨繁重的国内改革发展稳定任务，各地区各部门坚持稳中求进的工作总基调，着重扩大内需、优化结构，经济运行持续回升向好，高质量发展取得新成效。2023 年，国内生产总值比上年增长 5.2%，粮食产量达到 1.39 万亿斤（1 斤 =0.5 千克，全书同），增产 177.6 亿斤，再创历史新高，连续 9 年保持在 1.3 万亿斤以上；农村居民人均可支配收入达到 21 691 元，比 2022 年实际增长 7.6%。但是，面临资源与环境的硬性约束和粮食需求的刚性增长，中国粮食和重要农产品供求的紧平衡状态仍将长期存在，农业生产结构较难匹配居民日益增长的多样化以及营养健康食物的需求，居民总体膳食结构仍存在一些不合理的问题。所以必须牢牢守住“三农”基本盘，加快发展新质生产力，促进农业食物系统转型，全方位筑牢粮食和重要农产品稳定安全供给保障根基，推动中华民族永续发展。

在此背景下，《中国农业产业发展报告 2024》继续突出战略导向、定量分析的特点，基于统计数据和中国农业产业模型（CASM）等前沿研究方法，继续分析农业产业发展面临的新形势新问题，比较分析中国农产品加工业竞争力及关键影响因素，科学把握农业领域新质生产力的理论基础、内涵要义与发力点，探究大食物观视域下的食物需求演变、生产结构调整和消费结构调整。

《中国农业产业发展报告 2024》共分为 4 篇。第一篇是宏观形势，回顾了 2023 年国际国内宏观经济与农业产业发展形势，研判 2024 年发展走势。第二篇是竞争力分析，重点比较评估中国农产品加工业竞争力，探究影响竞争力提升的关键因素。第三篇是热点主题，聚焦面向 2035 年、2050 年的中国食物供需适配方案，科学预测 2035 年、2050 年中国居民食物消费结构的变化趋势，在此基础上模拟分析居民食物消费转型下的生产结构调整方向，进一步聚焦饲料粮，深入剖析全球饲料粮主要出口国的增产潜力和对华出口潜力，研判未来中国饲料粮进口格局的调整方向和路径。第四篇是产业前瞻，包含谷物、油料、畜禽水产等 20 个重要农产品产业发展形势分析与未来展望。

《中国农业产业发展报告 2024》得出以下主要结论。

**第一，国内经济与农业产业回升向好，高质量发展扎实推进。**2023 年全球经济在经历了疫情和地缘政治冲突等多重挑战后，显示出较强韧性，但经济增长分化加剧。全球农业生产、物流运输和贸易秩序逐步回稳，粮食等重要农产品总产量略增，全球谷物产量创新高，供给不平衡问题有所改善，国际市场价格纷纷回落。2023 年国内经济回升向好，高质量发展扎实推进，现代化产业体系建设取得重要进展，贸易结构持续优化，居民人均可支配收入不断增长，就业和物价总体稳定。农业产业整体平稳运行，粮食生产再获丰收，大豆油料扩种成效明显，猪肉产量保持增长，农产品价格稳中有降，乡村产业发展势头良好，科技和改革双轮驱动，农业高质量发展成效显著，农村居民收入持续稳定增长，产业端和需求端形成良性循环。预计 2024 年全球农产品贸易环境复杂性、严峻性上升，全球农产品供需和贸易承压前行；国内经济总体长期向好的趋势不变，粮食生产基本面良好，粮食产量将达到 7.03 亿吨，农产品市场供需稳定，各类农产品价格保持相对平稳运行，贸易量较上年基本保持稳定。

**第二，中国加工农产品出口竞争力总体处于中等水平。**农产品加工业不仅是吸纳就业、带动农民增收的重要行业，而且能够通过转化阶段性过剩的农产品为加工品，既可以有效避免农产品因市场过饱和而造成的价格暴跌，还能通过增加农产品的附加值来提振市场需求，是中国农业发展中不可或缺的“蓄水池”和“战略后院”。在 11 类食品加工农产品中，除鱼类、果蔬类加工品具有一定国际竞争力外，其他类别产品国际市场占有率较低，出口贸易竞争力不强且多数呈下降趋势。目前，中国农产品加工业与农业产值比为 2.52 ∶ 1，远低于发达国家 3.5 ∶ 1 的水平；农产品加工转化率为 67.5%，比发达国家低近 18 个百分点，在未来仍有较大增长空间。未来需要优化农产品加工业区域布局，推动农产品加工产业向乡村集聚，加快农产品加工业科技创新和成果转化，支持科研院所、高校与龙头企业共建农产品加工业创新平台，大力发展新质生产力，培育农产品加工业发展新动能，助力“乡村再工业化”，赋能乡村全面振兴。

**第三，从全要素生产率（TFP）视角分析，中国农业竞争力提升面临严峻形势，加快形成农业领域新质生产力是中国实现农业现代化、迈入农业强国的根本路径。**

中国农业 TFP1992—2012 年略落后于美国、但高于加拿大、法国、澳大利亚、德国农业 TFP 的水平，2013—2021 年出现回落，降至全部农业强国的农业 TFP 水平之下。1961—2021 年，中国农业 TFP 对农业总产出增长的贡献度仅为 21.10%，而世界农业强国 TFP 对农业总产出增长的贡献度均在 50% 以上。中国农业 TFP 增长的驱动力由技术进步转变为规模效应。当前中国面临着农业 TFP 增速下滑的困境，一方面是因为缺乏颠覆性农业技术，另一方面是农业农村的制度改革已逐渐进入深水区。为此，必须加快形成农业领域的新质生产力，实现农业 TFP 的大幅提升，赶超世界农业强国。未来可从以新技术突破战略科技制高点、以新产业推动农业向高端化智能化绿色化发展、以新模式推动形成适应新质生产力的生产关系、以新措施推动新质生产力落地四个方面发力，加快形成和发展农业领域新质生产力。

**第四，中国居民食物消费正向多元化转变，如果持续普及健康膳食模式，中国豆类、奶类、水产品等优质蛋白和蔬菜的人均需求将大幅提高，主食、肉类和油脂需求将明显降低。**1961—2021 年，中国人均膳食能量消费量持续增长，谷物供能比下降，肉类供能比稳定增长且已跃升为第二大供能食物，蔬菜第三，植物油第四。当人均 GDP 突破 2 万美元时，人均能量消费量趋于稳定，优质蛋白食物消费持续增长，膳食消费结构不断优化。如果中国食物需求结构变化趋势符合世界一般规律且不进行需求干预，到 2035 年，中国居民谷物、薯类等主食的人均需求将明显下降，但动物性食品和油脂类人均需求将大幅增加，蔬菜水果需求略有上升，可能导致膳食营养过剩与结构性不平衡问题加剧，引发新营养问题。如果持续普及健康膳食模式，到 2050 年实现理想膳食的结构转型目标，中国豆类、奶类、水产品等优质蛋白和蔬菜的人均需求将大幅提高，主食、肉类和油脂需求将明显降低，中国居民的膳食结构将更加合理。

**第五，从需求侧引导居民食物消费转型能够优化粮食种植结构，缓解资源环境约束，有效保障国内粮食安全。**基于可变收入弹性的食物需求预测情景下，到 2035 年，相较基准情形，要达到目标自给率，稻谷、小麦和玉米种植面积可分别调减 9%、4% 和 1%，35% 的自给率目标下大豆种植面积较基准情形需增加 41%，猪肉、牛肉、羊肉、鸡肉、鸡蛋和水产品生产分别较基准情形调增 24%、45%、24%、30%、12% 和 8%，牛奶产量较基准情形减少 4%。基于理想膳食模式的食物需求预测情景下，要达到目标自给率，相较基准情形，到 2050 年，水稻和小麦种植面积将减少 22% 和 16%，玉米面积增加 2%，35% 自给率目标下的大豆种植面积可调减 1%，猪肉、牛肉、羊肉、鸡肉和鸡蛋产量分别较基准情形可调减 31%、29%、34%、38% 和 18%，牛奶、水产品产量分别较基准情形需调增 87% 和 73%。

**第六，全球主要饲料粮出口国市场供应具有巨大潜力，未来中国在构建国内多元化饲料粮供给体系的同时，应进一步充分利用国际市场和国际资源，布局饲料粮多元化进口渠道。**未来气候条件下，全球饲料粮主要出口国平均单产水平会有不同程度的提高。其中，大麦和高粱出口国的潜在总产量提升空间较大，增产潜力分别达到 56%~66% 和 80%~85%，大豆出口国的潜在总产量具有一定提升空间，增产潜力可达 31%~36%；相对而言，玉米出口国的潜在总产量提升空间有限，增产潜力为 6%~9%。在双循环互补互促的新发展格局下，未来中国饲料粮进口格局从稳定深化现有贸易关系方面可稳定与美国农业合作机制和农产品贸易关系，深化与巴西、阿根廷在农业领域的全方位合作；在开拓新市场新渠道方面，可拓展与俄罗斯、哈萨克斯坦等“一带一路”共建国家的农业经贸合作，构建饲料粮的多元化进口格局。

**第七，未来两年中国农业产业发展总体保持趋好态势。一是谷物产业。**2024—2025 年，在中央继续实施新一轮千亿斤粮食产能提升行动，稳定粮食播种面积，推动大面积提高粮食单产等政策支持下，预计稻谷和小麦播种面积和总产量基本稳定，玉米种植面积增加有限，总产量稳步增加，三大谷物产量稳中略增，国内供给充足；市场需求总体稳定，稻谷需求稳中有降，小麦食用和饲用消费小幅下降，玉米深加工向好，饲用消费或下降；三大谷物将持续呈净进口态势，稻米进口量或先降后升，小麦和玉米进口量有所下降但仍将维持高位。**二是油料产业。**2024—2025 年，在国家“稳大豆”政策导向不变、生产者补贴等支持政策继续向大豆倾斜背景下，预计中国油料作物种植面积和产量将稳步增加；国内需求刚性增加态势还将延续，大豆食用消费和饲用消费保持相对稳定，油菜籽加工需求保持较快增长趋势，花生需求将呈现增长态势；大豆进口量保持高位，油菜籽、花生油及花生粕净进口量出现下降。**三是畜禽水产养殖业。**2024—2025 年，生猪产能或窄幅调整，牛羊肉、鸡蛋、牛奶产量保持增长，肉鸡生产仍将实现较大幅度增长，水产品生产稳中有增，养殖效率持续提升；猪肉消费将总体趋稳，牛羊肉、牛奶消费需求保持增长，鸡肉需求仍将进一步增加，鸡蛋消费增幅收窄，水产品消费需求强劲，居民在外消费增幅明显；猪肉进口或保持正常水平，牛肉净进口有所增加，羊肉贸易基本持平，鸡肉贸易量继续保持净进口状态，鸡蛋保持净出口，乳制品进口高位态势难以扭转，水产品进口保持快速增长，出口弱势，贸易逆差持续扩大。**四是其他重要农产品产业。**2024—2025 年，马铃薯、棉花、蔬菜、水果生产将继续保持稳定，糖料种植面积小幅上涨，食糖产量恢复性增长；马铃薯和水果消费总量稳定，棉花加工消费量稳中略降，食糖和蔬菜消费小幅上升；马铃薯净出口逐步恢复，棉花进口稳中略降，食糖进口量大幅上涨，出口量波动明显，蔬菜净出口变化为上升态势，水果贸易将保持高位逆差态势。

# 目　录
CONTENTS

## 第一篇　宏观形势



## 第二篇　竞争力分析

## 第三篇　热点主题

# 第一篇

2023 年，世界经济虽仍面临新冠疫情后遗症、地缘政治冲突不断等多重挑战，但全球经济下行压力整体得到缓解，显示出较强韧性。据国际货币基金组织（IMF）估计，2023 年全球 GDP 增长率为 3.2%，较上年下降 0.3 个百分点。全球平均通胀率 6.8%，较上年下降 1.8 个百分点。据联合国粮食及农业组织（FAO）估计，2023 年全球谷物产量为 28.40 亿吨，同比增长 1.2%。全球食品价格指数均值为 124 点，同比下降 13.7%。全球谷物贸易量为 4.87 亿吨，同比增长 1.6%。国内国民经济回升向好，全年国内生产总值比上年增长 5.2%。粮食产量再创新高，达到 13 908.2 亿斤，实现“二十连丰”。大豆油料扩种成效明显，连续两年稳定在 1.5 亿亩以上。全年猪肉产量同比增长 4.6%。2023 年全国农产品生产者价格总水平比上年下降 2.3%。据海关统计，2023 年全国进口粮食 1.6 亿吨，同比增长 11.7%，大豆占六成以上，进口量为 9 941 万吨。科技和装备对粮食增产支撑稳步增强。2023 年，完成新建和改造提升高标准农田 8 611 万亩，农业科技进步贡献率超过 63%，农作物耕种收综合机械化率超 73%。城乡居民收入差距继续缩小，农村居民人均可支配收入 21 691 元、实际增长 7.6%，较 GDP 增速快 2.4 个百分点，较城镇居民可支配收入增速快 2.8 个百分点。

预计 2024 年，世界经济增长仍面临乏力挑战，增速持续放缓。据国际货币基金组织（IMF）预测，2024 年全球经济增速预期为 3.2%，与 2023 年持平。通胀率降至 5.4%，并在 2025 年进一步降低至 4.5%。据联合国粮食及农业组织（FAO）预测，2024 年全球谷物库存量预计为 8.90 亿吨，大米、玉米、大豆等主要农产品全球供需相对宽松，但食用植物油等部分农产品供需偏紧。出于对粮食安全保障，全球粮食库存都在增加。国内经济发展总体长期向好趋势未改变，预计全年 GDP 增速为 5%，新质生产力将赋能高质量发展。根据中国农业产业模型（CASM）预测结果表明，2024 年，在稳住面积、主攻单产、力争多增产的国家粮食政策导向下，预计粮食产量将达到 7.03 亿吨，其中大豆产量同比增长 5.14%；生猪产能或窄幅调整，较上年减少 2.64%；粮食净进口量将达到 1.61 亿吨，其中，大豆净进口量仍在高位运行，同比增长 0.45%；猪肉净进口稳中有增，同比增长 1.66%；水产品净进口量快速增长，同比增长 21.4%。

# 第 1 章

# 宏观经济：回顾与展望

本章作者：杨艳涛（yangyantao@caas.cn）

**主要观点**

● 世界经济分化日益加剧，通货膨胀依然是核心挑战。在经历了疫情、地缘政治冲突等多重挑战后，2023 年全球经济显示出较强韧性，但经济增长分化加剧。主要发达经济体通胀仍高于目标水平，表明通胀治理的政策效果有限。预计 2024 年分化趋势将持续并加剧，尤其是新兴市场和发展中经济体将成为经济增长的主要引擎。全球通胀压力仍将持续，尤其是发达经济体，通胀率可能维持在较高水平并具有波动性。

● 美联储数次加息增加了全球经济的不确定性，对新兴市场和中国经济带来了挑战。2023 年美元加息造成新兴市场和中国货币的贬值，并影响其出口竞争力和债务偿还能力。预计 2024 年，随着美联储加息周期的结束，全球金融环境将有所改善，但新兴市场国家可能仍需应对高利率带来的债务风险和资本外流压力。

● 内需成为中国经济增长的主要驱动力，中国经济结构持续优化，新动能不断崛起。2023 年中国社会消费品零售总额和固定资产投资增长显著，高技术制造业和服务业等新动能领域发展迅速。预计 2024 年，基础设施投资和消费升级将成为经济增长的重要支撑，内需的强劲表现将继续对冲外需疲软的影响。科技创新和数字化转型将为经济提供新的增长动力，政策支持将推动新质生产力形成。随着国际贸易环境的改善，中国出口有望实现小幅增长，特别是新能源产品的出口将成为亮点。

● 中国货币政策和财政政策形成协调联动，多举措促进经济平稳增长。2024年，中国的货币政策将继续维持适度宽松，财政政策将更加积极有效，有力支持经济增长和结构调整，货币政策和财政政策形成合力将有效稳定内需增长和价格指数。汇率稳定政策和充裕的外汇储备将为人民币汇率提供支撑，预计人民币对美元汇率将保持在合理水平。

● 国际环境变化和国内经济转型的背景下，中国农业发展将面临多重挑战和机遇。一方面，美元加息和贸易保护主义盛行直接影响中国农产品进出口，汇率的变化带来农业生产成本上升。另一方面，技术进步和绿色转型将为中国农业提供新的增长点，推动农业向技术密集型和可持续发展方向迈进。预计2024年，中国农业将在科技创新和政策支持双轮驱动下，实现质量和效益的提升。

## 1.1 2023年世界宏观经济走势与2024年展望

### 1.1.1 2023年世界宏观经济走势

**（1）世界经济整体下降趋缓，经济体增长分化加剧**

**2023年，世界经济虽然面临新冠疫情后遗症、俄乌冲突以及生活成本危机等多重挑战，但经济下行压力整体得到缓解，显示出较强的韧性。**全球政治经济摩擦和不确定性增多，尤其是美欧的高利率政策、央行的缩表行动和银行业的短暂危机。这些因素合力制约了制造业的景气度，影响了全球经济增长。根据国际货币基金组织（IMF）的预测，2023年全球GDP增长率为3.2%，较上年下降0.3个百分点（表1-1）。

**在发达经济体和新兴市场之间，经济增长的分化趋势明显。**2023年，发达经济体的平均 GDP 增速为 1.6%，较上年下降 1 个百分点；而新兴市场与发展中经济体增速为 4.3%，比上年上升 0.2 个百分点。各国经济增长分化加剧。在三大发达经济体中，美国、日本和欧洲的经济表现各异，呈现“美强日兴欧弱”的格局。美国依靠强劲的创新能力，2023 年 GDP 增速达 2.5%、比上年上升 0.4 个百分点；欧元区受全球制造业下行影响较大，面临较大的衰退风险，2023 年 GDP 增速仅为 0.4%、比上年下降了 2.9 个百分点；日本经济在“安倍经济学”等系列政策的引领下逐渐走出通缩，开始呈现复苏态势，2023 年日本 GDP 增速达 1.9%、比上年上升 0.9 个百分点。新兴市场与发展中经济体的经济增速比发达经济体高 2.7 个百分点，速差较上年扩大 1.2 个百分点。在新兴市场与发展中经济体中，金砖国家表现不一，中国、俄罗斯和印度经济增速分别为 5.2%、3.6% 和 7.8%，较上年分别上升 2.2、5.7 和 0.6 个百分点；而巴西和南非经济增速则分别为 2.9% 和 0.6%，南非较上年下降 1.3 个百分点。经济增长的分化反映了不同国家面对全球经济复苏过程中策略和资源的差异，也凸显了全球宏观经济政策协调的复杂性和困难性不断增加。在此背景下，各国政策导向的差异化将更加显著，对国际经济合作与政策协调提出了更高要求。

**表 1-1　2022—2025 年世界经济增长概况**

单位：%

| 国家与地区 | 2022 年 | 2023 年 | 2024 年（预计） | 2025 年（预计） |
|---|---|---|---|---|
| 世界经济 | 3.5 | 3.2 | 3.2 | 3.2 |
| 发达经济体 | 2.6 | 1.6 | 1.7 | 1.8 |
| 美国 | 2.1 | 2.5 | 2.7 | 1.9 |
| 欧元区国家 | 3.3 | 0.4 | 0.8 | 1.5 |
| 日本 | 1.0 | 1.9 | 0.9 | 1.0 |
| 英国 | 4.1 | 0.1 | 0.5 | 1.5 |
| 新兴市场和发展中经济体 | 4.1 | 4.3 | 4.2 | 4.2 |
| 亚洲新兴和发展中经济体 | 4.5 | 5.6 | 5.2 | 4.9 |
| 中国 | 3.0 | 5.2 | 4.6 | 4.1 |
| 印度 | 7.2 | 7.8 | 6.8 | 6.5 |
| 欧洲新兴和发展中经济体 | 0.8 | 3.2 | 3.1 | 2.8 |

（续表）

| 国家与地区 | 2022年 | 2023年 | 2024年（预计） | 2025年（预计） |
|---|---|---|---|---|
| 俄罗斯 | -2.1 | 3.6 | 3.2 | 1.8 |
| 拉丁美洲和加勒比地区 | 4.1 | 2.3 | 2.0 | 2.5 |
| 巴西 | 2.9 | 2.9 | 2.2 | 2.1 |
| 墨西哥 | 3.9 | 3.2 | 2.4 | 1.4 |
| 中东和中亚 | 5.6 | 2.0 | 2.8 | 4.2 |
| 沙特阿拉伯 | 8.7 | -0.8 | 2.6 | 6.0 |
| 撒哈拉以南非洲 | 4.0 | 3.4 | 3.8 | 4.0 |
| 尼日利亚 | 3.3 | 2.9 | 3.3 | 3.0 |
| 南非 | 1.9 | 0.6 | 0.9 | 1.2 |

资料来源：国际货币基金组织（IMF）2024年4月发布的《世界经济展望》。

**（2）发达经济体就业总体良好，通胀水平下降速度超出预期**

**全球就业状况改善**。据国际劳工组织（ILO）统计，全球失业人数在2022年的高位2.05亿人修正至1.92亿人，并在2023年进一步降至1.91亿人，失业率下降至5.3%，较2022年降低0.1个百分点。尤其在发达国家，失业率普遍回落至疫情前水平，部分国家失业率创下数十年新低。例如，欧元区的失业率稳定在历史低点6.5%，美国失业率保持在3.9%，俄罗斯的失业率更是下降至2.9%。

**全球通胀速度减缓**。在主要发达经济体持续实施紧缩的货币政策背景下，2023年全球通胀明显缓解。IMF数据显示，2023年全球平均通胀率降至6.8%，较2022年下降了1.8个百分点，2023年年末预计通胀率将达到6.4%，较2022年下降2.5个百分点。美国的消费者物价指数（Consumer Price Index，CPI）年增率降至3.2%，较去年同期下降6个百分点；欧元区的调和消费者物价指数（Harmonized Index of Consumer Prices，HICP）同比增长2.4%，创下近期的最低水平。此外，全球大宗商品价格下降，如燃料价格同比下降26.1%，是物价下降的一个重要因素。**尽管如此，当前主要发达经济体的通胀水平仍高于央行的通胀目标，表明美欧等国的货币政策虽短期有效，但通胀治理的效果仍显不足**。

**（3）美联储数次加息，增加了全球经济的不确定性**

2023年美联储共召开了八次利率会议，采取了多轮加息措施，主要目的是抑制国内高通胀率。美国的货币政策，特别是加息，对美国及全球经济产生了深远影响。**首先，对于美国而言**，加息通常会导致美元短期内升值，增加美元资产的吸引力，导致资本从全球流回美国。根据世界银行的数据，美国经济在加息周期中显示出一定的复苏迹象，但并未完全转向出口导向型经济结构，主要是由于美国经济增长更多依赖于内需，特别是服务业和消费者支出。**其次，对于其他经济体而言**，不同国家根据其经济结构和外贸依赖度可能会受到不同程度的影响。美元加息通常会影响新兴市场国家的经济，因为美元加息导致资本向美国集中，增强美元价值，从而影响这些国家的出口竞争力和债务偿还能力。同时新兴市场的货币可能会贬值，高利率增加偿债成本，推高债务风险。**最后，对中国经济的挑战**，美元加息可能增大资本外流压力，人民币对美元的汇率面临下行压力，增加跨境融资成本，影响市场预期和企业的投资决策。2023 年人民币对美元平均汇率为 7.1，比上年贬值 4.5%。

**（4）国际原油价格受供求关系等因素影响，总体呈震荡走低态势**

**2023 年国际油价呈现“W”形走势，总体处于高位震荡下行走势**。据世界银行 2024 年 5 月最新数据，2023 年国际原油平均价格为 80.8 美元 / 桶，比上年下跌 16.79%。2023 年影响国际原油走势的主要因素为：**第一，市场供需关系**。尽管全球经济增长放缓，但特定地区和行业的原油需求保持增长，2023 年 OPEC+ 多次调整产量限制，以应对原油价格波动，这在很大程度上稳定了市场。**第二，地缘政治事件**。伊朗、沙特等中东地区的不稳定性、俄乌冲突导致的西方国家对俄罗斯石油的制裁，都直接影响了原油的生产和出口以及全球石油供应链。**第三，全球经济环境的变化**。全球经济复苏显示出波动性，美国、欧洲、中国等世界主要经济体的经济增长放缓，影响了原油的需求预期。**第四，能源政策及转型**。绿色能源政策的推行，减少了对传统化石燃料的依赖，进而影响了原油价格。

### 1.1.2 2024 年世界宏观经济展望

随着紧缩货币政策负面影响逐步显现，全球经济增长动能趋弱，预计 2024 年世界经济将进一步放缓，主要经济体增长分化加剧。地缘政治及地区冲突升级将加剧潜在的经济下行风险。尽管预期通胀压力将持续缓解，但发达市场通胀水平仍将高于央行目标且更具波动性。

**（1）世界经济增速将持续放缓，各国增长分化趋势日益明显**

**2024 年全球经济增速预计将持续放缓，发达经济体和发展中经济体均面临增长乏力的挑战**。尽管疫情的直接影响已减弱，但地缘政治的不确定性、供应链重组及经济政策分化仍然对全球经济复苏构成阻碍。多家权威机构对 2024 年世界经济形势预测不乐观。根据 IMF2024 年 4 月预测，2024 年全球经济增速预期为 3.2%，与 2023 年持平，其中，发达经济体经济增速将由 2023 年的 1.6% 上升到 2024 年的 1.7%，新兴市场和发展中经济体 2024 年经济增速为 4.2%，与 2023 年相比下降 0.1 个百分点。

**各国增长分化趋势将日益明显**。美国、欧洲等发达经济体的经济增速放缓明显，而亚洲经济总体保持增长态势。中国经济将保持稳定增长，消费市场持续扩大，消费需求不断升级，为经济增长提供支撑。印度经济将继续保持较高增速，消费需求增长、财政支出持续扩大、制造业快速发展、服务业出口激增和公共投资增大等将继续推动经济发展。新兴市场和发展中经济体拥有庞大的人口基数、丰富的资源禀赋和广阔市场空间，为世界经济发展提供了巨大潜力，在世界经济格局中的地位将进一步提升。特别是在亚洲、非洲和拉丁美洲等地区，一些新兴市场和发展中经济体将成为世界经济增长的重要引擎。

**（2）通胀依然是全球经济面临的核心挑战，上行风险持续存在**

根据国际货币基金组织（IMF）的预测，全球通胀率预计将从 2023 年的 6.8% 降至 2024 年的 5.4%，并在 2025 年进一步降低至 4.5%。**尽管全球总体通胀率有所下降，发达经济体的通胀率预计仍将维持在较高水平，反映出持续的物价压力**。**未来影响全球经济的四大风险**：**一是**经济衰退风险增加，短期内全球经济可能面临衰退的风险，特别是在主要经济体中；**二是**利率正常化，实际利率的正常化将是各国央行面临的挑战，为控制通胀，预计政策利率将持续上升；**三是**地缘政治与地区冲突，地缘政治紧张和地区冲突可能加剧，为全球经济增长带来新的下行风险；**四是**发达市场产业政策的强化，发达市场将重点推动传统产业的现代化和新兴产业的发展，这可能带动长期的结构性增长动能，但也可能引起通胀的结构性上升。

**（3）国际原油价格短期将处于高位震荡，面临诸多不确定性因素**

2024 年，由于全球经济增长乏力，原油需求虽面临压力，但在供给偏紧以及中国、印度需求有望持续复苏的背景下，国际油价短期仍将处于高位运行。未来国际原油价格是否大幅波动取决于以下三个方面：一是地缘政治紧张局势是否继续发酵，将会影响国际原油的供应；二是全球经济是否能加快复苏，尤其是中国和印度等新兴市场的经济活力恢复，将可能带动原油需求增加；三是 OPEC+ 的产量决策将继续是影响 2024 年油价的重要因素。展望 2024 年，国际能源署（IEA）、世界银行等预计国际原油价格将在 68~94 美元 / 桶震荡。

综上所述，2024 年世界宏观经济的展望显示出增长放缓与通胀控制的双重挑战，全球央行可能需要在抑制通胀和支持经济增长之间找到平衡。结构性改革和产业政策的调整将是各国应对经济挑战的关键，特别是在提高产业竞争力和支持技术创新方面。各国政府和央行将需要采取协调一致的政策措施，以稳定经济环境并促进可持续发展。

## 1.2 2023 年中国宏观经济走势与 2024 年展望

### 1.2.1 2023 年中国宏观经济走势回顾

**（1）国民经济回升向好，经济恢复进程曲折**

国家统计局数据显示，2023 年全年国内生产总值比上年增长 5.2%。分产业看，第一产业增加值比上年增长 4.1%，第二产业增加值比上年增长 4.7%，第三产业增加值比上年增长 5.8%。**面对极为错综复杂和严峻的国内外环境，中国三大产业表现出积极向好的发展态势，显示出整体经济的均衡发展，尤其是第三产业，对 GDP 增幅的贡献率达到 61% 左右，拉动 GDP 增长 3.3 个百分点左右。**粮食产量再创新高，畜牧业稳定增长，粮食产量连续 9 年稳定在 1.3 万亿斤以上。工业经济逐渐趋于稳定，尤其是装备制造业增速明显，全年规模以上工业增加值同比增长 4.6%，装备制造业增加值比上年增长 6.8%。第三产业快速恢复，后疫情时代接触型服务业呈现爆发式恢复性增长，现代服务业带动作用较强，远高于第三产业增加值的平均水平，尤其是信息传输软件、信息技术服务业增加值同比增长率远高于第三产业增加值的平均增速。

**尽管中国经济基本面长期向好，但仍存在不稳定因素。首先**，经济增长的内生动力尚显不足，特别是投资增速缓慢和房地产市场的停滞。**其次**，全球经济低迷对中国的外贸增长造成了阻碍，外需减弱，订单量下降。同时，国际政治环境的变化，尤其是美国对中国的政策，也给外贸环境带来了不确定性。但在党中央的坚强领导下，中国经济的复苏进程将持续向好，虽有波动但基本趋势未变。

**（2）内需成为推动经济增长的主力，有效对冲外需收缩压力**

**2023 年中国的内需市场明显强化，成为经济增长的核心驱动力**。2023 年货物和服务净出口对经济增长贡献率已连续三个季度为负，外需在中国需求结构中的比重不断下降。社会消费品零售总额和固定资产投资的规模均有所扩大，**内需的贡献率显著提高至 111.4%，比上年提高 25.3 个百分点**。尤其是最终消费的快速回升，有效对冲了外需的不足。基建和制造业投资为固定资产投资提供了坚实支撑，制造业和基建保持较高景气度，成为投资需求的主要贡献。

**（3）经济结构持续优化，新动能不断崛起**

**2023 年中国经济结构继续优化，新动能替代效应显著，发挥越来越大的支撑作用**。2023 年基础设施投资增长 5.9%，制造业投资上升 6.5%，而房地产投资则下降 9.6%。尽管房地产市场调整，但**新经济领域的投资和产出保持快速增长，特别是高技术制造业和服务业**，其中航空、航天器及设备制造业和信息技术服务业投资增速尤为突出。高技术制造业、高技术服务业投资分别增长 9.9%、11.4%。此外，智能工厂和数字化车间的建设规模不断扩大，标志着产业升级和技术革新步伐的加快，新动能领域发展势头良好。

**（4）货物进出口总体平稳，贸易结构持续优化**

2023 年全年货物进出口总额 417 568 亿元，比上年增长 0.2%，其中，出口 237 726 亿元、同比增长 0.6%，进口 179 842 亿元、同比下降 0.3%，贸易顺差维持在 57 884 亿元。民营企业进出口增长 6.3%，占进出口总额的比重为 53.5%，比上年提高 3.1 个百分点。对“一带一路”共建国家进出口增长 2.8%，占进出口总额的比重为 46.6%，比上年提高 1.2 个百分点。**一般贸易增速持续大**

**于加工贸易增速，出口产品的国内增加值含量持续提升**。机电产品，特别是新能源产品如电动汽车和太阳能电池等，出口表现强劲，推动了出口总额的增长。整体来看，中国的货物贸易表现优于预期，达到了稳中提质的年度目标。

**（5）人均可支配收入增速高于经济增速，物价总体保持温和上涨**

**2023 年中国居民民生福祉显著提高**。**首先，居民人均可支配收入不断增长，农村居民收入增速快于城镇居民，城乡之间的居民收入差距进一步缩小**。国家统计局数据显示，全国居民人均可支配收入达到 39 218 元、实际增长率为 6.1%，超过了 GDP 的增速。其中，城镇居民人均可支配收入为 51 821 元、实际增长 4.8%，农村居民人均可支配收入为 21 691 元、实际增长 7.6%。**其次，居民人均消费增长，消费结构升级**。全年全国居民人均消费支出为 26 796 元、实际增长 9.0%。基本生活类商品销售稳定增长，升级类商品销售较快增长，这意味着人民生活质量不断提高。**2023 年居民消费价格温和上涨，全年居民消费价格指数（CPI）比上年上涨 0.2%**，经济中的有效需求逐渐得到恢复。**最后，就业形势保持总体稳定**。全年全国城镇调查失业率平均值为 5.2%，比上年下降 0.4 个百分点。31 个大城市城镇调查失业率为 5.0%。全年农民工总量为 29 753 万人，比上年增加 191 万人，增长 0.6%。其中，本地农民工数量为 12 095 万人，下降 2.2%；外出农民工数量为 17 658 万人，增长 2.7%。农民工月均收入水平为 4 780 元，比上年增长 3.6%，进一步证明了收入分配的逐步优化和经济增长红利的扩散。这一系列数据不仅显示了中国经济的均衡发展，也凸显了政策导向的有效性在稳定物价和促进就业方面的成果，为持续推动高质量发展奠定了坚实的基础。

### 1.2.2　2024 年中国宏观经济展望

2024 年，中国宏观经济仍将处在机遇与挑战并存的复杂环境中，经济发展面临的不确定性因素增多，但总体长期向好的趋势不会改变。预计货币政策将继续执行适度宽松，财政政策将更积极有效，内需将进一步增强，外需有望小幅改善，经济将稳步回升。

**（1）经济企稳回升基本面不变，新质生产力赋能高质量发展**

2024 年是重要的历史节点——中华人民共和国成立 75 周年，也是全面落实党的二十大精神和“十四五”规划攻坚的关键年。**《2024 年国务院政府工作报告》预计全年 GDP 增速为 5%，显示经济稳定回升**。中国将继续推动供给侧结构性改革，优化经济结构，促进产业升级。政府将加大对科技创新和新兴产业的支持，特别是推动数字化转型和绿色可持续发展。科技创新将塑造发展新优势，新质生产力加快形成。发挥科技创新的引擎作用，形成具有国际竞争力的技术创新体系和产业集群，发展新质生产力，带动经济高质量发展。2024 年，国资央企将继续加大对战略性新兴产业领域的投资，将为经济发展注入新动能。

**（2）货币政策和财政政策协调联动，形成合力稳定经济增长**

**2024 年，货币政策预计将维持宽松态势以支持宽信用和稳定经济增长，财政政策在基础建设和制造业方面将积极发力**。随着美联储加息周期的结束，全球金融环境预计将对中国货币政策提供更多操作空间，人民币汇率压力预计将缓解。中央金融工作会议和中央经济工作会议明确指出“保持人民币汇率在合理水平上基本稳定”，中国汇率调控政策工具充裕、外汇储备全球第一，对人民币汇率形成支撑，**2024 年人民币升值趋势明朗，预计人民币对美元平均汇率为 7.0 左右**。中央财政政策将聚焦于基建投资、城中村改造、地方债管理、民生保障和产业升级，特别是通过发行专项债和国债来增强基础设施建设的资金支持。制造业投资在战略性新兴产业加速发展、融资成本回落、工业库存走低、企业盈利改善等因素推动下，有望保持温和增长。这些措施将联动促进中国经济平稳增长。

**（3）供需平衡改善下，价格指数或将小幅提升**

**2024 年，随着内需回暖，消费者价格指数（CPI）有望温和回升**，反映在居民消费的增加和猪肉价格的稳定。2022 年以来，由于收入预期不稳定、居民预防性储蓄行为增加、边际消费倾向下降，居民消费增长明显放缓，核心 CPI 同比增速持续处于低位。2024 年，随着居民消费的进一步回暖，叠加猪价企稳向上，CPI 仍有一定回升空间。**《2024 年国务院政府工作报告》预计 2024 年居民消费者价格指数（CPI）涨幅为 3% 左右**。国家稳增长政策发力或将带动工业生产者出厂价格指数（PPI）上行。2023 年 7 月以来 PPI 触底回升，预计 2024 年在国际油价上涨、上游原材料补库和工业需求回暖等因素推动下，PPI 将持续上行，带动工业品价格上涨，这将有助于改善生产者的盈利状况和经济活力。

（4）全球贸易形势有所改善，中国出口有望小幅提升

全球贸易预计在2024年将增长3.3%，比2023年的预测高出2.5个百分点。**中国的出口增速有望小幅提升，主要原因在于：首先**，发达国家控制通货膨胀率的诉求将强化其制造业回流的需求，可能增加对中国产品的依赖；**其次**，新兴市场国家是中国出口的重要增长点，尤其是与“一带一路”共建国家的贸易增长将有利于打造优势互补的产业链和供应链；**最后**，全球能源转型的迫切压力和各国碳中和进程的持续推进，对新能源产品的需求增加，特别是新能源汽车和锂电池，将支撑中国出口的持续增长。

（5）宏观经济环境复杂多变，未来中国农业发展机遇和挑战并存

当前世界及中国宏观经济环境经历了多重变化，对未来中国农业将产生深远的影响。**国际环境变化带来的挑战：首先**，随着全球贸易环境变化，全球经济不确定性增加，将对中国农产品的进出口产生直接影响，倒逼加快培育出口新优势以及调整优化进口结构。**其次**，美元加息导致的资本流动和汇率变化，将增加中国农业的生产成本，压缩农业的利润空间，尤其是对于化肥、农药等进口依赖度高的农业投入品。**国内经济增长模式转变带来的机遇：首先**，中国正处于经济结构调整和高质量发展的关键期，经济增长模式由过去的高速增长转向高质量增长，这一转变将推动农业发展模式从数量扩张转向质量提升，同时推动农业向技术密集型和可持续发展方向迈进。**其次**，随着国内消费市场对高品质、绿色健康农产品的需求增长，将推动农业产业升级，提高农产品的附加值。**最后**，科技进步，尤其是人工智能、大数据、云计算和物联网，为中国农业转型升级提供新动力，通过这些现代信息技术的应用，农业生产可以实现向智慧农业和精准农业转变，从而将推动农业高质量发展。

综上所述，2024年中国宏观经济虽面临不确定性和多重风险，但在政策的有力支持和全球经济环境的共同作用下，预计将维持稳定回升的态势。科技创新和新兴产业的快速发展将为经济高质量发展提供新动能，货币政策和财政政策形成合力将有效稳定内需增长和物价指数，同时全球贸易的渐进复苏将为出口增长提供支持。这些因素共同预示着中国经济在2024年将向着高质量发展迈进。

# 第 2 章

# 农业产业：回顾与展望

本章作者：张宇（zhangyu@caas.cn）

**主要观点**

● 2023 年，从全球范围看，大多数基础农产品生产良好，全球谷物产量创新高，主要农产品供需较为宽松；农产品消费需求低迷，大多数农产品国际价格持续明显下跌；农产品物流运输和贸易秩序逐步回稳，但贸易限制措施较多，国际市场可及性下降。预计 2024 年，极端天气持续威胁作物生产，叠加多点局部冲突影响外溢，国际市场上粮食和重要农产品稳定供应面临更多不确定性。同时，部分农产品出口国不断加码或延长农产品出口限制措施，也给国际农产品供应链带来较大影响。需重点关注部分主粮供需关系趋紧、货币汇率波动以及国际合作改变对农产品市场的影响。

● 2023 年，中国农业整体运行平稳，粮食生产再获丰收，供给安全基础持续稳固，农产品价格稳中有降，国际农产品市场供需关系有所改善；农村居民收入持续稳定增长，增速继续快于城镇居民；科技和改革双轮驱动，农业高质量发展成效显著；居民食物消费结构逐渐从以粮食为主转向多元化，农业产业链条不断完善，产购储加销各环节加快转型升级。预计 2024 年，中国粮食生产基本面良好，粮食产量将达到 7.03 亿吨，农产品市场供需稳定，各类农产品价格保持相对平稳运行，农产品进口将继续保持增长态势。

# 2.1 2023 年世界农业产业走势与 2024 年展望

## 2.1.1 2023 年世界农业产业走势回顾①

**（1）农产品生产：大多数基础农产品生产良好，全球谷物产量创新高**

2023 年，全球农产品生产总体乐观，大多数农产品产量都有所增长，小麦产量从上一年的历史高位回落。但全球农业粮食生产体系面临极端天气事件、地缘政治紧张局势、政策变化和其他大宗商品市场形势变化等多方面冲击，仍然十分脆弱。根据联合国粮食及农业组织（FAO）预估，2023 年，全球谷物产量为 28.40 亿吨，年同比增长 1.2%，创历史新高。其中，在巴西和美国种植面积扩大的推动下，全球玉米产量大幅提高，达到 12.36 亿吨；而受干旱气候影响，全球小麦产量年同比下降 2.2%，至 7.85 亿吨；由于生产者价格普遍上涨、化肥成本下降以及政府持续援助措施等积极激励因素刺激，全球稻米产量将回升至 5.24 亿吨（以碾米计），年同比增长 0.8%。

2023 年，畜牧水产方面，全球肉类产量小幅增加至 3.65 亿吨（按胴体重计）。增产主要来自亚洲，特别是中国，随着不具竞争力的生猪小规模养殖户因价格低迷和获利空间缩小而退出，导致屠宰量增加，猪肉产量提高；全球牛肉产量为 0.76 亿吨，基本与上年持平；全球羊肉产量达到 0.17 亿吨，较上一年增长 1.7%；禽肉产量为 1.42 亿吨，较上年增长 1.0%。全球鲜奶产量，由于亚洲特别是印度和中国生产扩张，达到 9.5 亿吨，较上年增长 1.3%。全球渔业和水产养殖产量为 1.85 亿吨，较上年小幅增长 0.6%。

2023 年，全球油籽产量为 6.67 亿吨，较上一年出现反弹，达到历史新高，年同比增长 4.0%，主要源于大豆和葵花籽产量的提高。由于泰国、印度等主要生产国家的产量减少，全球食糖产量为 1.75 亿吨，较上一年下降 2.0%。

**（2）农产品需求：全球农产品需求弹性稳定，国际农产品价格持续明显下跌**

2023 年，全球农产品市场需求不振，贸易持续低迷，主要农产品价格大多

---

① 若无特殊说明，本部分数据来自联合国粮食及农业组织（FAO）于 2023 年 11 月发布的《粮食展望》（Food Outlook）和 2024 年 5 月发布的《谷物供求简报》。

持续明显下跌，且仍未有止跌回升的迹象。2023 年，全球食品价格指数均值为 124 点，较上一年下降 13.7%。所有品类中，仅食糖价格指数高于上一年，谷物、植物油以及乳制品价格指数跌幅明显，较上年分别下降 15.4%、32.7% 和 16.6%。根据联合国粮食及农业组织（FAO）估计数据，2023 年，全球谷物消费量为 28.07 亿吨。其中，全球小麦消费总量达到 7.90 亿吨，较上年增加 1.4%，主要源于中国和欧盟小麦饲料用量的强劲增长；同时，在饲料用量复苏以及工业用量和食用消费量增长的带动下，全球粗粮消费总量达到 1.50 亿吨，同比增长 1.2%；全球稻米消费总量停滞在 5.22 亿吨。

2023 年，FAO 肉类价格指数平均为 114.6 点，比上年下降 4.2 点（降幅为 3.5%），主要源于亚洲对猪肉的进口需求持续疲软；与此同时，部分地区对牛肉和禽肉的购买意愿减弱，而主产区的出口供应充足。FAO 乳制品价格指数平均为 118.8 点，较上年均值下降 23.6 点（降幅为 16.6%），反映在全球进口需求低迷，特别是对现货供应的需求不振，同时进口国的库存充足，2023 年所有乳制品的价格均有下跌。粮农组织水产养殖产品价格指数在 2023 年 1 月至 9 月下降了 13%，但捕捞业的鱼类价格在同一时期内上涨了 12%。价格趋势的分化反映在消费者偏好的变化上。

2023 年，FAO 食糖价格指数平均为 145 点，比上年上涨 30.6 点（增幅为 26.7%），创 2011 年以来的最高纪录，上涨主要原因还是对全球食糖供需平衡趋紧的担忧。由于全球对棕榈油、大豆油、菜籽油和葵花籽油的采购需求依然较为疲软，本年度植物油价格指数创三年新低，粮农组织植物油价格指数为 126.3 点，较 2022 年大幅下降（降幅达 61.5 点或 32.7%）。

**（3）农产品贸易：农产品物流运输和贸易秩序逐步回稳，但贸易限制措施较多**

2023 年，随着新冠疫情影响逐步减弱，全球农业生产、物流运输和贸易秩序逐步回稳，国际农产品市场与贸易环境有所改善。根据 FAO 估计数据，2023 年，全球谷物贸易量为 4.87 亿吨，较上一年增加 750 万吨（增幅为 1.6%）。其中，全球粗粮贸易量达到 2.36 亿吨，较上一年增加 4.9%；全球小麦贸易量为 2.0 亿吨，比上年缩减 0.8%，主要由于中国和欧盟小麦采购量减少和乌克兰出口量下降；全球稻米贸易量为 5 110 万吨，较上一年下降 3.4%，印度、巴基斯坦等国大幅度收紧出口。

畜牧水产方面，2023 年，全球肉类和肉制品贸易量接近 4 100 万吨，比上一年下降 0.8%，主要受到通货膨胀上升、经济增长缓慢和货币贬值的影响，非洲、欧洲、北美、南美和大洋洲的肉类和肉制品进口下降。全球乳制品方面，由于亚洲，尤其是中国进口量下降，全球贸易量减少至 8 400 万吨（以奶等量计），较上年下降 1.0%。而经济增长疲软对渔业和水产养殖产品贸易量的影响更为突出，美国美元的强势降低了许多发展中国家以及像欧盟这样的大市场进口水产品的可负担性，全球渔业和水产产品贸易量降至 6 500 万吨，比上年同比下降 4.3%。

2023 年，全球植物油和油粕的贸易量与上一年基本持平。全球食糖贸易量为 6 070 万吨，比上年同比下降 2.4%，巴西、印度和泰国可出口的供应量减少，而全球进口需求持续保持低迷。

### 2.1.2　2024 年世界农业产业走势展望

根据 IMF《世界经济展望报告》，2024 年世界经济将继续以 3.2% 的速度增长，发达经济体的经济增速将小幅加快。从农业方面看，进入 2024 年，受全球经济恢复迟缓、厄尔尼诺影响持续、局部冲突不断发酵、贸易保护主义盛行等影响，全球农产品供需和贸易承压前行。一方面，极端天气持续威胁作物生产，叠加多点局部冲突影响外溢，国际市场粮食和重要农产品稳定供应面临更多不确定性。据预测，2024 年，大米、玉米、大豆等主要农产品全球供需相对宽松，但食用植物油等部分农产品供需偏紧。大豆、小麦、玉米等多数农产品国际价格持续下行，大米、食糖价格则持续高位运行，近期回落势头已经显现，后期面临的市场波动或将增加。此外，出于对粮食安全的保障，全球粮食库存都在增加。联合国粮农组织最新预测显示，2024 年全球谷物库存量预计为 8.90 亿吨。另一方面，部分农产品出口国不断加码或延长农产品出口限制措施，给国际农产品供应链带来较大影响，也给国际市场预期增添了不确定性。多国采取的贸易保护主义措施，如提高关税、限制进口等，影响了国际农产品的贸易流量。同时，货币汇率的波动也使得农产品价格在国际市场上的竞争力发生变化，需要引起关注。

## 2.2　2023年中国农业产业走势与2024年展望

### 2.2.1　2023年中国农业产业走势回顾①

（1）农业整体运行平稳

**粮食生产再获丰收**。2023年，中国有效克服黄淮罕见“烂场雨”、华北东北局地严重洪涝、西北局部干旱等灾害影响，实施新一轮千亿斤粮食产能提升行动，深入推进全国粮油等主要作物大面积单产提升行动，着重稳口粮、稳玉米、稳大豆，继续扩大油菜面积，着力提高单产。2023年粮食总产量达到13 908.2亿斤，比上年增加177.6亿斤，再创历史新高，连续9年稳定在1.3万亿斤以上。大豆油料扩种成效明显，大豆面积为1.57亿亩，连续两年稳定在1.5亿亩以上，产量达到416.8亿斤，创历史新高。油菜面积、产量均实现增长，花生、油葵等油料作物也呈现稳产态势。生猪产能调控稳定，全年猪肉产量5 794万吨，比上年增长4.6%。同时，牛羊禽肉、牛奶、水产品全面增产，蔬菜水果供应充足。

**农产品价格稳中有降**。2023年，农产品遇到阶段性价格下行的共性问题，主要是生产稳定增长而消费增长有限导致。全国农产品生产者价格总水平比上年下降2.3%，农林牧渔四大类产品价格分别下降0.8%、2.7%、8.3%和0.6%。分品种看，稻谷和玉米价格分别上涨1.7%和1.6%，小麦和大豆价格分别下降2.7%和1.9%，蔬菜价格下降4.1%，水果价格上涨2.3%。生猪价格持续低位运行，生猪生产者价格同比下降14.0%。

**国际农产品市场供需关系有所改善**。2023年，中国深度参与国际农产品市场，农产品有进有出，农产品进口额居世界第一位，成为世界农产品大市场；农产品出口额居世界第五位，水果、蔬菜、水产品等优质农产品进入国际市场。随着全球经济逐步复苏，2023年，中国农产品进出口金额达3 330.3亿美元，比上期增长0.04%。其中，出口金额为989.3亿美元，增长0.9%；进口金额为2 341.1亿美元，减少0.3%。贸易逆差为1 351.8亿美元，比上期减少1.2%。进

① 若无特殊说明，本部分数据来自中华人民共和国农业农村部。

口粮食 1.6 亿吨，同比增长 11.7%。从结构看，大豆仍占大头，全年进口量为 9 941 万吨、比上年增长 11.4%，占全部粮食进口量的六成以上。部分大宗农产品进口来源结构有所变化。

**（2）乡村产业发展势头良好，农村居民收入稳步提升**

**农村居民收入持续稳定增长**。2023 年，在产业带动、就业拉动下，农民收入保持增长，增速继续快于城镇居民。农村居民人均可支配收入达到 21 691 元（其中：农村居民人均工资性收入为 9 163 元，同比增长 8.4%；人均经营净收入为 7 431 元，同比增长 6.6%；人均净财产收入为 540 元，同比增长 6.0%，人均转移净收入为 4 557 元，同比增长 8.4%。)，比上年实际增长 7.6%，较 GDP 增速快 2.4 个百分点，实际增速快于城镇居民 2.8 个百分点；城乡居民人均可支配收入之比为 2.39，城乡居民收入差距继续缩小。农村居民消费领域不断拓展。2023 年，农村居民人均消费支出为 18 175 元，同比实际增长 9.3%，比城镇居民人均消费支出增速高 0.7 个百分点。相较于衣食住行用消费，教育文化娱乐、医疗保健支出增速较快。农村居民生存型消费比重下降，发展享受型消费比重有所上升，如上半年，农村居民国内旅游人数为 5.25 亿人次，同比增速 44.2%。

**乡村产业发展势头良好**。2023 年，持续强龙头、补链条、兴业态、树品牌，推动乡村产业全链条升级。农产品加工业平稳发展，通过对粮食、油料、果蔬等重要农产品和特色农产品开展全产业链拓展，农产品加工业提质增效，规模以上农产品加工业企业超过 9 万家。现代农业园区建设提档升级，新建 50 个国家现代农业产业园、40 个优势特色产业集群、200 个农业产业强镇，创建 100 个农业现代化示范区，产业融合稳步推进。农业社会化服务面积超过 19.7 亿亩次、服务小农户超过 9 100 万户。农业功能价值也不断拓展，乡村休闲旅游稳步恢复，全年有 256 个村落入选中国美丽休闲乡村。此外，乡村新产业新业态持续快速发展，乡村直播电商等新业态已初步具备较为成熟的商业模式，全年农村网络零售额达到 2.49 万亿元。

**（3）科技和改革双轮驱动，农业高质量发展成效显著**

**科技和装备支撑稳步增强**。2023 年，农业关键核心技术攻关不断突破，生物育种产业化步伐加速推进，种业振兴行动阶段性成效明显。完成了中华人民共和国成立以来规模最大的全国农业种质资源普查，新收集种质资源 53 万多份，转基因玉米大豆产业化应用试点任务顺利完成；216 个农作物制种基地县、300 个种畜禽场站、91 个水产原良种场积极推进良种繁育，供种保障率达 75% 以上；中国自主培育的高产蛋鸡、白羽肉鸡种鸡首次走出国门。农业科技创新能力稳步提升，农业科技进步贡献率超 63%，物联网、大数据等在农业中加快应用。短板农机装备取得突破，320 马力（1 马力 =735.499 瓦）无级变速拖拉机、山地玉米播种机等短板机具陆续量产，大型大马力农机、丘陵山区小型农机等部分机具初步实现了“有好农机用”，农作物耕种收综合机械化率超 73%，主粮作物收获已基本实现机械化。

**农业绿色发展步伐加快**。2023 年，农业产地环境明显改善，主要农作物病虫害绿色防控覆盖率达 54.1%。化肥农药施用持续减量增效，畜禽粪污综合利用率、秸秆综合利用率、农膜处置率分别超过 78%、88% 和 80%。长江十年禁渔取得重要阶段性成效，23 万多退捕渔民安置保障实现全覆盖，禁捕水域管理秩序总体平稳，长江水生生物资源和多样性呈现恢复向好态势。农业和农产品生产再获新成效，新认证登记绿色、有机和名特优新农产品 1.5 万个，全国农产品质量安全监测总体合格率达到 97.8%。

**农村改革重点任务稳步推进**。第二轮土地承包到期后再延长 30 年试点和农村宅基地制度改革试点等农村改革重点任务稳步推进，扎实搞好农村集体资源资产的权利分置和权能完善，让广大农民在改革中分享更多成果。农村集体经济组织规范运行，新型农村集体经济稳健发展。家庭农场、农民合作社等新型农业经营主体素质能力稳步提升，截至 2023 年 11 月末，纳入全国家庭农场名录管理的家庭农场近 400 万个，依法登记的农民合作社 221.2 万家，组建联合社 1.5 万家。全国超过 107 万个组织开展农业社会化服务，服务面积超过 19.7 亿亩次，服务小农户 9 100 多万户，服务带动效应持续增强。

**（4）树立科学大食物观，构建多元化食物供给体系**

**中国居民食物消费结构逐渐从以粮食为主转向多元化**。随着经济发展、收入增长，食物消费呈结构升级的趋势。2023 年，国家统计局数据显示，居民自产或购买并最终消费的食物中，人均肉类消费量 25.6 千克，较 2013 年增长了 9 千克；

人均水产品消费量为 13.9 千克，较 2013 年增长 3.5 千克；人均蔬菜及食用菌消费量 97.5 千克，较 2013 年增长 10.7 千克；人均蛋类消费量 13.5 千克，较 2013 年增长了 5.3 千克。与此同时，全国城镇居民人均食糖消费量和食用油消费量都在逐年减少。其中，城镇居民全年人均食用油[①]消费量 9.4 千克，较 2013 年降低了 1.5 千克。城镇居民全年人均食糖消费量从 1.3 千克降低到 1.0 千克。从结构上看，居民食物消费逐步多样化，主食在膳食营养中的地位明显降低，蔬菜、水果及动物产品消费量明显增加，"减油、减盐、少糖"理念深入人心。

**农业资源开发初见成效**。2023 年，积极推进新建、改造提升高标准农田，加强耕地保护，统筹发展高效节水灌溉等农田建设工作，完成新建和改造提升高标准农田 8 611 万亩，建成高效节水灌溉 2 462 万亩。盐碱地综合利用取得重大进展，形成土壤排盐、土壤生物有机治盐改土等八大体系 40 多项实用技术，累计推广 50 多种耐盐碱作物，盐碱地面积总量减少、重度盐碱地占比逐年降低。微生物技术成为农业新蓝海，以食用菌为例，2023 年中国食用菌总产量达到 4 353 万吨，产值一跃成为第五大农产品。此外，进一步加强对尚未合理利用的林地、草地、水域等可能蕴藏食物的空间资源进行勘察研究，着眼整个国土资源来践行大农业观、大食物观，多渠道拓展食物来源。

**产业端与需求端良性循环**。为更好满足市场日益多元化、高质化的需求，农业产业链条不断完善，产购储加销各环节加快转型升级，农产品更加多样化、个性化、品牌化，助力消费向"吃得营养""吃得健康"转变。2023 年，农业农村部公布了第一批 178 个国家现代农业全产业链标准化示范基地名单，通过示范带动，提升全产业链标准化水平，涉及粮油、蔬菜、水果、畜禽产品、水产品五大类与百姓密切相关的产品。同时，冷链物流稳步增长，全国冷链物流总额达到 3.1 万亿元，同比增长 3.7%；冷链物流市场规模为 2 688 亿元，同比增长 3.3%。

### 2.2.2 2024 年中国农业产业走势展望

#### （1）农产品生产

2024 年，中国粮食生产基本面良好，预计粮食产量将达到 7.03 亿吨。在中

① 食用油包括动物食用油和植物食用油。

央继续实施新一轮千亿斤粮食产能提升行动，稳住面积、主攻单产、力争多增产的国家粮食政策导向下，预计三大谷物产量稳步增长，国内供给充足。根据中国农业产业模型（China Agricultural Sector Model，CASM）预测，2024 年，稻谷、小麦、玉米产量将分别达到 2.08 亿吨、1.38 亿吨和 2.92 亿吨，较上一年略有增加。粮食种植面积达到 11 916.42 万公顷，其中小麦种植面积 2 363.19 万公顷，稻谷种植面积 2 895.49 万公顷，玉米种植面积 4 422.65 万公顷。随着大豆振兴计划继续推进，国产大豆供给能力稳步提升。大豆播种面积增加到 1 062.40 万公顷，同比增长 1.50%，单产增至 2 062.36 千克 / 公顷，同比增长 3.58%；产量增至 2 191.05 吨，同比增长 5.14%。油菜籽播种面积和总产量保持稳定，播种面积 735.74 万公顷，较上年增加 0.74 万公顷，总产量 1 672.81 万吨，较上年增加 51.72 万吨。畜牧水产方面，生猪产能或窄幅调整，牛羊肉、鸡肉、牛奶产量保持增长，鸡蛋、水产品供应稳中有增。据预测，2024 年，猪肉产量为 5 641.05 万吨，较上年减少 152.95 万吨，降幅为 2.64%。牛肉和羊肉产量分别为 765.45 万吨和 535.70 万吨，较上年同比增长 1.65% 和 0.82%。肉鸡生产有较大增幅，产量将达 2 007.49 万吨，较上年同比增长 5%。鸡蛋、牛奶和水产品产量均稳中有增，分别为 3 044.97 万吨、4 326.10 万吨和 7 209.16 万吨，较上年同比增上分别增长 0.54%、3.08% 和 1.5%。其他主要农产品产量，除了食糖产量有恢复性快速增长外，水果、蔬菜、棉花、马铃薯等与上年基本持平。

**（2）农产品市场**

2024 年，农产品市场供需稳定，各类农产品价格保持相对平稳运行。根据中国农业产业模型（China Agricultural Sector Model，CASM）预测，2024 年，粮食总需求量 8.55 亿吨，稻谷、小麦消费有所减少，玉米消费略有增长。其中稻米、小麦和玉米总需求分别为 2.09 亿吨、1.50 亿吨和 3.18 亿吨，较上年总体基本稳定，食用消费有小幅下降。大豆总需求量 1.22 亿吨，其中，食用消费比上年增加 0.77%，工业消费增长 0.98%。油菜籽总需求量 2 165.5 万吨，加工需求有所增加。畜牧水产方面，猪肉消费总体趋稳，牛羊肉、鸡肉、牛奶、水产品消费保持增长，鸡蛋消费增幅收窄。据预测，2024 年，猪肉总需求量 5 795.91 万吨，年同比下降 2.53%；牛肉总需求达 1 061.28 万吨，年同比增长 3.37；鸡蛋鲜食需求量为 2 153.13 万吨，同比增长 0.57%；牛奶总需求量将达到 6 076.81 万吨，同比增长 3.15%；水产品食用需求量 3 234.01 万吨，同比增长 3.3%。其他主要农产品，2024 年，马铃薯、水果、食糖和棉花的总需求量分别为 9 168.66 万吨、30 026.81 万吨、1 481 万吨和 752.92 万吨，总体需求量基本保持稳定，市场价格预计不会出现大幅度波动。

**（3）农产品贸易**

2024 年，农产品贸易量较上年基本保持稳定。根据中国农业产业模型（China Agricultural Sector Model，CASM）预测，2024 年，粮食净进口量将达到 1.61 亿吨。三大谷物将持续呈净进口态势，稻米进口量或先降后升，小麦和玉米进口量有所下降但仍将维持高位。具体看，稻米进口继续保持较低水平，净进口量约为 156.29 万吨；小麦进口量与上一年基本持平，净进口量为 1 140.79 万吨；玉米净进口量 2 563.92 万吨，年同比下降 5.46%；大豆进口量仍在高位运行，9 973.20 万吨，同比增加 0.45%。畜牧水产方面，2024 年，猪肉进口稳中有降，净进口量为 154.85 万吨，同比增长 1.66%；牛肉进口小幅增长，净进口量达到 295.83 万吨，年同比增长 8.08%；羊肉净进口量基本与上一年持平；鸡肉净进口量为 31.58 万吨，降幅达到 57.8%；鸡蛋仍保持净出口，净出口量为 16.98 万吨，同比增长 1.80%；水产品贸易量快速增长，净进口量达到 368.25 万吨，年同比增长 21.4%。其他主要农产品，2024 年，马铃薯净出口逐步恢复，净出口量有望达到 48.99 万吨；棉花净进口量稳中略降，达到 194.17 万吨；食糖净进口稳中有增，达到 486 万吨；蔬菜净出口有所下降，达到 763.96 万吨；水果贸易逆差继续扩大，净进口量达到 562.97 万吨。

# 第二篇

农业产业竞争力分析是《中国农业产业发展报告》的核心内容之一。2020 年的《中国农业产业发展报告》从国际贸易、生产成本、全要素生产率（TFP）3 个角度全面剖析中国农业产业竞争力，将中国农产品竞争力的发展目标分为守住底线和参与竞争两类，谷物产业的竞争力目标是守住“口粮绝对安全，谷物基本自给”的产业安全底线；园艺作物和禽类产品等农产品具备较强的市场化属性，其竞争力目标是积极主动参与国际竞争；提出了根据国情分品种制定农业产业竞争力目标、中国农业产业竞争力的政策选择是保障农民收入和维持社会稳定、中国农业产业竞争力的根本出路是科技引领全要素生产率提升等观点。2021 年的《中国农业产业发展报告》进一步聚焦水稻、小麦和玉米三大主粮的全要素生产率，发现 2004—2018 年三大主粮全要素生产率总体保持增长趋势，但是早籼稻、中籼稻、小麦和玉米全要素生产率的增长主要来自规模和混合效率的提升，技术进步对粳稻、早籼稻、晚籼稻和小麦全要素生产率的贡献相对较高。2022 年的《中国农业产业发展报告》发现，中国油料作物的生产成本明显高于美国等国家，三大油料作物全要素生产率的增速整体偏慢；土地和人工成本是制约竞争力的主要因素，通过牺牲部分农产品竞争力换取包容性发展和农民增收（土地成本和劳动力成本实际上转化为农民财产性和务工性收入）。2023 年的《中国农业产业发展报告》聚焦畜牧业，基于农业强国内涵要求构建畜牧业竞争力评价指标体系进行深入讨论，研究发现，对标世界畜牧业强国，中国畜牧业竞争力总体较强，未来重点从降低生产成本、提高生产效率、降低畜种和饲草料对外依存度、提升抗风险能力等途径发力，进一步提升中国畜牧业竞争力。

产业振兴是乡村振兴的重中之重。习近平总书记强调，要延长农产品产业链，发展农产品加工、保鲜储藏、运输销售等，形成一定规模，把农产品增值收益留在农村、留给农民。农产品加工业是国民经济的重要产业，一头连着农业、农村和农民，一头连着工业、城市和市民，沟通城乡，亦工亦农，是农业农村现代化的重要支撑力量。判断一个国家是不是农业强国，农产品加工业发展水平是一个重要标志。因此，今年的《中国农业产业发展报告 2024》对中国农产品加工业竞争力进行系统分析，研判发展趋势，提出对策建议。同时，全要素生产率是农业产业竞争力强弱的重要影响因素，也是分析经济增长方式的重要指标。发展新质生产力是全要素生产率大幅提升、提高中国农业产业竞争力的重要举措。基于农业全要素生产率的国际比较、中国农业全要素生产率增长的驱动力分析，提出农业领域加快形成新质生产力的着力点。

第一，农产品加工业在中国农业—食物系统和国民经济中占据重要地位，是中国农业发展中不可或缺的“蓄水池”和“战略后院”。2022 年，农林牧渔产品加工与制造增加值占农业及相关产业增加值的比重达到 26.5%，占 GDP 的比重达到 4.3%；农产品加工业与农业总产值比重达到 2.52 ：1。农产品加工业通过转化季节性、区域性、阶段性过剩的农产品为加工品从而有效避免农产品因市场过饱和而造成的价格暴跌，是吸纳就业、带动农民增收的重要行业，是中国农业发展中不可或缺的“蓄水池”和“战略后院”。

第二，中国加工农产品出口竞争力总体处于中等水平，但呈下降趋势。2022 年中国加工农产品的国际市场占有率（WMS）为 4.99%，位居世界第三（欧盟作为整体参与排名）；贸易竞争力指数（TC）处于中等水平，但自 2017 年起进入缺乏竞争力的区间；显示性比较优势指数处于缺乏竞争力的区间且呈下降趋势。在 11 类食品加工农产品中，除鱼类、果蔬类加工品具有一定国际竞争力外，其他类别产品国际市场占有率较低，出口贸易竞争力不强且多数呈下降趋势。

第三，中国农产品加工业在未来仍有较大增长空间，农产品加工业竞争力的发展目标是积极主动参与国际竞争。目前，中国农产品加工业与农业总产值达到 2.52 ：1，远低于发达国家 3.5 ：1 的水平；农产品加工转化率为 67.5%，比发达国家低近 18 个百分点，具有广阔的发展空间。需要优化农产品加工业区域布局，推动农产品加工产业向乡村集聚，加快农产品加工业科技创新和成果转化，支持科研院所、高校与龙头企业共建农产品加工业创新平台，大力发展新质生产力，培育农产品加工业发展新动能，助力“乡村再工业化”，赋能乡村全面振兴。

第四，全要素生产率对中国农业增长的贡献率低。1961—2021 年，中国农业 TFP 对农业总产出增长的贡献率仅为 21.10%，而世界农业强国 TFP 贡献率均在 50% 以上，平均贡献率为 115.08%，由此可见，农业强国的农业增长主要贡献来自技术的推动作用。

第五，中国农业全要素生产率增长的驱动力由技术进步转变为规模效应。1978—2004 年，中国农业 TFP 增长全部来自于技术进步的贡献，这一阶段技术效率以及规模效应对 TFP 的增长起负向作用。但 2005—2020 年，技术进步对农业 TFP 增长的贡献仅为 10.13%，而规模效应对 TFPI 的贡献率上升为 64.74%，反映了中国农业颠覆性技术供给不足。

第六，加快形成农业领域新质生产力是中国实现农业现代化、迈入农业强国的根本路径。中国农业全要素生产率（TFP）在 2013—2021 年出现回落，由 1992—2012 年略低于美国、但高于加拿大、法国、澳大利亚、德国农业 TFP 的水平，降至全部农业强国的农业 TFP 水平之下。与此同时，中国农业 TFP 的增速也出现下滑，由 1992—2012 年 3.14% 的年均增速降至 2019—2021 年的 1.55%。而且，中国农业全要素生产率增长的驱动力由技术进步转变为规模效应。上述问题一方面是因为颠覆性农业技术供给不足，另一方面原因是农业农村的制度改革已逐渐进入深水区。为此，必须加快形成农业领域的新质生产力，实现农业 TFP 大幅提升，赶超世界农业强国。

第七，新质生产力对创新起主导作用，但仅仅依靠实验室里的技术创新是不够的，只有实现产业化，将技术创新转化为现实生产力，才能实现以全要素生产率对新质生产力的测度。以农业全要素生产率提升的两个主要驱动力——技术进步和制度改革为切入点，从新技术、新产业、新模式、新措施四个方面，提出农业领域加快形成新质生产力的着力点，包括：以新技术突破战略科技制高点；以新产业推动农业向高端化智能化绿色化发展；以新模式推动形成适应新质生产力的生产关系；以新措施推动新质生产力落地实践。

# 第3章

# 国际贸易视角的中国农产品加工业竞争力

本章作者：韩昕儒（hanxinru@caas.cn）、王斌发（wlh981031@163.com）

**主要观点**

● 农产品加工业在中国农业—食物系统和国民经济中占据重要地位，能够吸纳就业、带动农民增收，平抑季节性、区域性、阶段性过剩的农产品价格，是中国农业发展中不可或缺的“蓄水池”和“战略后院”。2022年，农林牧渔产品加工与制造增加值占农业及相关产业增加值的比重达到26.5%，占GDP的比重达到4.3%；农产品加工业与农业总产值达到2.52∶1。

● 中国加工农产品出口竞争力总体处于中等水平，但呈下降趋势。2022年中国加工农产品的国际市场占有率（WMS）为4.99%，位居世界第三（欧盟作为整体参与排名）；贸易竞争力指数（TC）处于中等水平，但自2017年起进入缺乏竞争力的区间；显示性比较优势指数处于缺乏竞争力的区间且呈下降趋势。在11类食品加工农产品中，除鱼类、果蔬类加工品具有一定国际竞争力外，其他类别产品国际市场占有率较低，出口贸易竞争力不强且多数呈下降趋势。

● 中国农产品加工业在未来仍有较大增长空间，农产品加工业竞争力的发展目标是积极主动参与国际竞争。需要推动农产品加工产业向乡村集聚，支持科研院所、高校与龙头企业共建农产品加工业创新平台，依靠新质生产力培育农产品加工业发展新动能，助力“乡村再工业化”，赋能乡村全面振兴。

产业振兴是乡村振兴的重中之重。习近平总书记强调，要延长农产品产业链，发展农产品加工、保鲜储藏、运输销售等，形成一定规模，把农产品增值收益留在农村、留给农民（习近平，2023）。农产品加工业是国民经济的重要产业，一头连着农业、农村和农民，一头连着工业、城市和市民，沟通城乡，亦工亦农，是农业农村现代化的重要支撑力量（农业农村部乡村产业发展司，2020）。判断一个国家是不是农业强国，农产品加工业发展水平是一个重要标志（韩长赋，2017）。美国农业人口只占全国人口的 2%，从事加工流通服务等行业的人口却占全国人口的 20%，其农产品加工转化率超过 85%，加工业与农业产值比超过 4 ∶ 1（韩长赋，2017）。

在新质生产力的现代化产业体系构建中要推动传统产业转型升级，提升传统产业在全球产业分工中的竞争力（任保平，2024）。农业领域新质生产力在新技术的应用下，逐步发展出了新产业、新业态，推动了农业产业的转型升级、促进了农村一二三产业融合发展（姜长云，2024；毛世平和张琛，2024）。因此，在锚定建设农业强国目标，以加快农业农村现代化更好推进中国式现代化建设的过程中，开展农产品加工业的竞争力研究具有重要的现实意义和政策价值。

## 3.1 中国农产品加工业产业发展现状

### 3.1.1 农产品加工业在国民经济中的地位

**中国农产品加工业占 GDP 的比重为 5%~7%，占农业及相关产业增加值的比重为 25% 左右。**《中国农业产业发展报告 2019》根据 2015 年《中国投入产出表》和 2018 年《中国统计年鉴》数据对 2017 年中国农业—食物系统占国内生产总值（GDP）的比重和从业人员占比进行了推算。结果显示，2017 年全国农业增加值占 GDP 的比重为 7.9%，但农业—食物系统增加值占 GDP 的比重达到 23.3%。其中，农产品加工业占 GDP 的比重为 7.3%。根据国家统计局的数据，2022 年全国农业及相关产业增加值为 195 692 亿元，占 GDP 的比重为 16.24%。从三大产业看，在农业及相关产业中，第二产业增加值占比为 29.2%，占 GDP 的比重为4.74%。从产业大类看，在农业及相关产业中，农林牧渔产品加工与制造增加值占农业及相关产业增加值的比重达到26.5%，占GDP的比重达到4.3%。其中，食用农林牧渔产品加工与制造增加值为40 424亿元，占比为20.7%，占GDP的比重为3.35%；非食用农林牧渔产品加工与制造增加值为11 386亿元，占比为5.8%，占GDP的比重为0.94%（国家统计局，2023）。

**农产品加工业是吸纳就业、带动农民增收的重要行业**。根据《中国农业产业发展报告2019》，2017年农业—食物系统就业人数占比达到36.7%。其中，农产品加工业的就业比例占4.6%。根据农民日报《2023中国新型农业经营主体发展分析报告（二）——基于中国农业企业500强的调查》，2022年，中国农业500强企业平均每家企业使用的季节性用工数量为1 140.28人，较2021年增长了12.07%；平均每家企业支付的季节性用工工资福利金额达到4 006.87万元（郭芸芸 等，2023）。

**农产品加工业是中国农业发展中不可或缺的“蓄水池”和“战略后院”**。在农业生产周期中，农产品往往会经历周期性的产量波动，导致市场上时有出现供大于求的情况。在这种背景下，农产品加工业发挥着至关重要的作用。通过转化季节性、区域性、阶段性过剩的农产品为加工品，不仅可以有效避免农产品因市场过饱和而造成的价格暴跌，还能通过增加农产品的附加值来提振市场需求。例如，将过剩的水果转化为果汁、果酱等深加工产品，不仅扩大了消费市场，也提高了产品的存储期限，从而在农产品价格较低时刺激需求，保障农民的经济利益。

**从产业发展现状看，农产品加工业产值与农业总产值比达到2.52：1**。2022年全国规模以上农产品加工企业营业收入超过19万亿元，比2013年（17.2万亿元）名义增长10.5%（国务院新闻办，2023；中国农产品加工业年鉴编辑委员会，2014）；农产品加工业产值与农业总产值比达到2.52：1（国务院新闻办，2023）。从结构上看，食用类农产品加工业稳步提升，全年营业收入比上年增长5.6%；非食用类农产品加工业营业收入增长0.5%（农业农村部乡村产业发展司，2022）。

**从国际贸易看，近些年中国食品类加工农产品出口总额增速较高**。除少数年份略微下降，多数年份都保持快速增长，年名义增长率多在10%以上。根据世界银行 World Integrated Trade Solution（WITS）数据库，1996 年中国食品类加工农产品出口总额不到 65 亿美元，2022 年超过 480 亿美元。2000 年主要出口国家按出口总额大小依次为日本、美国、韩国、德国和西班牙，2022 年依次为日本、美国、马来西亚、泰国和韩国。

### 3.1.2 农产品加工业的产业支持政策

《"十四五"推进农业农村现代化规划》提出，顺应产业发展规律，开发农业多种功能和乡村多元价值，推动农业从种养环节向农产品加工流通等二三产业延伸，健全产业链、打造供应链、提升价值链，提高农业综合效益。

《农业农村部关于加快农业全产业链培育发展的指导意见》强调，发展精细化综合加工。拓展农产品初加工，支持新型经营主体发展清洗分拣、烘干储藏、杀菌消毒、预冷保鲜、净菜鲜切、分级分割、产品包装等，开展干制、腌制、熟制等初加工，实现减损增效。提升农产品精深加工，引导大型农业企业开发营养均衡、养生保健、食药同源的加工食品和质优价廉、物美实用的非食用加工产品，提升农产品加工转化增值空间。推进综合利用加工，推进加工副产物循环、全值、梯次利用，实现变废为宝、化害为利。

《农业农村部等 15 部门关于促进农产品精深加工高质量发展若干政策措施的通知》要求，遴选推介一批农产品精深加工发展典型企业和综合利用典型模式，引导其对接国际市场，打造国际化品牌，形成国家竞争力。实施科技创新驱动战略，加快建设一批农产品精深加工装备研发机构和生产创制企业，推动高等学校设立农产品加工装备相关专业，提升我国农产品精深加工技术装备研发能力。

## 3.2 中国加工农产品贸易竞争力国际比较分析

本章采用国际市场占有率、贸易竞争力指数、显示性比较优势指数 3 种贸易竞争力测算方法，对中国加工农产品的贸易竞争力进行测算，并与加工农产品主要贸易国家或地区（美国、加拿大、巴西、印度尼西亚和欧盟）进行国际比较。本章加工农产品的定义是基于已有研究基础（Regmi 等，2005），参考刘馨阳等（2014）对加工农产品的定义，根据中国农产品加工业的特征，选择肉类（HS0209—0210）、鱼类（HS0305—0307、1601—1605）、其他动物产品（HS0401—0410）、果蔬（HS0802—0815、2001—2009）、谷物（HS1101—1109、1901—1905）、油脂（HS1507—1518、1521—1522）、糖类（HS1701—1704）、咖啡与茶（HS0901—0902、2101）、可可（HS1802—1806）、饮料与酒（HS2103—2106、2203—2205）和烟草（HS2402—2403）等食品类加工农产品，广义农产品中的皮革、木制品、纸制品和纺织制品未纳入分类中。数据来自世界银行 WITS 数据库。

### 3.2.1　国际市场占有率分析

**中国出口加工农产品的国际市场占有率**①**（WMS）总体呈上升趋势**。图 3-1 显示，1997—2022 年，中国出口加工农产品的国际市场占有率（WMS）总体呈上升趋势，从 1997 年的 2.96% 逐渐增长到 2022 年的 4.99%，位居世界第三（欧盟作为整体参与排名）。在这 25 年中，仅在 1998 年亚洲金融危机和 2008 年全球金融危机等少数年份出现过 WMS 下降。对比五个主要国家及组织的出口表现（图 3-1），欧盟的市场份额在 1997—2022 年大部分时间保持在 40% 以上，而美国的份额稳定维持在 5% 以上。相比之下，巴西和印度尼西亚的份额往往不足 5%，加拿大的份额多数年份未达到 3%。在长期趋势分析中，自 1997 年至 2022 年，美国和欧盟在出口加工农产品的市场份额上均呈现下降趋势，分别减少了 3.50 和 8.08 个百分点。与此同时，巴西和加拿大的市场份额保持相对稳定，而印度尼西亚的份额有所增加，提升了 2.69 个百分点。

---

① 国际市场占有率（World Market Share，WMS）是直接体现一国出口的某产品在国际市场上的总体国际竞争力的重要指标，具体是指一国某产品出口额在世界该产品出口总额中所占份额，可用公式表示为：$WMS_i^k=\frac{X_{iw}^k}{X_{ww}^k}\times 100\%$。其中，$X_{iw}^k$ 表示 $i$ 国 $k$ 产品出口额，$X_{ww}^k$ 表示世界 $k$ 产品出口总额。$WMS_i^k$ 的取值在 0 和 100% 之间；$WMS_i^k$ 的值越大，表明 $i$ 国 $k$ 产品的国际市场份额越高。

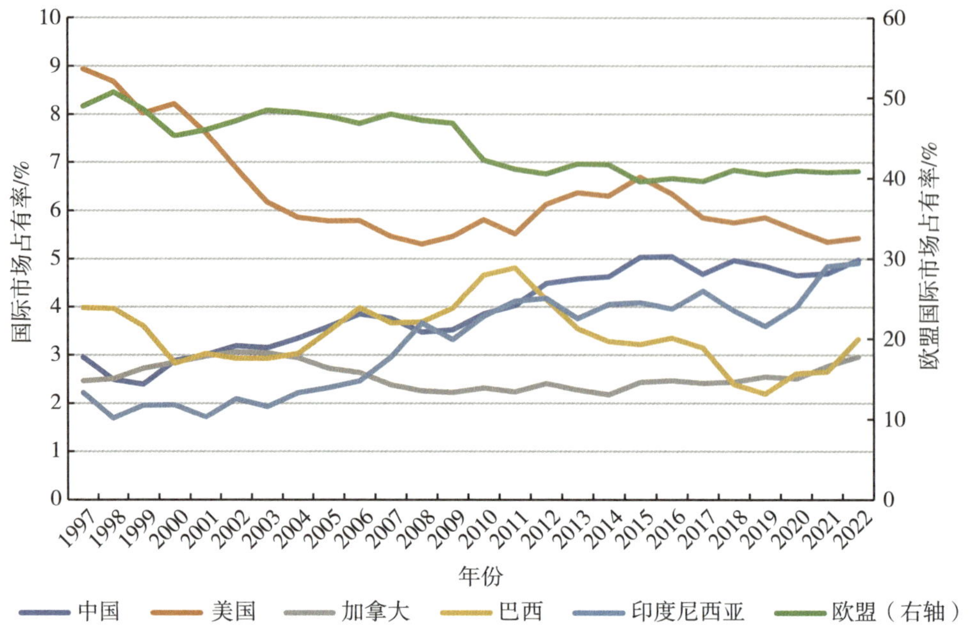


**图 3-1　中国与 5 个主要国家和组织出口加工农产品国际市场占有率比较**

（数据来源：根据 WITS 数据库的贸易数据计算得到）

### 3.2.2　贸易竞争力指数分析

**中国加工农产品的贸易竞争力指数处于中等水平，但自 2017 年起进入缺乏竞争力的区间。**从 1997 年至 2022 年的数据分析显示（图 3-2），中国的贸易竞争力指数[①]（TC）在大多数年份都保持在正值，但自 2017 年起跌破零点，仅在个别年份有所回升，整体呈现下滑态势。在 1997—2022 年，印度尼西亚和巴西的贸易竞争力指数（TC 值）通常位于 0.5～0.8，这一区间反映了其明显的竞争优

---

① 贸易竞争力指数（Trade Comparativeness，TC）是分析国际竞争力时较为常用的一种测算指标，具体是指一国某产品的净出口额与进出口总额之比，该指标可以反映相对于世界市场上由其他国家或地区所供应的该产品而言，一国生产的同种产品是处于效率的竞争优势还是劣势以及优劣的程度，还反映了该国该产品净进口或净出口的相对规模情况，可用公式表示为：$TC_i^k = \frac{X_{iw}^k - M_{iw}^k}{X_{iw}^k + M_{iw}^k}$。其中，$X_{iw}^k$ 和 $M_{iw}^k$ 分别表示 $i$ 国 $k$ 产品的出口额和进口额，且 $TC_i^k$ 的取值在 -1 和 1 之间。当 $TC_i^k > 0$ 时，表明 $i$ 国 $k$ 产品具有出口竞争优势，且 $TC_i^k$ 的值越接近 1，$i$ 国 $k$ 产品的出口竞争优势越强，净出口相对规模也越大；当 $TC_i^k < 0$ 时，表明 $i$ 国 $k$ 产品处于出口竞争劣势，且 $TC_i^k$ 的值越接近 -1，$i$ 国 $k$ 产品的出口竞争劣势越强，净进口相对规模也越大。

势和较高的净出口规模。与此形成对比的是，欧盟的 TC 值持续低于 0.1，而加拿大和美国的 TC 值经常呈现负值，表明这些地区在全球市场上处于较为不利的竞争位置。此外，趋势分析显示印度尼西亚和欧盟的 TC 值在这段时间内相对稳定，而加拿大、美国以及巴西的 TC 值则表现出明显的波动性。

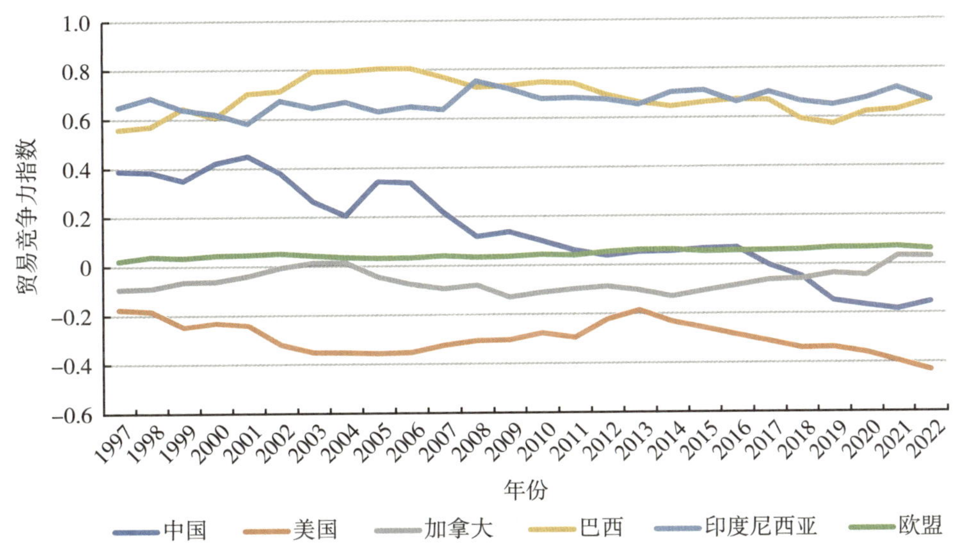


**图 3-2 中国与 5 个主要国家和组织出口加工农产品贸易竞争力指数比较**

（数据来源：根据 WITS 数据库的贸易数据计算得到）

### 3.2.3 显示性比较优势指数分析

**中国显示性比较优势指数处于缺乏竞争力的区间且呈下降趋势**。根据图 3-3 可知，1997—2022 年，中国出口加工农产品的显示性比较优势指数[①]（RCA）值在 2000 年及以前略高于 0.6，但自 2001 年以后都低于 0.6 且持续减少。印度尼

---

① 显示性比较优势指数（Revealed Comparative Advantage，RCA）是分析一国某类产品是否具有出口比较优势的重要指标，具体是指该国某产品出口额占该国所有产品出口总额的比重与世界该产品出口额占世界所有产品出口总额的比重的比率，可用公式表示为：$RCA_i^k = \dfrac{X_{iw}^k / X_{iw}^t}{X_{ww}^k / X_{ww}^t}$。其中，$X_{iw}^k$ 表示 $i$ 国 $k$ 产品出口额，$X_{iw}^t$ 表示 $i$ 国所有产品出口总额，$X_{ww}^k$ 表示世界 $k$ 产品出口额，$X_{ww}^t$ 表示世界所有产品出口总额。一般认为，当 $RCA_i^k \geq 2.5$ 时，表明 $i$ 国 $k$ 产品具有很强的出口比较优势；当 $1.25 \leq RCA_i^k < 2.5$ 时，表明 $i$ 国 $k$ 产品具有较强的出口比较优势；当 $0.8 \leq RCA_i^k < 1.25$ 时，表明 $i$ 国 $k$ 产品具有一定出口比较优势；当 $RCA_i^k < 0.8$ 时，表明 $i$ 国 $k$ 产品不具有出口比较优势。

西亚和巴西加工农产品的 RCA 值一直高于 1.5，出口比较优势都很强；欧盟为 1.2~1.4，出口比较优势较强；加拿大多略高于 0.8，具有一定出口比较优势；美国多低于 0.8，不具有出口比较优势。从指标值变化趋势看，印度尼西亚、加拿大和欧盟出口加工农产品的 RCA 值均稳中有增，出口比较优势趋于增强；巴西波动变化中有所下降，出口比较优势趋于减弱；美国基本保持稳定。

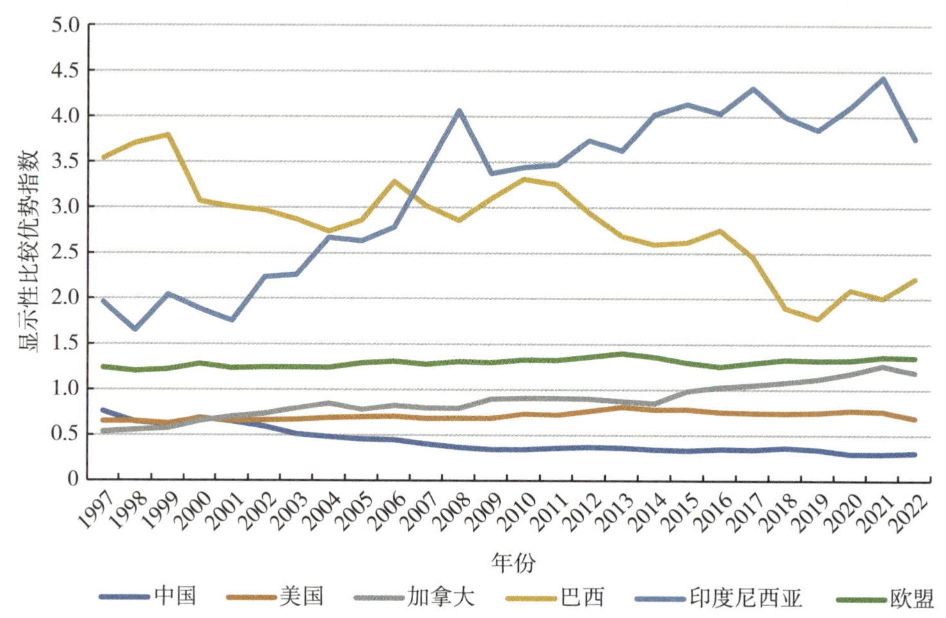


**图 3-3 中国与 5 个主要国家和组织出口加工农产品显示性比较优势指数比较**

（数据来源：根据 WITS 数据库的贸易数据计算得到）

## 3.3 中国各类加工农产品贸易竞争力国际比较分析

以下分别对中国肉类、鱼类、其他动物产品、果蔬、谷物、油脂、糖类、咖啡与茶、可可、饮料与酒和烟草共 11 种食品类加工农产品的贸易竞争力进行测算，并对选取的主要国家或地区进行国际比较。

### 3.3.1 肉类加工品

**中国在全球肉类加工品市场中的竞争力相对较低，且在长期趋势中未见明显改善**。1997 年以来，中国在国际肉类加工品市场的表现相对较弱。根据相关数据，中国的全球市场份额从 1997 年的 1.08% 下降至 2011 年的 0.07%，之后虽有所回升，但至 2022 年仅为 0.08%。相比之下，欧盟市场份额高达 72% 以上，显示出其在肉类加工品出口市场的压倒性优势。美国和加拿大的市场份额虽有下降，但通常仍超过 4%，而巴西从 1997 年到 2022 年市场份额明显增长，增加了 7.16 个百分点（图 3–4）。在贸易竞争力方面，中国肉类加工品从 2015 年开始表现出竞争劣势，贸易竞争力指数（TC 值）持续为负，尤其自 2019 年以来，这一值一直低于 −0.8。相较之下，巴西的 TC 值持续高于 0.8，显示其强大的竞争优势，而加拿大和欧盟的 TC 值也表明它们具有较强的竞争力（图 3–5）。此外，中国在肉类加工品的出口比较优势（RCA 值）方面也较弱，2003 年以来一直低于 0.05，至 2016 年更是跌至 0.01 以下。这与欧盟、美国、巴西和加拿大形成鲜明对比，这些国家的 RCA 值显示它们具有较强的出口比较优势。尽管印度尼西亚的 RCA 值接近于 0，但其余几个主要国家或地区在全球市场中的竞争地位有所增强或保持稳定（图 3–6）。

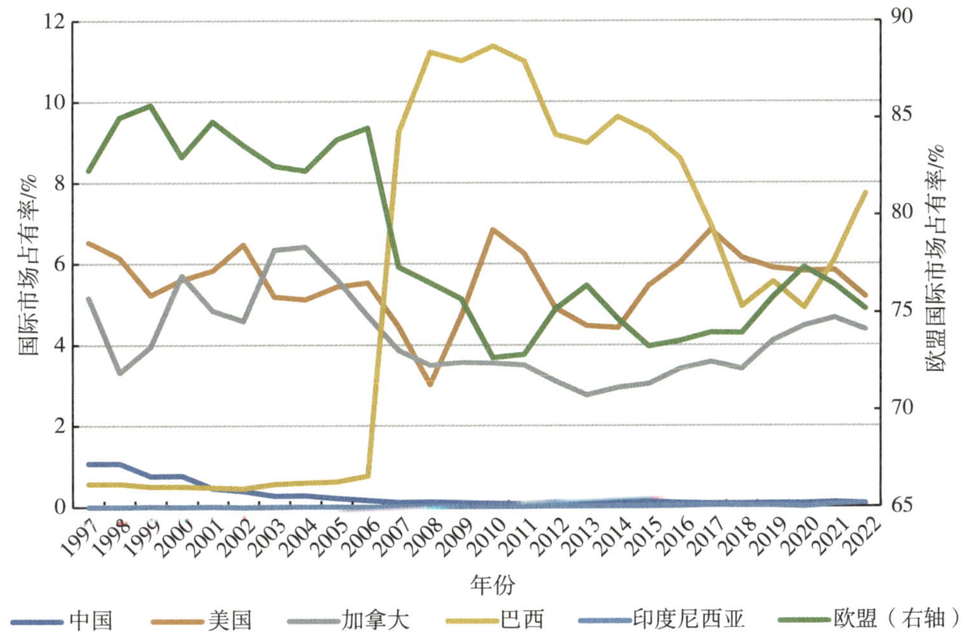


**图 3–4　中国与 5 个主要国家或地区出口肉类加工品国际市场占有率比较**

（数据来源：根据 WITS 数据库的贸易数据计算得到）

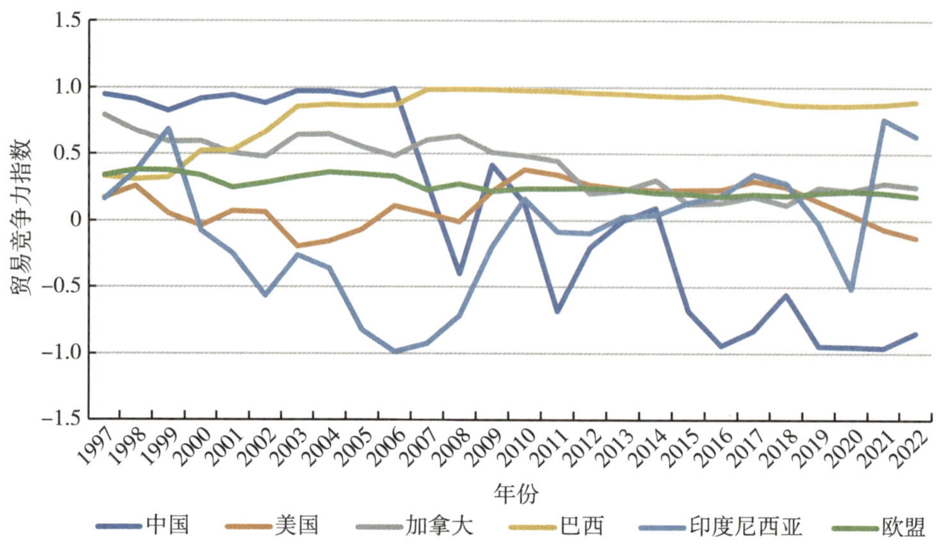


**图 3-5　中国与 5 个主要国家或地区出口肉类加工品贸易竞争力指数比较**

（数据来源：根据 WITS 数据库的贸易数据计算得到）

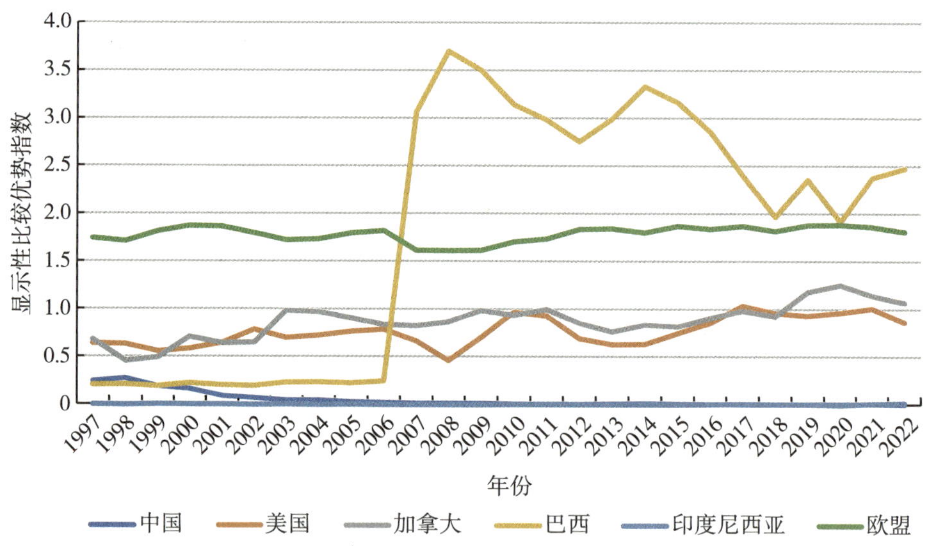


**图 3-6　中国与 5 个主要国家或地区出口肉类加工品显示性比较优势指数比较**

（数据来源：根据 WITS 数据库的贸易数据计算得到）

### 3.3.2　鱼类加工品

尽管中国在全球鱼类加工品市场上的竞争优势有所下降，但其市场份额和出

**口比较优势仍然保持在较高水平**。总体来看，欧盟作为市场领导者，其竞争优势趋于增强，而加拿大的出口比较优势也有所提升。自 1997 年以来，中国在国际鱼类加工品市场中表现出一定的波动，但整体市场份额呈上升趋势。数据显示，中国的市场份额从 1997 年的 9.62% 增长至 2006 年的 12.86%，并从 2018 年开始稳定在大约 14.00%。相比之下，欧盟的市场份额一直保持在 25% 以上，显示出其在该领域的强势地位。其他主要国家和地区如加拿大、美国、印度尼西亚和巴西的市场份额则显示出不同程度的波动和下降，反映出相对于中国和欧盟，这些国家在全球鱼类加工品市场中的竞争力有所减弱（图 3-7）。在贸易竞争力方面，中国的出口竞争优势自 2016 年以来明显下降。1997—2022 年，中国的贸易竞争力指数（TC 值）从最初的 0.6 以上逐渐降低至 2022 年的 0.15（图 3-8）。此外，中国的出口显示性比较优势（RCA 值）虽然从 1997 年的 2.19 下降至 2022 年的 1.40，但仍然显示出较强的出口比较优势，尤其是相对于其他主要出口国。在这些年间，除 1998 年外，中国的 RCA 值一直高于其他五个主要国家或地区（图 3-9）。

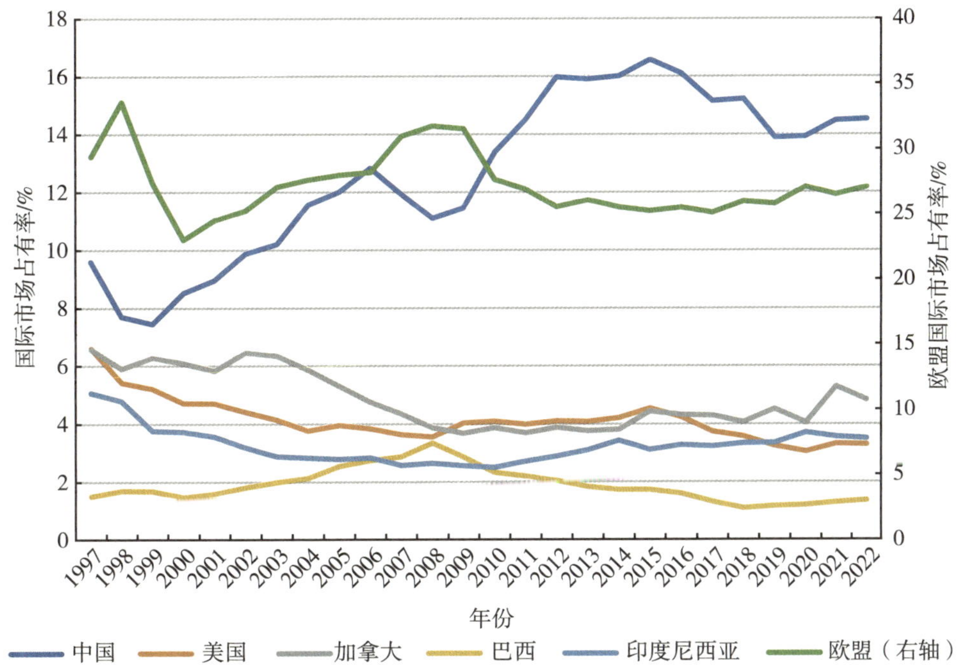


**图 3-7 中国与 5 个主要国家或地区出口鱼类加工品国际市场占有率比较**

（数据来源：根据 WITS 数据库的贸易数据计算得到）

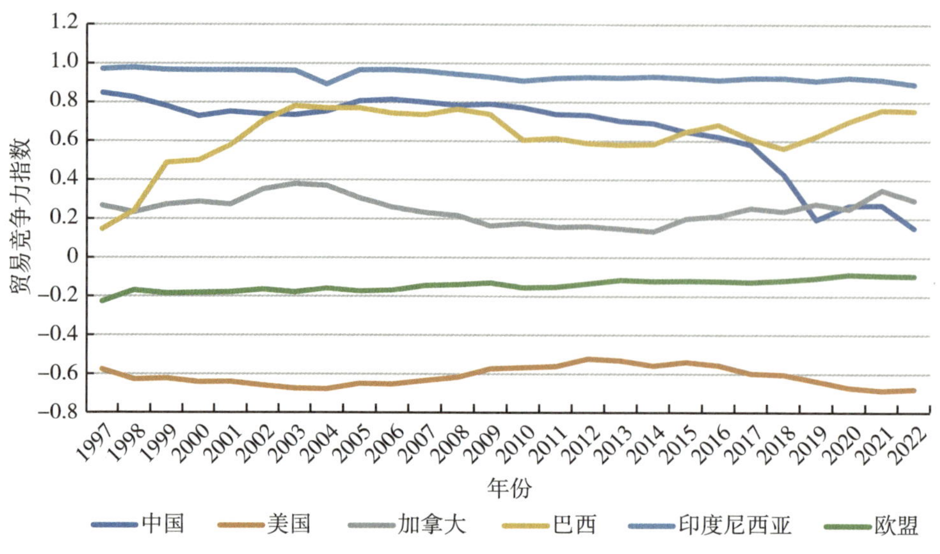


**图 3-8　中国与 5 个主要国家或地区出口鱼类加工品贸易竞争力指数比较**

（数据来源：根据 WITS 数据库的贸易数据计算得到）

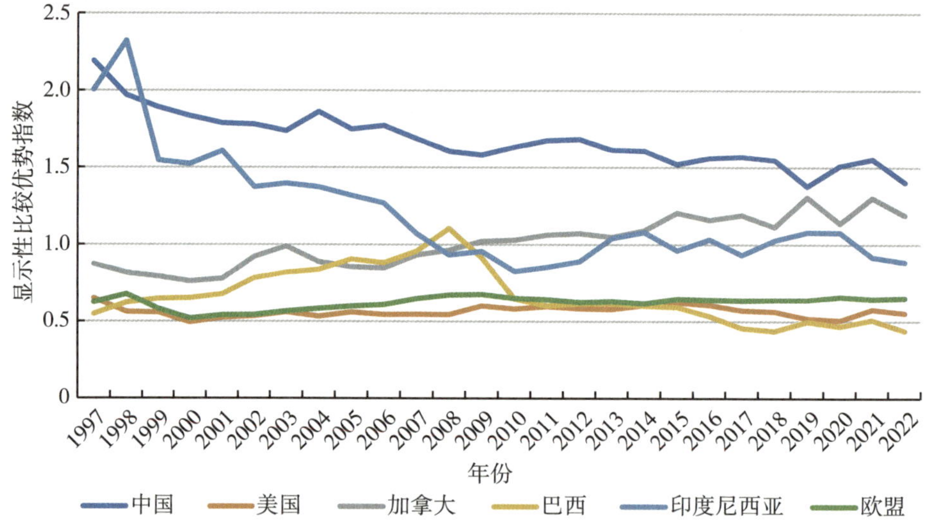


**图 3-9　中国与 5 个主要国家或地区出口鱼类加工品显示性比较优势指数比较**

（数据来源：根据 WITS 数据库的贸易数据计算得到）

### 3.3.3　其他动物产品加工品

中国在其他动物产品加工品的国际市场表现相对较弱，无论是市场份额、贸

**易竞争力还是出口比较优势均不如欧盟和美国等主要国家。**自 1997 年以来，中国在其他动物产品加工品的国际市场份额一直较低，处于 1.00% 以下，与其他主要国家或地区相比显得较为微弱。在此期间，中国的市场份额基本维持在 0.60% 左右，而欧盟的份额虽从 60% 以上有所下降但仍然维持高位，美国则从 2010 年起市场份额稳定在 4% 以上，表现出较强的市场占有力。加拿大、印度尼西亚和巴西虽然市场份额较小，但维持相对稳定（图 3-10）。在贸易竞争力方面，中国的表现自 2000 年以来一直呈现竞争劣势，TC 值持续为负，尤其在 2010 年以后下降至 -0.6 以下，显示出由净出口转为净进口的趋势。与此同时，美国和欧盟的 TC 值表现较好，显示出较强的竞争优势和净出口能力（图 3-11）。在出口比较优势方面，中国的 RCA 值从 1997 年的 0.14 下降至 2022 年的 0.06，表明缺乏出口比较优势。与此相反，欧盟的 RCA 值一直高于 1.4，美国自 2013 年起保持在 0.8 以上，显示出较强的出口优势。加拿大、巴西和印度尼西亚的 RCA 值则表现出较弱的出口比较优势，在 0.1 左右波动（图 3-12）。

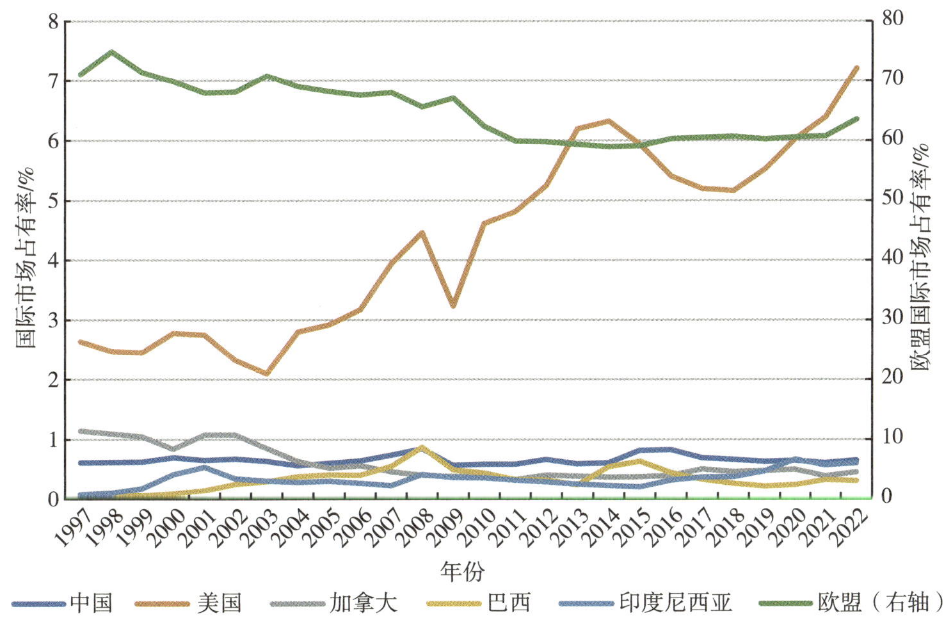


**图 3-10 中国与 5 个主要国家或地区出口其他动物产品加工品国际市场占有率比较**

（数据来源：根据 WITS 数据库的贸易数据计算得到）

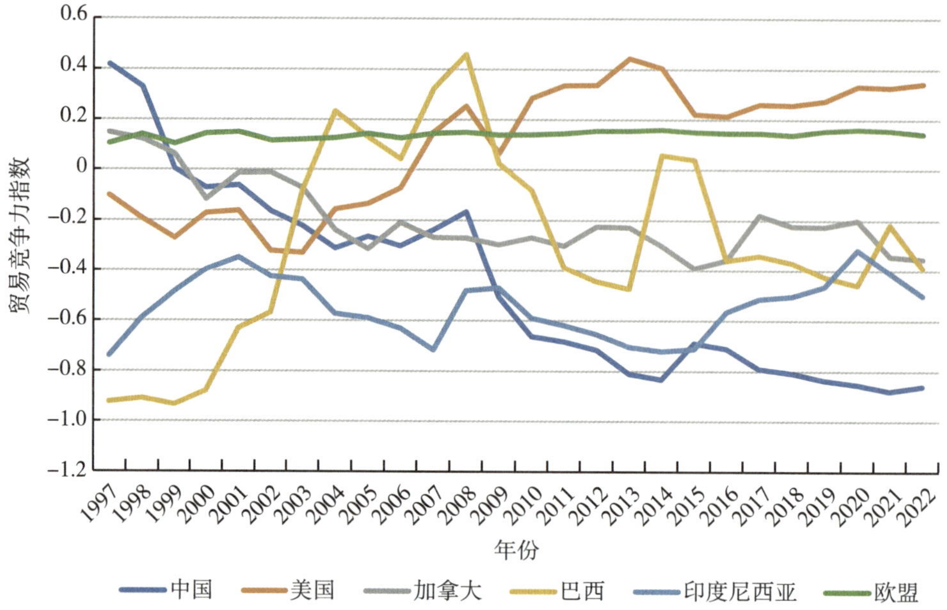

**图 3-11　中国与 5 个主要国家或地区出口其他动物产品加工品贸易竞争力指数比较**

（数据来源：根据 WITS 数据库的贸易数据计算得到）

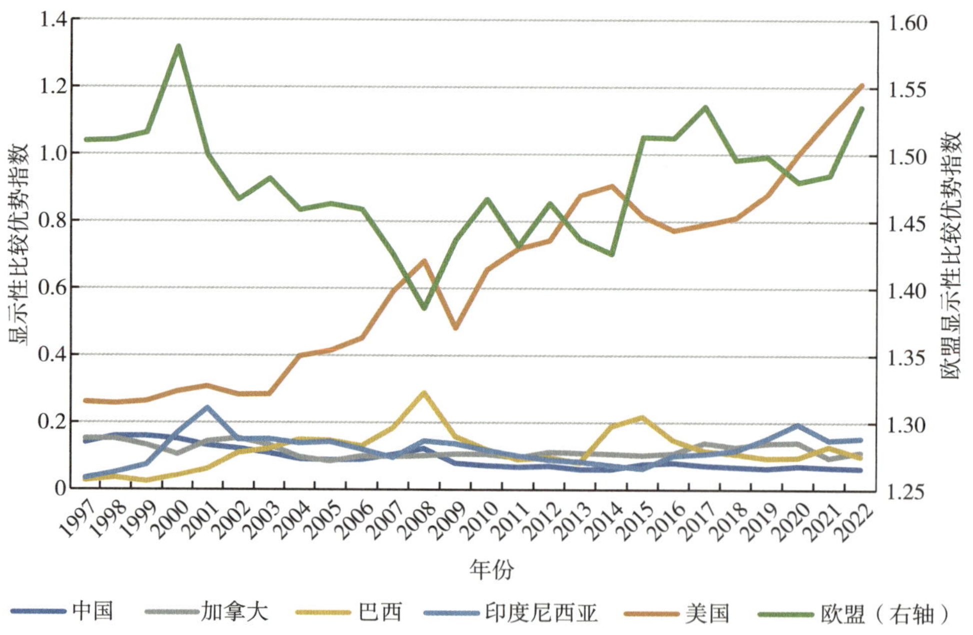


**图 3-12　中国与 5 个主要国家或地区出口其他动物产品加工品显示性比较优势指数比较**

（数据来源：根据 WITS 数据库的贸易数据计算得到）

### 3.3.4　果蔬加工品

**尽管中国果蔬加工品的国际市场份额和出口比较优势有所波动，但在国际市场上仍保持较强的竞争地位**。中国的果蔬加工品出口市场份额自 1997 年以来总体呈增长趋势，尤其是在 2022 年较 1997 年增加了 4.37 个百分点。在国际市场上，中国的果蔬加工品出口份额自 2000 年起仅次于美国和欧盟。具体来看，欧盟的份额尽管高于30%但呈下降趋势，美国则稳定在 10% 以上。与此同时，巴西、加拿大和印度尼西亚的份额相对较低，其中巴西和印度尼西亚略有增长，但加拿大和欧盟的份额则出现明显减少（图 3-13）。在贸易竞争力方面，尽管中国的竞争优势自 1997 年以来有所下降，TC 值从 0.71 降至 0.25，但相较于欧盟、美国和加拿大，其竞争优势仍然较强，仅次于巴西和印度尼西亚。其中，巴西的竞争优势最为明显，而欧盟和美国则处于竞争劣势（图 3-14）。在显示性比较优势（RCA）方面，中国果蔬加工品的出口比较优势虽在 2014 年以前较为明显，但自此之后呈现下降趋势。相比之下，美国的 RCA 值稳定在 1.2 以上，显示出较强的出口比较优势，而欧盟、加拿大和印度尼西亚的 RCA 值则较低，表明其出口竞争力较弱（图 3-15）。

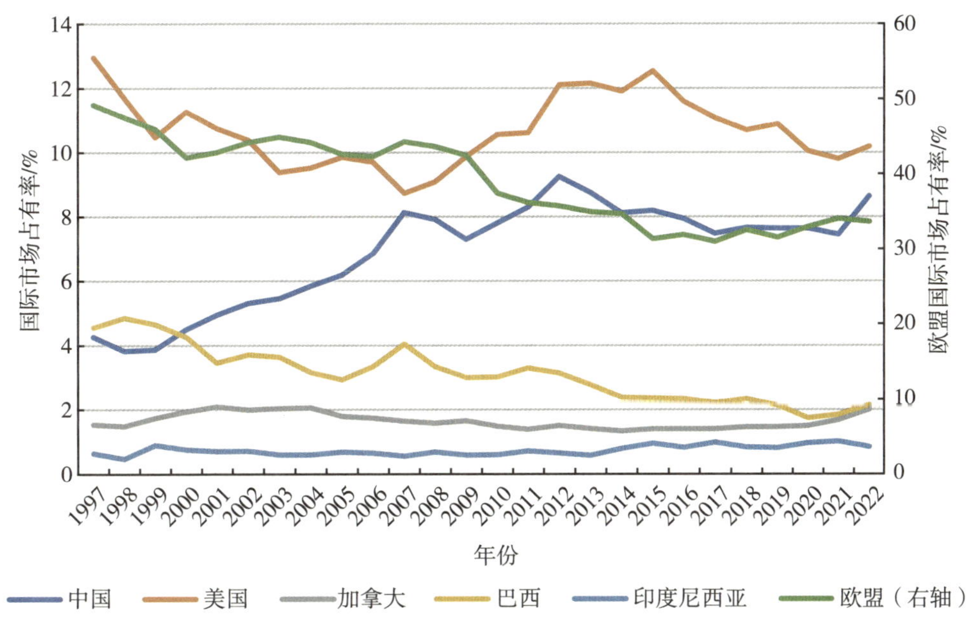


**图 3-13　中国与 5 个主要国家或地区出口果蔬加工品国际市场占有率比较**

（数据来源：根据 WITS 数据库的贸易数据计算得到）

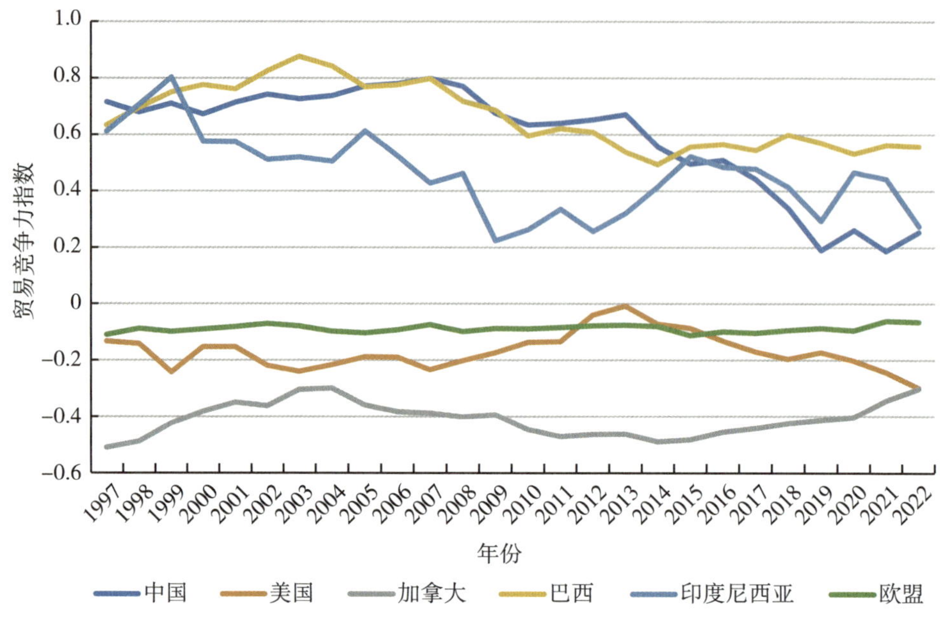


**图 3-14　中国与 5 个主要国家或地区出口果蔬贸易竞争力指数比较**

（数据来源：根据 WITS 数据库的贸易数据计算得到）

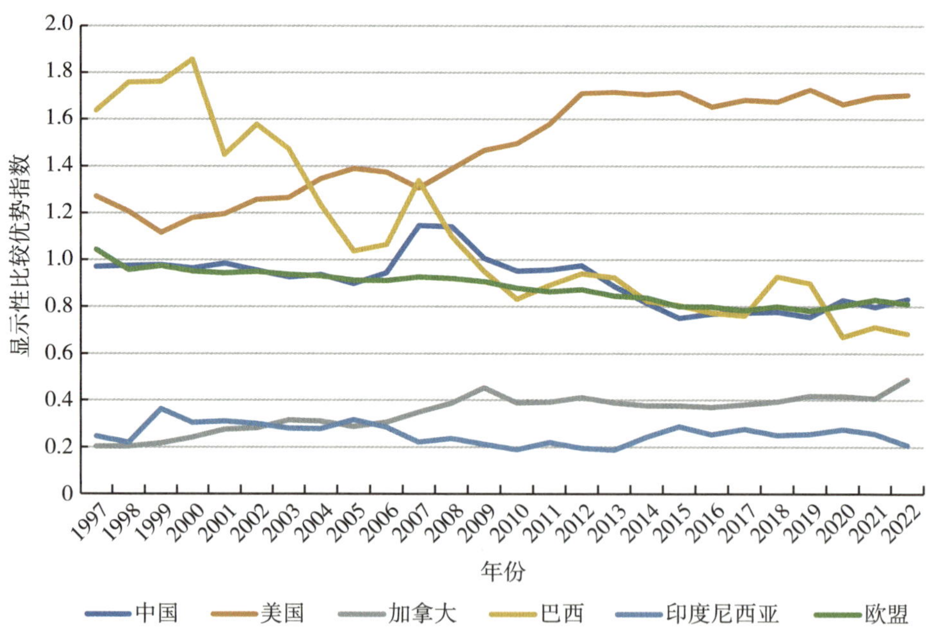


**图 3-15　中国与 5 个主要国家或地区出口果蔬显示性比较优势指数比较**

（数据来源：根据 WITS 数据库的贸易数据计算得到）

### 3.3.5 谷物加工品

**相比于欧盟和美国等国家，中国谷物加工品的国际竞争力仍有较大的提升空间。**中国在谷物加工品的国际市场占有率虽有所增长，从 1997 年的 2.21% 增至 2022 年的 2.95%，但仍明显低于欧盟，并略低于加拿大和美国，只是持续高于印度尼西亚和巴西（图 3–16）。在贸易竞争力上，中国的表现曾经较强，但从 2011 年开始，竞争力明显下降，TC 值从 1997 年的 0.69 降至 2022 年的 –0.45，表明中国已从净出口国转变为净进口国。相比之下，欧盟和印度尼西亚的 TC 值相对较高，显示出较强的竞争优势（图 3–17）。在显示性比较优势（RCA）方面，中国的 RCA 值自 1997 年以来有所下降，从 0.97 降至 0.83，2007—2009 年曾短暂超过 1.0，显示出一定的出口优势。然而，与此同时，美国的 RCA 值 2008 年以后始终高于 1.4，表现出较强的出口竞争力，而加拿大和印度尼西亚则较低，显示出较弱的出口优势。巴西在 2008 年之前也曾表现出较强的出口优势，但之后有所下滑（图 3–18）。

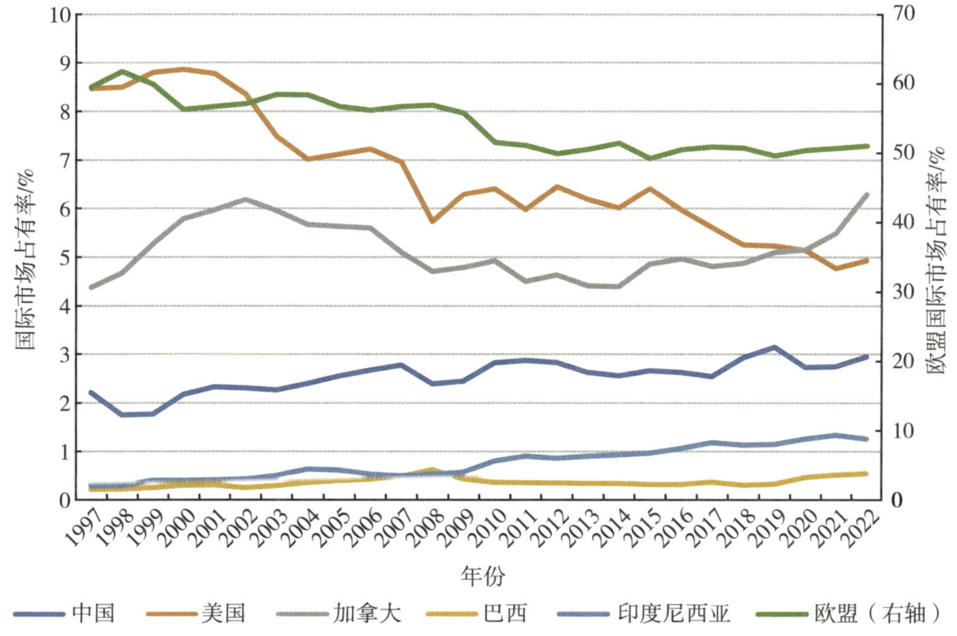


**图 3–16 中国与 5 个主要国家或地区出口谷物加工品国际市场占有率比较**

（数据来源：根据 WITS 数据库的贸易数据计算得到）

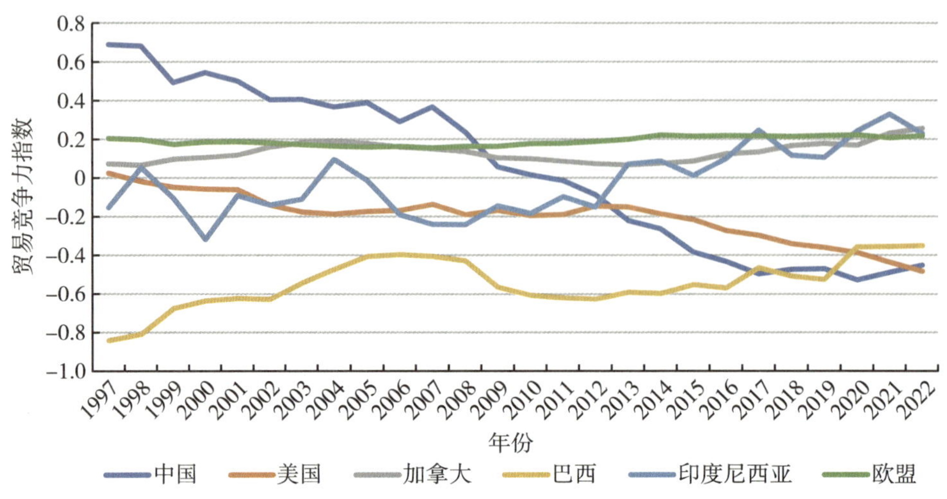


**图 3-17　中国与 5 个主要国家或地区出口谷物加工品贸易竞争力指数比较**

（数据来源：根据 WITS 数据库的贸易数据计算得到）

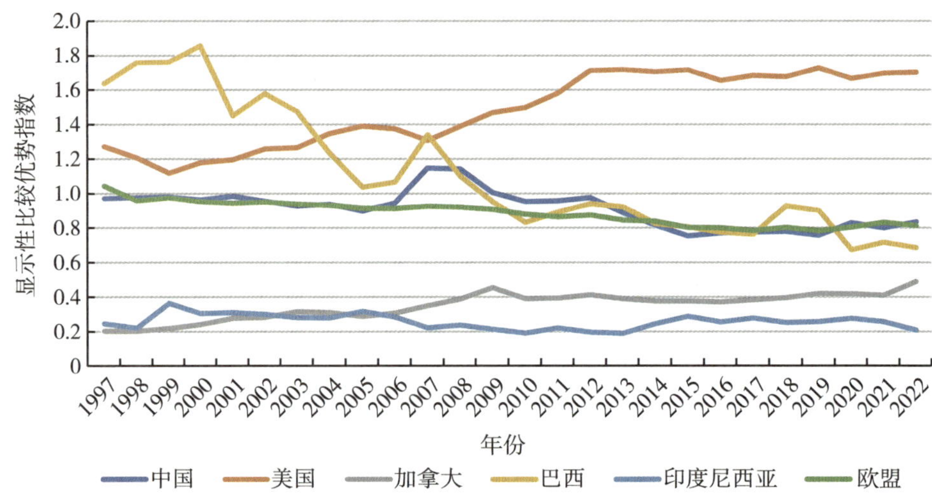


**图 3-18　中国与 5 个主要国家或地区出口谷物加工品显示性比较优势指数比较**

（数据来源：根据 WITS 数据库的贸易数据计算得到）

### 3.3.6　油脂

**中国油脂国际市场竞争力和出口比较优势均在下降。**中国在油脂出口市场的国际份额始终较低，由 1997 年的 1.08% 下降至 2022 年的 0.08%。相比之下，印度尼西亚的市场份额自2010年以来明显增长，而欧盟和美国的份额则有所下降（图3-19）。在贸易竞争力方面，中国的油脂出口竞争力持续处于劣势，其贸易竞争力指数（TC）从1997年的-0.4降至2022年的-0.6。相较而言，印度尼西亚的TC值持续高于0.9，显示其强劲的竞争优势。加拿大和巴西也表现出较强的竞争力，而美国和欧盟则多处于竞争劣势（图3-20）。此外，从显示性比较

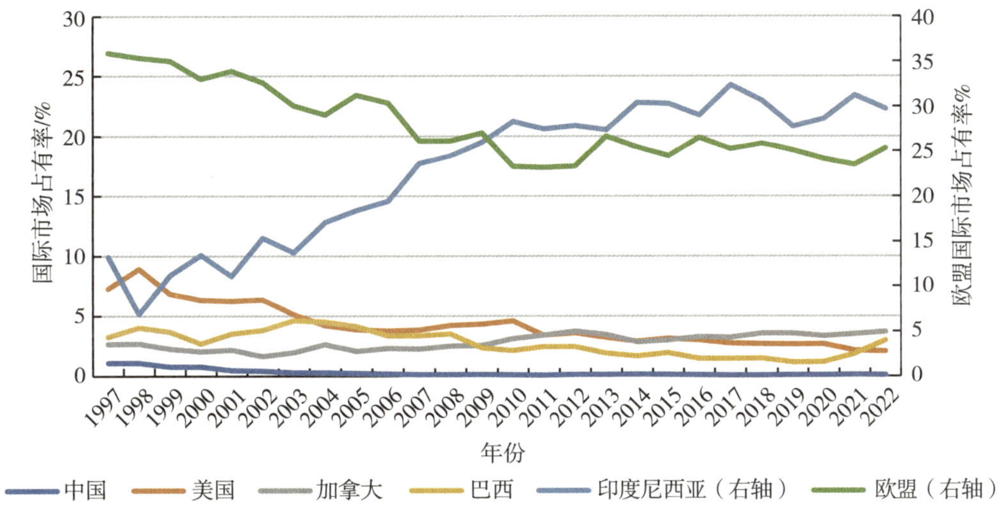


**图3-19 中国与5个主要国家或地区出口油脂国际市场占有率比较**

（数据来源：根据WITS数据库的贸易数据计算得到）

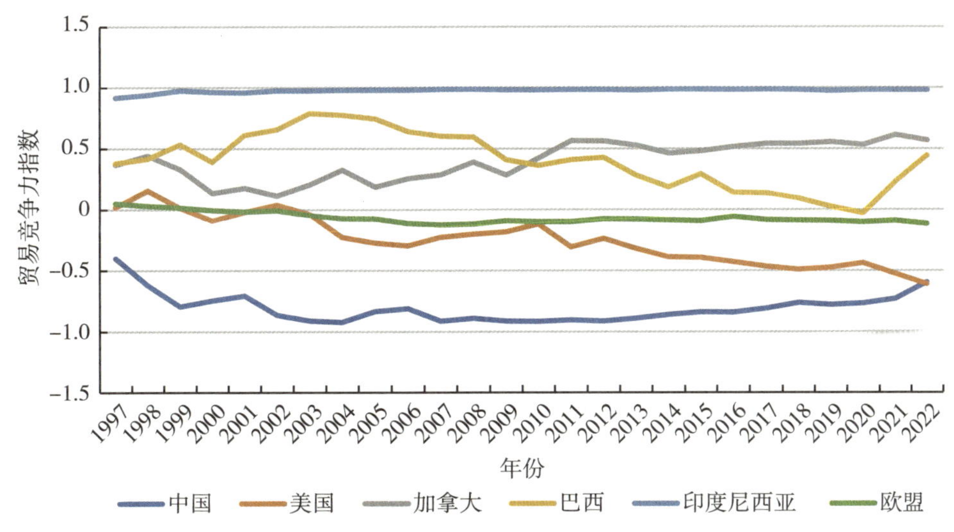


**图3-20 中国与5个主要国家或地区出口油脂贸易竞争力指数比较**

（数据来源：根据WITS数据库的贸易数据计算得到）

优势指数（RCA）来看，中国的油脂出口比较优势较弱，RCA 值从 1997 年的 0.67 降至 2022 年的 0.22。对比其他国家，印度尼西亚的 RCA 值远高于其他国家，显示出极强的出口比较优势。欧盟、美国和巴西的 RCA 值则呈现下降趋势，而加拿大的比较优势则有所增强（图 3-21）。

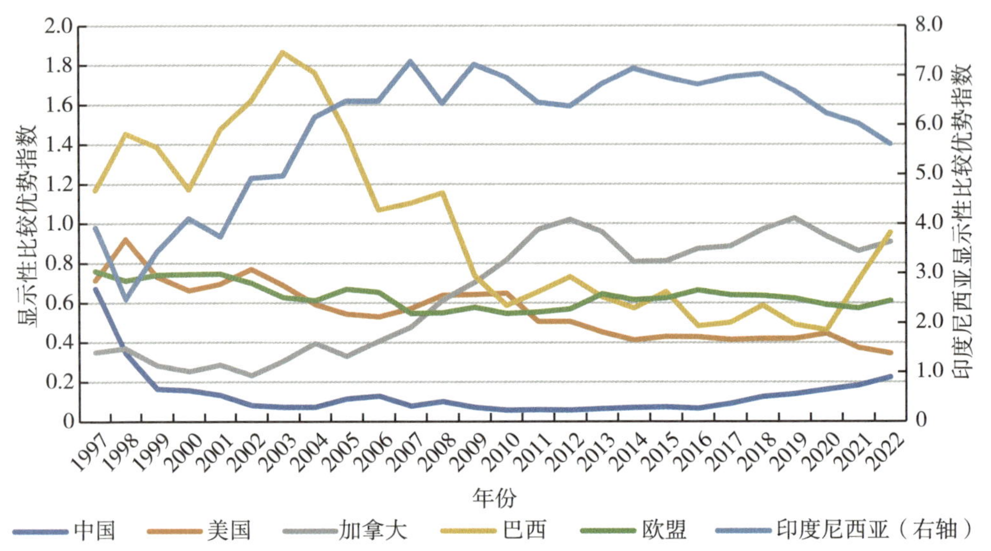


**图 3-21 中国与 5 个主要国家或地区出口油脂显示性比较优势指数比较**

（数据来源：根据 WITS 数据库的贸易数据计算得到）

### 3.3.7 糖类加工品

**中国在全球糖类加工品出口市场的表现虽有所提升，但在贸易竞争力和比较优势方面与主要出口国相比仍存在不足。**中国在全球糖类加工品出口市场的份额自 1997 年的 1.37% 逐渐增长至 2022 年的 4.71%，显示市场份额稳中有增的趋势。尽管中国的市场份额低于美国、巴西和欧盟，但高于印度尼西亚和加拿大。欧盟和巴西的市场份额较高，尤其是巴西在波动中保持增长态势（图 3-22）。相对而言，美国和加拿大市场份额较为稳定，而印度尼西亚始终在较低水平。从贸易竞争力（TC）角度分析，中国糖类加工品出口的竞争力总体有所减弱，TC 值趋势下降。巴西在这方面表现尤为突出，其 TC 值稳定在 0.9 以上，显示出强大的竞争优势（图 3-23）。从显示性比较优势（RCA）指数来看，中国的糖类加工品出口比较优势不强，虽然1997—2017年RCA值在0.2~0.4，但2018年以后有所上升，持续高于0.4。然而，与巴西、欧盟、美国和加拿大相比，中国在糖类加工品出口的比较优势仍明显较弱。巴西的RCA值远超其他国家，显示其极强的出口比较优势，而印度尼西亚则因其RCA值低于0.3而没有显示出明显的出口比较优势（图3-24）。

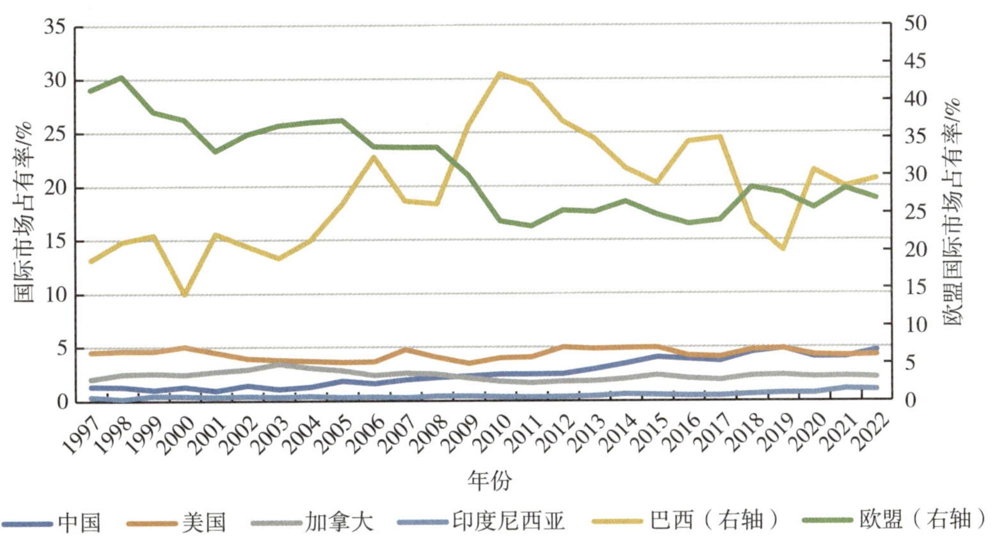


**图3-22　中国与5个主要国家或地区出口糖类加工品国际市场占有率比较**

（数据来源：根据WITS数据库的贸易数据计算得到）

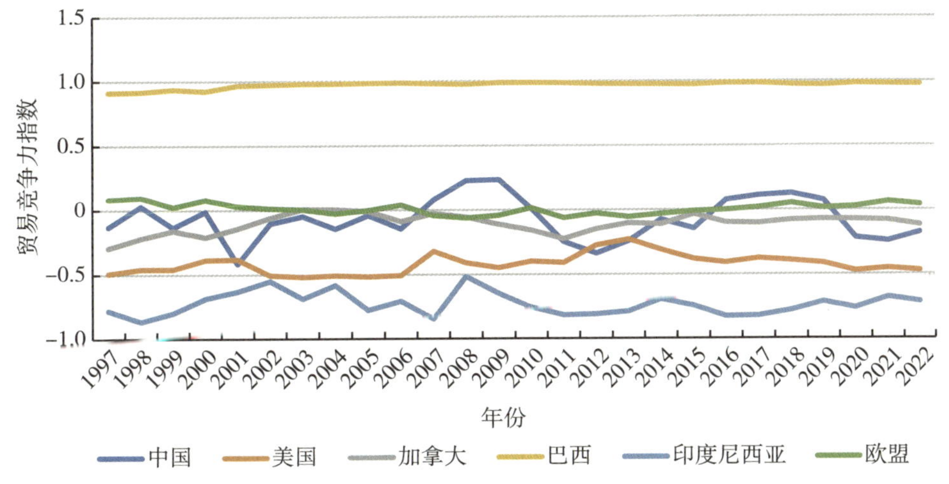


**图3-23　中国与5个主要国家或地区出口糖类加工品贸易竞争力指数比较**

（数据来源：根据WITS数据库的贸易数据计算得到）

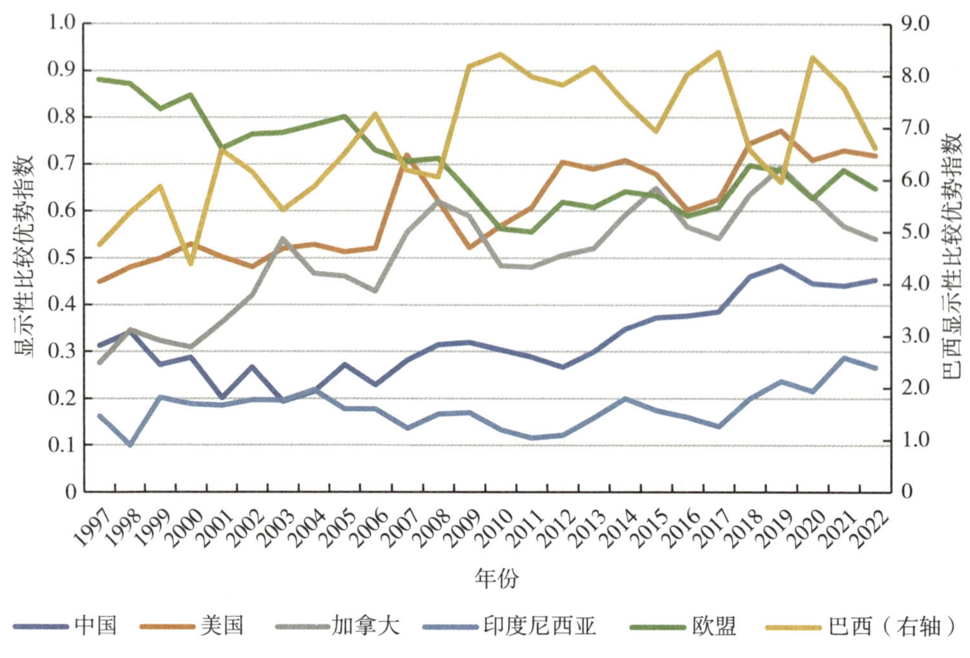


**图 3-24　中国与 5 个主要国家或地区出口糖类加工品显示性比较优势指数比较**

（数据来源：根据 WITS 数据库的贸易数据计算得到）

### 3.3.8　咖啡与茶加工品

**虽然中国在全球咖啡与茶加工品市场上的份额逐渐上升，但在与主要国家的竞争中仍处于相对较弱的位置。**1997—2022 年，中国在国际咖啡与茶加工品市场的份额波动上升。与其他主要国家相比，中国的市场份额一直低于欧盟和巴西，但自 2014 年起已超过印度尼西亚、美国和加拿大。欧盟的市场份额持续高于 20%，巴西约 15%，而印度尼西亚、美国和加拿大的份额则分别为 3%~4%、2%~3% 和 1%~2%（图 3-25）。从贸易竞争力（TC）指标来看，中国的咖啡与茶加工品产品长期处于净出口状态，TC 值维持在 0.5 以上，表明具有较强的竞争优势。然而，中国的竞争力一直低于巴西，并从 2008 年起也低于印度尼西亚，但明显高于欧盟、加拿大和美国，这三者的 TC 值均小于 0，显示为净进口状态。巴西的 TC 值一直维持在 0.95 以上，显示其竞争力极强（图 3-26）。关于显示性比较优势（RCA），中国在咖啡与茶加工品的出口比较优势一直不明显，RCA 值多数年份低于 0.6。与主要国家相比，中国的 RCA 指数自 2004 年以来一直低于欧盟，但通常高于加拿大和美国。巴西的 RCA 值远超其他国家，高于 4.0，而印度尼西亚的 RCA 值也表明其具有一定的出口优势（图 3-27）。

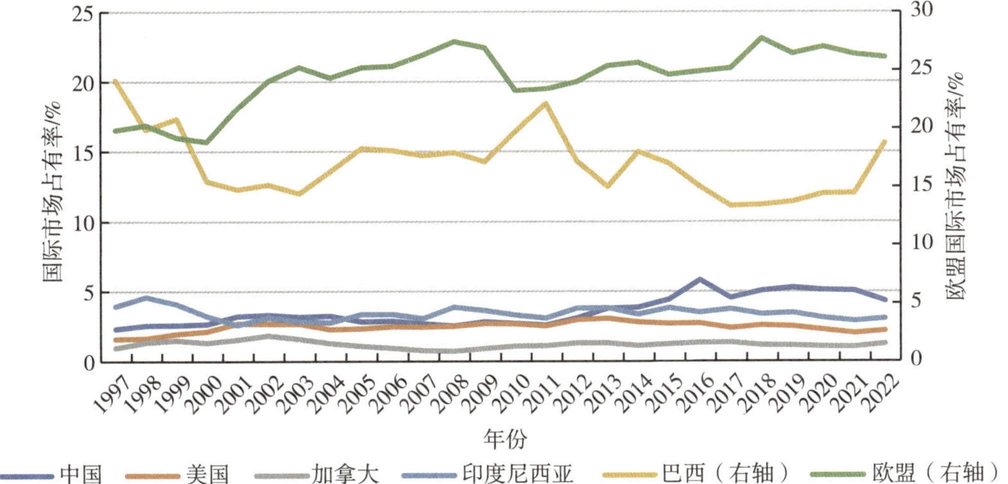


**图 3-25 中国与 5 个主要国家或地区出口咖啡与茶加工品国际市场占有率比较**

（数据来源：根据 WITS 数据库的贸易数据计算得到）

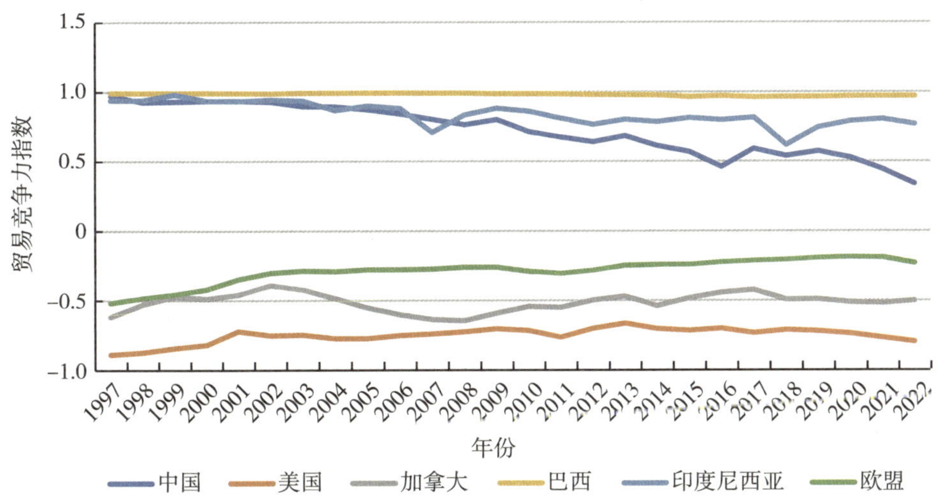


**图 3-26 中国与 5 个主要国家或地区出口咖啡与茶加工品贸易竞争力指数比较**

（数据来源：根据 WITS 数据库的贸易数据计算得到）

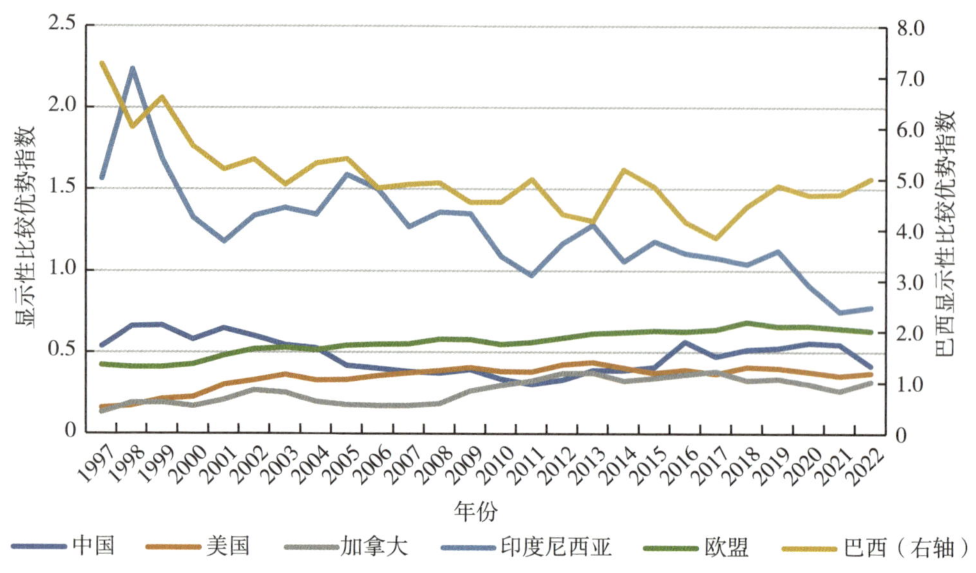


**图 3-27　中国与 5 个主要国家或地区出口咖啡与茶加工品显示性比较优势指数比较**

（数据来源：根据 WITS 数据库的贸易数据计算得到）

### 3.3.9　可可加工品

**中国在全球可可加工品市场中的竞争地位相对较弱**。在 1997—2022 年，中国在国际可可加工品市场的份额缓慢从 0.58% 增加到 1.00%。尽管中国的市场份额略高于巴西，其在全球范围内仍然明显低于其他主要国家和地区。例如，欧盟的市场份额经常超过 60%，美国和加拿大的份额分别稳定在 4% 以上和 3% 以上，而巴西和印度尼西亚的份额通常不足 2%（图 3-28）。从贸易竞争力（TC）指数来看，中国的竞争优势有所下降，表现为竞争力从净出口转向净进口。对比主要国家或地区，中国的 TC 值明显低于印度尼西亚（一直高于 0.6）、欧盟（高于 0.1），而略高于美国（一直低于 -0.2）。这显示中国的可可加工品出口竞争力较美国强，但远远落后于印度尼西亚和欧盟（图 3-29）。在显示性比较优势（RCA）方面，中国的 RCA 值在 0.1~0.2，表明其在可可加工品出口方面缺乏明显的比较优势。相比之下，欧盟的 RCA 值常高于 1.3，显示出较强的出口优势，而加拿大和印度尼西亚的 RCA 值也显示出一定的竞争力（图 3-30）。

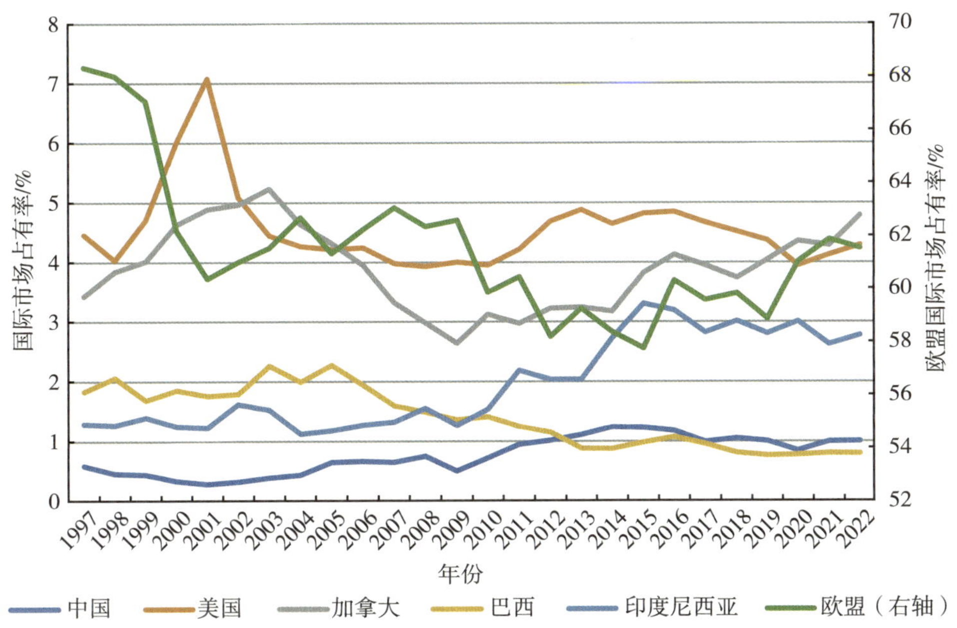


**图 3-28 中国与 5 个主要国家或地区出口可可加工品国际市场占有率比较**

（数据来源：根据 WITS 数据库的贸易数据计算得到）

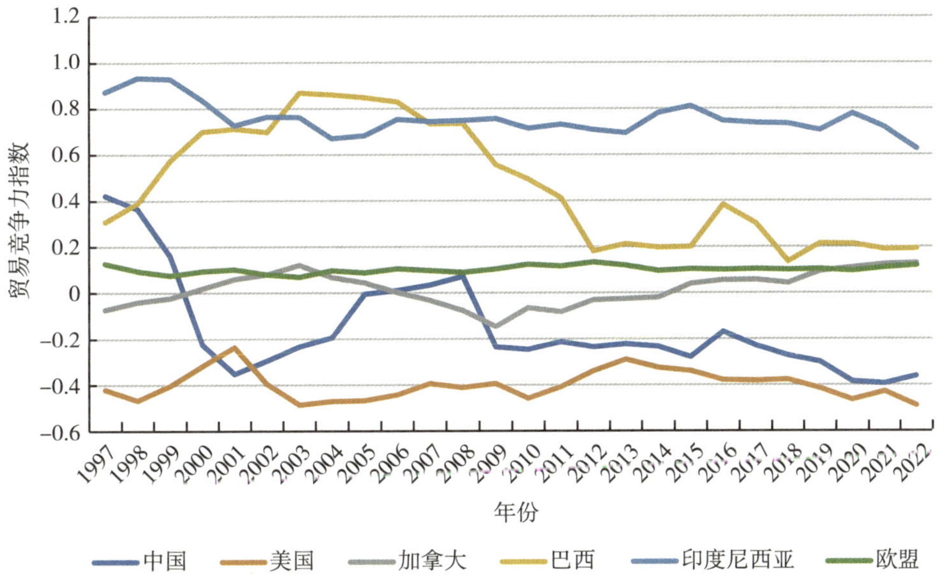


**图 3-29 中国与 5 个主要国家或地区出口可可加工品贸易竞争力指数比较**

（数据来源：根据 WITS 数据库的贸易数据计算得到）

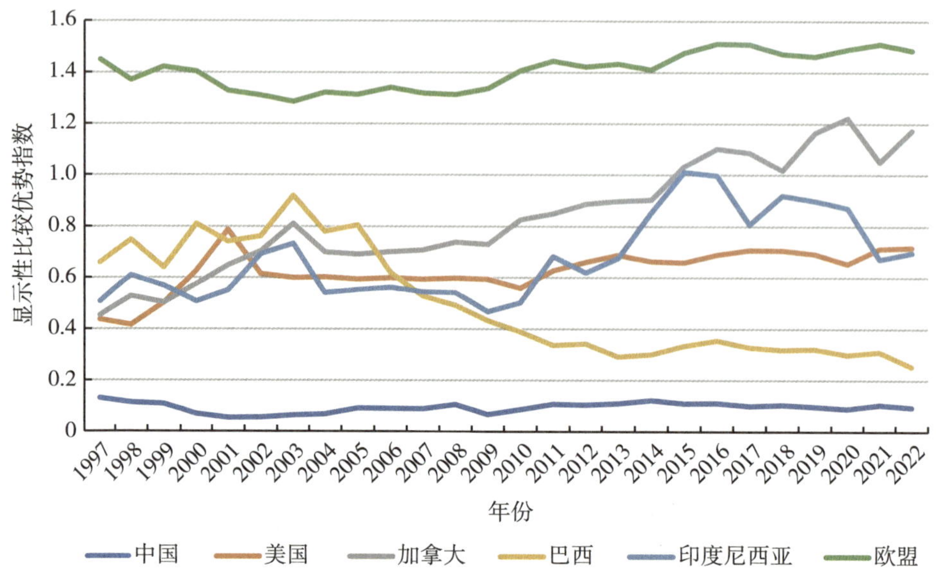


**图 3-30　中国与 5 个主要国家或地区出口可可加工品显示性比较优势指数比较**

（数据来源：根据 WITS 数据库的贸易数据计算得到）

### 3.3.10　饮料与酒

**中国在全球饮料与酒市场中的相对竞争地位仍有待提升。**在国际市场份额方面，中国饮料与酒的国际市场占有率从 1997 年的 1.10% 增长到 2022 年的 4.36%，显示出缓慢但稳定的增长趋势。尽管如此，在 2010 年之前，中国的市场份额仍低于多数主要国家或地区。但自 2010 年起，中国的市场份额已超过加拿大、巴西和印度尼西亚。在同期，欧盟的市场份额一直维持在 50% 以上，而美国则在 10% 左右波动（图 3-31）。从贸易竞争力（TC）指数来看，中国的饮料与酒出口在 2010 年之前表现出竞争优势，但自那以后转变为竞争劣势，且净进口的规模有所扩大。虽然在 2014 年之前，中国的表现优于大部分主要国家或地区，但之后其竞争力相对减弱。在此期间，欧盟和印度尼西亚保持较强的竞争优势，而美国和巴西的竞争优势则趋于减弱（图 3-32）。在显示性比较优势（RCA）指数方面，中国的 RCA 值从 1997 年的 0.25 逐渐提升至 2022 年的 0.42，虽有所增长但仍不具备明显的出口比较优势。与此同时，欧盟和美国的 RCA 值均超过 1.25，显示出极强的出口优势。相比之下，巴西、加拿大和印度尼西亚的 RCA 值均低于 0.8，显示其出口比较优势较弱（图 3-33）。

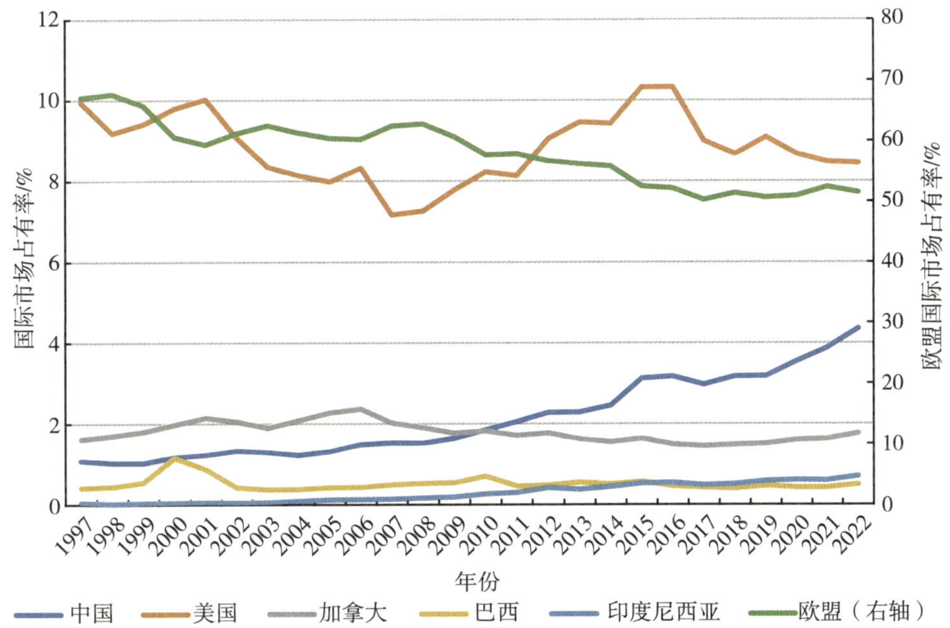


**图 3-31　中国与 5 个主要国家或地区出口饮料与酒国际市场占有率比较**

（数据来源：根据 WITS 数据库的贸易数据计算得到）

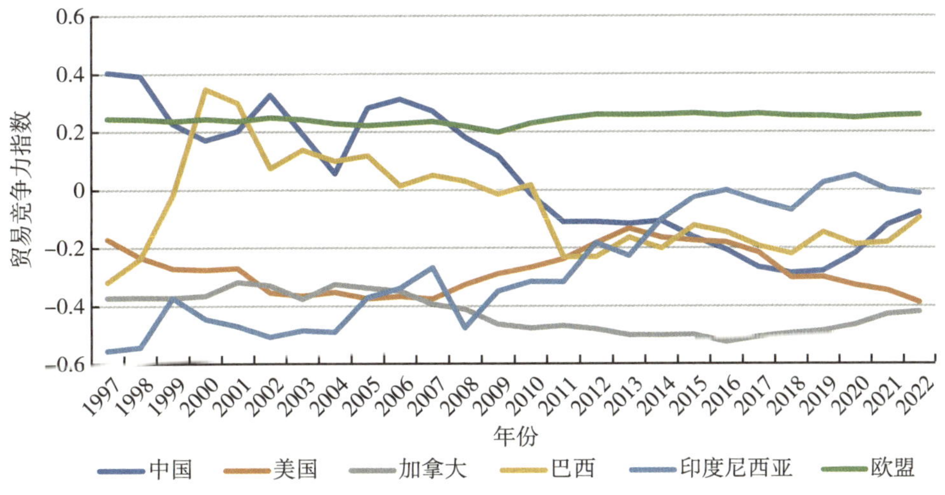


**图 3-32　中国与 5 个主要国家或地区出口饮料与酒贸易竞争力指数比较**

（数据来源：根据 WITS 数据库的贸易数据计算得到）

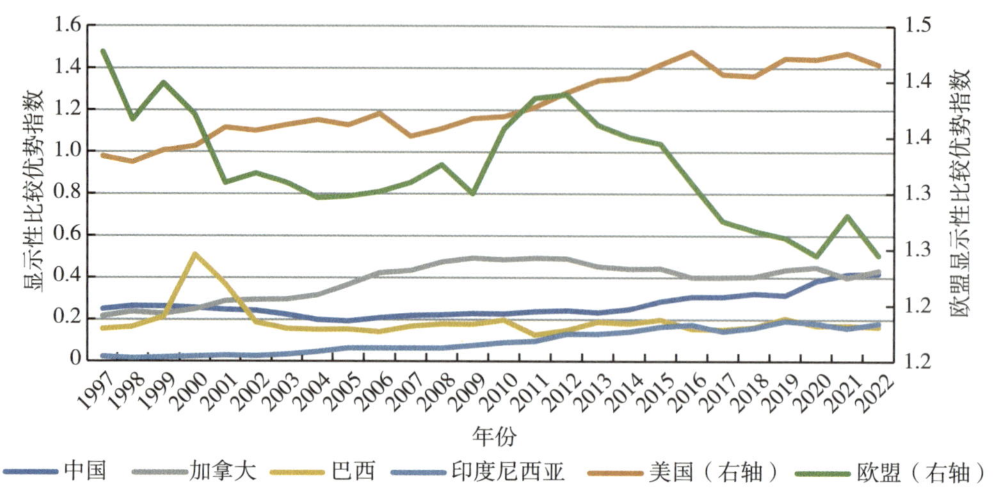


**图 3-33　中国与 5 个主要国家或地区出口饮料与酒显示性比较优势指数比较**

（数据来源：根据 WITS 数据库的贸易数据计算得到）

### 3.3.11　烟草

**中国烟草的国际市场份额一直较低，长期不具备出口比较优势**。中国烟草出口在国际市场的份额始终较低，其 WMS 值从 1997 年至 2022 年基本保持稳定。1997—2022 年，中国的市场份额明显低于欧盟，并在大多数年份低于印度尼西亚，2008 年之前也低于美国，但通常高于巴西和加拿大。相比之下，欧盟的市场份额自 2002 年起连续高于 50%，而美国多数年份低于 10%，印度尼西亚和巴西通常低于 3%，加拿大则一直低于 0.5%（图 3-34）。在贸易竞争力（TC）方面，中国烟草出口早期具有较强竞争优势，但自 2013 年起，TC 值从 0.698 降至 2022 年的 0.135，显示竞争优势不断减弱，净出口规模也相对减少。在主要国家或地区中，中国的竞争优势明显强于巴西和印度尼西亚以外的其他国家。欧盟的 TC 值多在 0~0.1，美国和加拿大的 TC 值自 2009 年和 2020 年起分别低于 0，显示竞争劣势（图 3-35）。显示性比较优势（RCA）分析显示，中国烟草出口长期不具备出口比较优势，RCA 值通常在 0.1~0.2。尽管从 1997 年至 2000 年有所下降，2001 年至 2018 年主要呈增长趋势，但 2019 年至 2022 年又呈下降趋势。在对比其他国家时，中国的出口比较优势明显强于巴西和加拿大，并从 2013 年起超过美国，但仍弱于印度尼西亚和欧盟。欧盟的 RCA 值持续增加，显示其出口比较优势不断增强，而美国和巴西的 RCA 值呈下降趋势，显示出从早期具有出口比较优势转为不再具有出口比较优势的变化（图 3-36）。

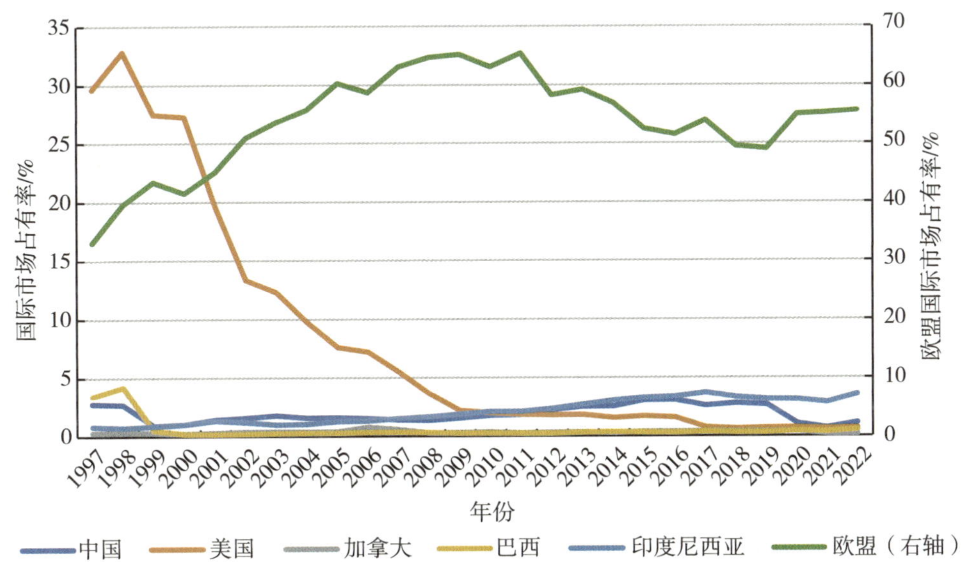


**图 3-34　中国与 5 个主要国家或地区出口烟草国际市场占有率比较**

（数据来源：根据 WITS 数据库的贸易数据计算得到）

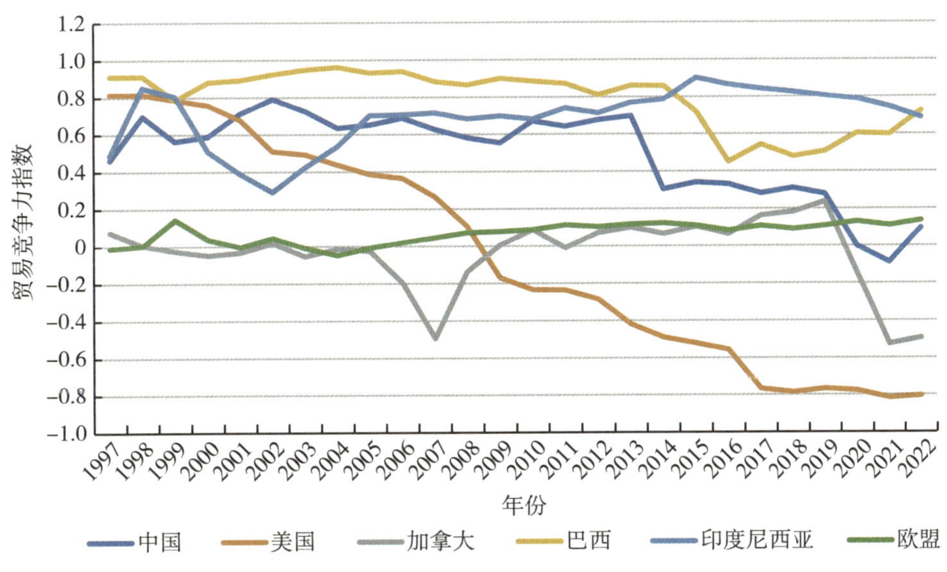


**图 3-35　中国与 5 个主要国家或地区出口烟草贸易竞争力指数比较**

（数据来源：根据 WITS 数据库的贸易数据计算得到）

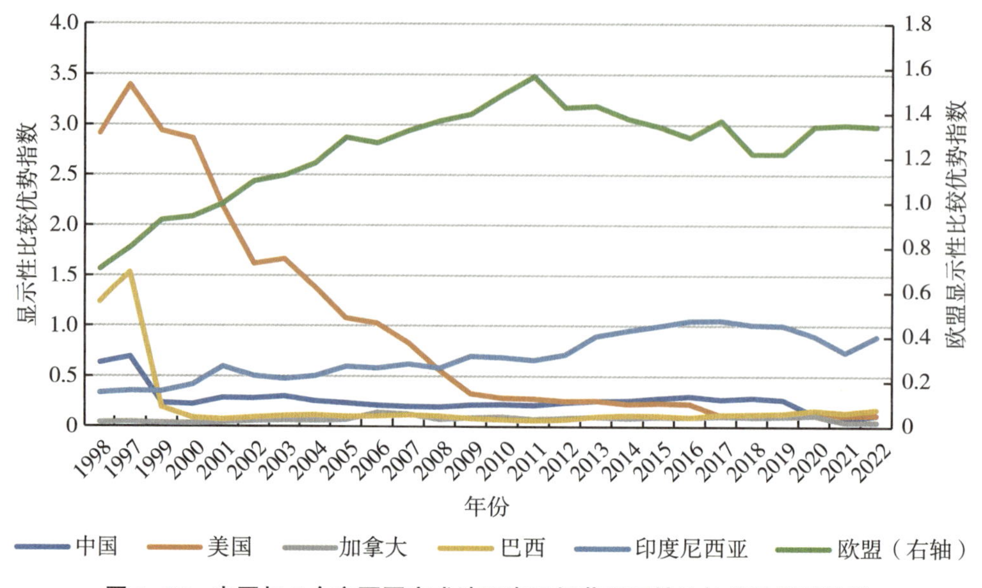


**图 3-36　中国与 5 个主要国家或地区出口烟草显示性比较优势指数比较**

（数据来源：根据 WITS 数据库的贸易数据计算得到）

## 3.4　发展趋势研判与对策建议

### 3.4.1　发展趋势研判

**中国农产品加工业具有较大的增长空间**。从国际比较看，目前，中国农产品加工业与农业总产值比重达到 2.52 ∶ 1，远低于发达国家 3.5 ∶ 1 的水平；农产品加工转化率为 67.5%，比发达国家低近 18 个百分点。根据美国商务部和农业部的数据，2022 年美国农产品加工业（包含食品、饮料和烟草加工业以及纺织和纺织产品加工业）增加值为 3 293 亿美元（约合人民币 23 051 亿元），占 GDP 的比重为 1.28%，占农业、食品及相关产业（包含农场，林业、渔业及相关产业，食品、饮料和烟草加工业，纺织和纺织产品加工业，食品和饮料仓储业，餐饮服务业）增加值的比重为 21.52%（BEA，2023；USDA，2024）。根据日本农林水产省的“六次产业化综合调查”，2022 年日本农业生产相关企业的总销售额为 2.18 万亿日元（约合人民币 1 014 亿元），其中农产品加工业占 46.53%；水产生产相关企业的总销售额为 2 368 亿日元（约合人民币 110 亿元），其中水产品加工业占 76.78%（日本农林水产省，2024）。从产业发展趋势看，越来越多的消费者开始追求更加便捷、健康与多样化的食品选择，这种趋势为农产品加工业带来了前所未有的发展机遇。随着中国国民经济的持续增长和居民生活水平的明显提升，居民的膳食习惯和消费偏好正在经历深刻的变化。预计未来，居民对加工食品的需求将持续增长，特别是在即食、半成品、有机和功能性食品领域。面对这一趋势，中国农产品加工业有望通过提升产品的质量和创新性来满足市场需求。例如，通过采用先进的加工技术和设备，农产品加工企业可以生产出营养价值更高、保存期更长的加工食品，可以更有效地满足国内外消费者对高品质农产品的需求。

**中国农产品加工业竞争力的发展目标是积极主动参与国际竞争**。《中国农业产业发展报告 2020》将中国农产品竞争力的发展目标分为守住底线和参与竞争两类。其中，谷物是关乎国计民生的重要农产品，中国谷物产业的竞争力目标是守住“口粮绝对安全，谷物基本自给”的产业安全底线，并不是促进出口、参与国际竞争；园艺作物和禽类产品等农产品具备较强的市场化属性，其农产品的竞争力目标是积极主动参与国际竞争。根据上述分类，本研究认为中国农产品加工业也应积极主动参与国际竞争。第一，农产品加工业是连接农业生产和市场消费的中间环节，是提升农业价值链、实现农业高质量发展的关键所在，农产品“走出去”很大程度上依赖于农产品加工业的国际竞争力。第二，中国农业资源禀赋和比较优势决定了发展农产品加工业参与国际竞争是必由之路。中国劳动力资源丰富、人工成本相对较低，为劳动密集型农产品加工业发展提供了有利条件，而且发达的农业基础和多样化的农产品供给，也为发展农产品加工业、提升国际竞争力提供了重要支撑。第三，通过参与农产品加工业的国际竞争，有利于提升中国农业在全球农业价值链分工中的地位，对于增强中国农业话语权和影响力具有战略意义。

### 3.4.2　促进农产品加工业健康可持续发展的对策建议

**优化农产品加工业区域布局，推动农产品加工产业向乡村集聚**。一是立足农业资源禀赋和比较优势，科学规划农产品加工业发展布局，因地制宜发展特色农产品加工产业，积极打造各具特色、错位发展、优势互补的区域分工协作格局。二是引导农产品加工产业向乡村延伸布局，支持在农产品主产区、特色农业产区建设大型农产品加工基地和产业集群，加快补齐乡村农产品仓储保鲜、冷链物流等设施短板，健全完善乡村农产品初加工配套设施，鼓励农产品加工企业在乡村布局生产基地、建设原料基地，带动农民参与农产品加工产业链。三是发挥产业集群的规模效应和集聚效应，推动专业化、规模化农产品加工园区建设，促进农产品加工企业向园区集中，支持龙头企业带动中小微企业融通发展，积极培育农产品加工产业联盟，促进产业链各环节企业协同合作、抱团发展。通过推动农产品加工产业向乡村集聚，把农产品加工业做大做强，把产业链延伸到田间地头，把增值收益留在农村，农民就能分享加工业发展红利，就地就近就业增收，乡村产业就能焕发勃勃生机。

**加快农产品加工业科技创新和成果转化，支持科研院所、高校与龙头企业共建农产品加工业创新平台**。一是加强产学研用合作，建立健全农产品加工业科技创新体系。要发挥高校、科研院所的基础研究和应用基础研究优势，瞄准产业发展需求，围绕农产品加工、保鲜、储藏等关键核心技术开展协同攻关。要积极搭建产学研用协同创新平台，促进创新链与产业链、政策链有机衔接，加速科技成果向现实生产力转化。要建立科技成果转化应用的激励机制，调动各类创新主体参与农产品加工业科技创新的积极性和主动性。二是支持科研院所、高校与龙头企业共建农产品加工业创新平台。鼓励依托国家农业科技园区、农业高新技术产业示范区等，建设一批农产品加工业科技创新中心和技术创新中心。支持有条件的地方建设农产品精深加工研发中心，开展农产品加工共性关键技术研究和科技成果中试熟化。引导龙头企业与科研院所、高校共建产业技术研究院、实验室等创新载体，开展产业关键核心技术联合攻关，提升农产品精深加工、综合利用水平。三是鼓励创新主体加大研发投入，加强知识产权保护。支持农产品加工企业设立研发机构，加大研发经费投入，培育建设高水平研发团队。完善农产品加工业科技创新投入政策，加大对企业研发活动的税收优惠、财政补贴等政策支持力度。健全农产品加工业知识产权保护体系，严厉打击侵权假冒行为，营造良好的农产品加工业创新环境。要加强知识产权运营服务，促进科技成果产权化、产业化，为农产品加工业高质量发展提供有力的科技支撑。

**大力发展新质生产力，培育农产品加工业发展新动能**。一是围绕市场需求，延长农产品加工产业链条，发展精深加工和综合利用，提高农产品附加值。支持龙头企业通过兼并重组、上下游整合等方式，打造全产业链优势，增强产业链稳定性和竞争力。鼓励发展订单农业、契约农业，强化利益联结机制，促进农民分享加工产业发展红利。二是加强品牌培育和推广，提升产品价值链地位，拓展国内外中高端市场。加大农产品加工业政策支持和要素保障，完善支持农产品加工业发展的财税、金融、用地等政策，创新农产品加工业投融资机制，拓宽企业融资渠道，加大信贷支持力度。三是加快农产品加工业数字化、智能化改造，推动新一代信息技术与农产品加工业深度融合，打造智慧农产品加工产业链，提升产业链供应链现代化水平。加快农产品加工业技术装备创新升级，突破智能加工、质量控制等关键核心技术，推动农产品加工业向高精尖方向发展，培育农产品加工业发展新动能，增强农产品加工业发展新优势，加快农产品加工业迈向全球价值链中高端。四是加快农产品加工业数字化转型，推动大数据、人工智能、5G 等新兴技术在农产品加工业的创新应用，推进农产品加工业与新能源、新材料、现代服务业深度融合，催生农产品加工业发展新动能，依靠新质生产力不断提升农产品加工业创新力、竞争力和影响力，加快构建现代农产品加工业新格局。

# 第4章

# 全要素生产率视角下农业领域发展新质生产力的理论与着力点

本章作者：姜茜（jiangqian02@caas.cn）、林青宁（linqingning@caas.cn）、龚斌磊（gongbinlei@zju.edu.cn）、胡向东（huxiangdong@caas.cn）、王国刚（wangguogang@caas.cn）

**主要观点**

● 从全要素生产率视角分析，中国农业竞争力的提升面临严峻形势。一是中国农业全要素生产率（TFP）在经历1992—2012年年均增速为3.14%的高速增长阶段后，出现下滑，2013—2021年农业TFP年均增速为2.17%，2019—2021年进一步降至1.55%；从国际比较来看，中国农业TFP在2013—2021年出现回落，由1992—2012年略落后于美国但高于加拿大、法国、澳大利亚、德国，降至全部农业强国的水平之下。二是全要素生产率对中国农业增长的贡献度低。1961—2021年，中国农业TFP对农业总产出增长的贡献度仅为21.10%，而世界农业强国TFP贡献度均在50%以上，平均贡献度为115.08%。三是中国农业全要素生产率增长的驱动力由技术进步转变为规模效应。1978—2004年，中国农业TFP增长全部来自技术进步的贡献，技术效率以及规模效应对TFP的增长起负向作用。但2005—2020年，技术进步对农业TFP增长的贡献率仅为10.13%，而规模效应对TFP增长的贡献率上升为64.74%。

● 加快形成农业领域新质生产力是中国实现农业现代化、迈入农业强国的根本路径。当前中国面临着农业 TFP 增速下滑的困境，一方面是因为缺乏颠覆性农业技术，另一个重要原因是农业农村的制度改革已逐渐进入深水区。2019—2021 年美国农业 TFP 出现了反弹，年均增速达到了 1.84%。假定美国保持这一增长速度，到 2035 年中国农业 TFP 要与美国持平，至少要达到 2.29% 的年均增速水平。这一增速水平不仅高于现阶段中国农业 TFP 的年均增速，在世界农业强国的农业发展进程中也并不多见，这无疑是中国农业发展所面临的巨大挑战。为此，必须加快形成农业领域的新质生产力，实现农业 TFP 大幅提升，赶超世界农业强国。

● 新质生产力对创新起主导作用，仅仅依靠实验室里的技术创新是不够的，只有实现产业化，将技术创新转化为现实生产力，才能实现以全要素生产率对新质生产力的测度。以农业全要素生产率提升的两个主要驱动力——技术进步和制度改革为切入点，从新技术、新产业、新模式、新措施四个方面，提出农业领域加快形成新质生产力的着力点，包括：以新技术突破战略科技制高点；以新产业推动农业向高端化智能化绿色化发展；以新模式推动形成适应新质生产力的生产关系；以新措施推动新质生产力落地实践。

2023 年 9 月 7 日，习近平总书记在哈尔滨主持召开新时代推动东北全面振兴座谈会时首次提出“新质生产力”的概念，指出“积极培育未来产业，加快形成新质生产力，增强发展新动能”。2023 年中央经济工作会议上，习近平总书记强调，要以科技创新推动产业创新，特别是以颠覆性技术和前沿技术催生新产业、新模式、新动能，发展新质生产力。2024 年习近平总书记在主持中共中央政治局就扎实推进高质量发展进行第十一次集体学习时强调，发展新质生产力是推动高质量发展的内在要求和重要着力点，必须继续做好创新这篇大文章，推动新质生产力加快发展。习近平总书记指出：“概括地说，新质生产力是创新起主导作用，摆脱传统经济增长方式、生产力发展路径，具有高科技、高效能、高质量特征，符合新发展理念的先进生产力质态。它由技术革命性突破、生产要素创新性配置、产业深度转型升级而催生，以劳动者、劳动资料、劳动对象及其优化组合的跃升为基本内涵，以全要素生产率大幅提升为核心标志，特点是创新，关键在质优，本质是先进生产力。”习近平总书记关于发展新质生产力的一系列重要论述，为开展新质生产力的研究提供了根本遵循。

自新质生产力概念提出后，学术界对新质生产力的提出逻辑、内涵特征、实现路径等开展了广泛研究。学者们大多从理论和实践两个方面来阐述新质生产力的提出逻辑。从理论上来说，新质生产力是马克思主义中国化时代化的发展创新。杨广越（2024）指出新质生产力的提出，是马克思主义时代化结合中国特色社会主义发展理念的最新理论成果，是习近平经济思想的又一创新。高帆（2023）以马克思政治经济学为基础，从供需的角度解释了新质生产力的来源逻辑。周文等（2023）指出新质生产力的提出，是马克思主义生产力理论的发展和创新，是马克思主义政治经济学中国化时代化的重要理论命题。从实践上看，杨广越（2024）、周文等（2023）认为新质生产力的提出是中国生产力达到一定阶段的必然结果，是中国建设现代化强国的必由之路。周文等（2024）认为随着新一轮科技革命和产业变革的孕育兴起，新质生产力将取代传统生产力，成为推动中国式现代化的重要力量。蒲清平等（2023）研究了新质生产力发展的历史逻辑，认为新质生产力的提出是对科学技术推动生产力发展的经验总结。学者们以习近平总书记重要讲话为依据，对新质生产力的要素内涵展开研究，认为新质生产力的内涵主要体现在先进科技、绿色可持续、高效高质三个重要的方面。卢江等（2024）认为新质生产力是一个至少涵盖科技、绿色和数字三大方面的集成体，并从科技生产力、绿色生产力和数字生产力三个方面构建了新质生产力的综合评价体系。高帆（2023）以马克思主义政治经济学为基础，构建了探究生产力问题的比较系统的分析框架，指出可从结果、要素、要素组合、产业形态、保障等方面对新质生产力的内涵进行把握。黄群慧等（2024）以系统论的视角研究了新质生产力的内涵，认为新质生产力是由相互联系、相互作用的生产力要素、生产力结构、生产力功能构成的“要素—结构—功能”系统。学者们对新质生产力的实现路径提出了诸多对策建议。张辉等（2024）、胡莹等（2024）认为要从政策制度、经济发展、产业新兴、科技创新、人才培养等多个方面着手。

学者们对新质生产力在农业农村领域的应用也进行了研究。王琴梅等（2023）从生产力三要素的角度出发分析了数字新质生产力与农业高质量发展的关系。张彰（2024）通过实证研究发现，数字新质生产力能够延伸农业产业链，助推共同富裕。王静华等（2024）则是从乡村振兴的角度，分析新质生产力实现农业强、农民富、农村美的驱动逻辑和实现路径。周洁（2024）认为加快形成新质生产力是保障粮食安全的关键。朱迪等（2024）在深入分析农业领域新质生产力的理论内涵基础上，通过实证模型对中国农业领域新质生产力的发展水平和动态演变特征进行了测度与分析。

综上所述，目前对于新质生产力的研究较多的是理论研究，对农业领域新质生产力的研究相对较少。新质生产力的核心标志是全要素生产率的大幅提升，而有关农业领域新质生产力的研究较少涉及农业全要素生产率的分析。因此，本章以全要素生产率为切入点，为农业领域加快形成新质生产力提出政策建议。

## 4.1　农业领域发展新质生产力的重要性

### 4.1.1　农业的天然基础性地位决定了农业领域新质生产力的“底盘”地位

农业是国民经济的基础，马克思指出，“农业劳动是其他一切劳动得以独立存在的自然基础和前提”“超过劳动者个人需要的农业劳动生产率，是一切社会的基础”。从历次产业革命发展的历程来看，产业革命的进程始于农业领域。农业领域形成新质生产力是国民经济形成和发展新质生产力的基础，只有通过发展新质生产力实现对农业的升级改造，提高农业生产效率，才能提供充足的原料，并将土地、资本、劳动力释放至非农部门，为工业和其他产业领域新质生产力的形成和发展奠定基础。

### 4.1.2　农业领域发展新质生产力是提升农业竞争力的关键之举

习近平总书记指出：“农业强国是社会主义现代化强国的根基。”强国必先强农，农强方能国强。提高农业竞争力是建设农业强国的核心，产业竞争力强弱不能仅看产出的数量和质量，更要关注生产率。全要素生产率是农业产业竞争力的决定性因素，也是判断产业竞争力强弱的重要标准（曾庆华 等，2019）。发展新质生产力，能够加快生物技术、信息技术、纳米技术和生物质能源技术等前沿科技在农业领域的应用，强化科技创新全面赋能农业生产要素的能力，实现要素的优化组合和合理配置，大幅提升全要素生产率，从而提高我国农业国际竞争力。

### 4.1.3 农业领域发展新质生产力是构建多元化食物供给体系的根本路径

粮食安全是治国理政的头等大事，我国粮食安全思路由传统的数量安全观向多目标的大食物观转变（龙文进 等，2023）。党的二十大报告提出，树立大食物观，发展设施农业，构建多元化食物供给体系。构建多元化食物供给体系，要突破以粮为纲的传统认识，面向全域国土空间资源，多途径开发食物来源，不仅要保证食物供给数量，还要保证食物供给的质量和多元化。森林、海洋、江河、草原等广阔的国土空间不会凭空生产出食物，构建多元化食物供给体系根本上必须依靠新质生产力的发展，通过科技创新和要素优化配置，促进传统种养业转型升级，同时，通过生物育种、合成生物学、智能农机等核心前沿技术研发和产业化，突破耕地等自然条件限制、拓展农业生产空间，发展新兴产业，布局未来产业，大力发展加工业，丰富食物呈现形态和供给方式，从而提高食物供给体系与居民食物消费结构的匹配度。

## 4.2 新质生产力的理论基础

### 4.2.1 经济增长理论对生产要素认识的演变

习近平总书记关于新质生产力的系列论述为转变经济增长方式、实现高质量发展指出了一条符合中国发展阶段和现实国情的有效路径，背后有着合理的经济增长理论基础。经济增长理论是探究经济增长动力来源的理论，全要素生产率是其核心概念之一，能够为新质生产力的发展提供理论支持和指导。经济增长理论对推动经济增长要素的认识分为以下三个关键节点。

第一，古典经济增长理论。古典经济增长理论是现代经济增长理论的出发点和理论基础。亚当·斯密提出，国家财富的积累以及剩余价值的获取必须依靠劳动这一根本途径，分工是亚当·斯密经济学理论的核心思想，认为分工是劳动生产力提高的根源所在。萨伊提出了生产三要素，即劳动、资本和土地。古典经济增长理论突破了重商主义“货币财富积累即为经济增长”的观点，转而关注实际物质生产领域，认为劳动、资本和土地三大生产要素投入的增加是经济增长的推动力，经济的增长需要更多生产要素的投入，同时经济增长受到土地或资源的限制。

第二，新古典经济增长理论。新古典经济增长理论以索洛为典型代表，在古典经济增长理论的基础上，增加了“第四生产要素”，指出了技术对经济增长的推动作用，并通过建立数学模型来分析各要素对经济增长的贡献。罗伯特·索洛提出索洛余值（或索洛残差）的概念，指的是剥离劳动和资本要素投入对经济增长贡献后的剩余部分，即为全要素生产率，体现的是技术进步对经济增长的贡献。这一阶段将技术视为外生变量。

第三，内生经济增长理论。内生经济增长理论是 20 世纪 80 年代中期发展起来的经济学理论分支，其核心思想是经济增长可以通过经济体内部因素的驱动来实现，不必依赖外部推动力。罗默将知识创新作为一类新的推动经济增长的生产要素，并指出知识具有正外部性和部分排他性。卢卡斯将人力资本作为推动经济增长的一类要素，指出人力资本可以通过教育和学习获得，并附着于劳动者个体，具有竞争性。内生经济增长理论将技术进步、知识创新和人力资本积累内生化，认为知识溢出能够促进人力资本积累和技术进步，共同推动经济长期稳定增长，拓展了索洛模型，更适应当今复杂的经济环境（罗必良 等，2024；易纲 等，2003）。

### 4.2.2 经济增长理论下新质生产力的测度

新质生产力以全要素生产率大幅提升为核心标志。诺贝尔经济学奖获得者罗伯特·索洛提出了具有规模报酬不变特性的总量生产函数和增长方程，形成了全要素生产率的概念，并将其归结为由技术进步而产生的。生产率与要素投入都贡献于经济的增长，全要素生产率是除去劳动、资本、土地等要素投入之后的“余值”。全要素生产率是分析经济增长方式的重要指标，为实现新质生产力的测度提供了量化工具（龚斌磊 等，2024）。

在经济增长理论下，生产函数可以用柯布道格拉斯函数表示为：

$$Y=AK^{\alpha}L^{\beta} \tag{4-1}$$

其中，$Y$代表产出；$A$代表影响产出的技术要素；$K$和$L$分别代表投入的劳动和资本要素，$\alpha$和$\beta$分别代表劳动和资本的产出弹性系数。经济增长表现为当期产出减去上期产出的增量，对产出进行微分分解，可以得到：

$$\mathrm{dln}A=\mathrm{dln}Y-\alpha\mathrm{dln}K-\beta\mathrm{dln}L \tag{4-2}$$

上式可进一步简化为：

$$a=y-\alpha k-\beta l \tag{4-3}$$

其中，$a$、$y$、$k$、$l$分别代表全要素生产率、产出、资本和劳动的增长速度部分。

采用随机前沿分析等方法可以将全要素生产率进一步分解为技术进步和效率提升两部分。一是生产前沿面函数向上移动所反映的技术进步，体现的是新质生产力中颠覆性技术突破；二是生产主体与生产前沿面距离缩短所反映的效率提升，体现的是新质生产力中生产要素的创新性配置（龚斌磊 等，2024）。

## 4.3 中国农业全要素生产率分析

### 4.3.1 农业全要素生产率的国际比较

#### （1）数据来源

本章采用的数据来自美国农业部经济研究局（USDA Economic Research Service）的国际农业生产力数据产品（International Agricultural Productivity）。国际农业生产力数据产品采用增长核算方法（growth accounting）测算农业 TFP 变化，采用的方法和数据定义在各国是一致的，提供了全球范围可比较的农业

TFP 增长率。为了便于国际比较，作出了相应的简化和假设，为此，产品中的 TFP 增长可能与使用不同假设或方法的其他研究中的 TFP 增长有所不同。每个 TFP 数据系列都是一个指数，以 2015 年为基准，各个国家或地区的 TFP 值在 2015 年均设定为 100，任意一年的指数值都是相对于 2015 年的 TFP 水平。例如，2021 年的 TFP 指数值为 110，表示 2015—2021 年 TFP 增加了 10%，即在相同的投入水平下，2021 年的产出比 2015 年增加了 10%。本章采用的数据是 2023 年 9 月的最新版本。

**（2）农业全要素生产率的国际比较**

《中国农业产业发展报告 2023》基于供给保障强、科技装备强、经营体系强、产业韧性强、竞争能力强“五强”的农业强国划分指标体系，结合农业总产值排名，确定了世界农业强国为美国、加拿大、法国、澳大利亚、德国 5 个国家。选择以上农业强国，与中国农业 TFP 进行国际比较。

**中国农业全要素生产率与农业强国的差距日渐缩小，但整体仍略落后于农业强国**。基于 C-D 生产函数，以农业总产值为产出变量，投入变量包括土地投入、劳动力投入、资本投入以及中间品投入，选择 LP 方法计算中国与农业强国的农业 TFP。整体来看，中国农业 TFP 与农业强国的差距呈缩小的态势，但近年来中国农业 TFP 有所回落（图 4-1）。按照中国农业农村改革的重要时间节点，划分为 1961—1977 年（改革开放前）、1978—1991 年（改革开放至计划经济时期）、1992—2012 年（市场经济体制改革时期）、2013—2021 年（全面深化改革时期）四个阶段（王汉中 等，2021）。分阶段来看（表 4-1），中国农业 TFP 与美国差距逐渐缩小，1961—1977 年，中国农业 TFP 平均是美国农业 TFP 的 88.85%；2013—2021 年，中国农业 TFP 提高至美国的 95.98%，但仍略落后于美国。1992—2012 年，中国农业 TFP 超过了加拿大、法国、澳大利亚、德国农业 TFP 的水平，但在 2013—2021 年，中国农业 TFP 出现回落，降至全部农业强国的农业 TFP 水平之下。

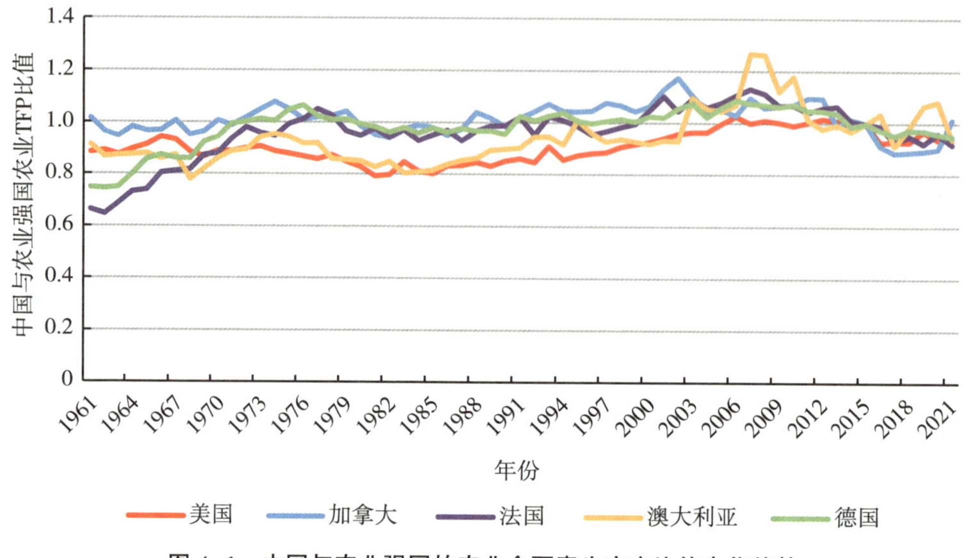


**图 4-1　中国与农业强国的农业全要素生产率比值变化趋势**

（数据来源：根据美国农业部数据测算）

**表 4-1　中国与农业强国农业全要素生产率的比值**

| 国家 | 1961—2021 年 | 第一阶段 | 第二阶段 | 第三阶段 | 第四阶段 |
|---|---|---|---|---|---|
| | | 1961—1977 年 | 1978—1991 年 | 1992—2012 年 | 2013—2021 年 |
| 美国 | 90.8% | 88.85% | 83.40% | 94.75% | 95.98% |
| 加拿大 | 101.53% | 101.40% | 99.21% | 107.33% | 94.46% |
| 法国 | 96.40% | 93.37% | 97.06% | 104.33% | 97.24% |
| 澳大利亚 | 94.21% | 89.17% | 85.28% | 102.18% | 99.88% |
| 德国 | 98.24% | 97.71% | 98.20% | 104.00% | 97.89% |

数据来源：根据美国农业部数据测算。

**全要素生产率对中国农业增长的贡献度低**。1961—2021 年，世界农业强国 TFP 贡献度均在 50% 以上，平均贡献度为 115.08%，由此可见，农业强国农业增长的贡献主要来自技术的推动作用，而中国农业 TFP 对农业总产出增长的贡献度仅为 21.10%（表 4-2）。

**表 4-2　农业强国与中国农业全要素生产率对农业增长的贡献度**

| 国家 | 产出增长率 | TFP 增长率 | TFP 贡献率 |
|---|---|---|---|
| 美国 | 145.73% | 103.83% | 71.25% |
| 加拿大 | 210.74% | 106.11% | 50.35% |
| 法国 | 41.81% | 44.90% | 107.40% |
| 澳大利亚 | 187.64% | 95.22% | 50.75% |
| 德国 | 30.94% | 91.49% | 295.66% |
| 中国 | 1 041.20% | 219.73% | 21.10% |

数据来源：根据美国农业部数据测算。

**中国农业 TFP 增长速度超过农业强国**。1961—2021 年，中国农业 TFP 呈高速增长态势（图 4-2）。世界农业强国中农业 TFP 年均增长率最高的是加拿大，为 1.23%，中国农业 TFP 年均增长率为 1.99%，是加拿大的 1.6 倍。将农业强国人均 GDP 和农业 TFP 年均增长率进行回归分析（图 4-3），在相同人均 GDP 发展阶段，中国农业 TFP 年均增长率落在趋势线上方，高于农业强国的平均水平，体现了我国农业技术的后发优势。

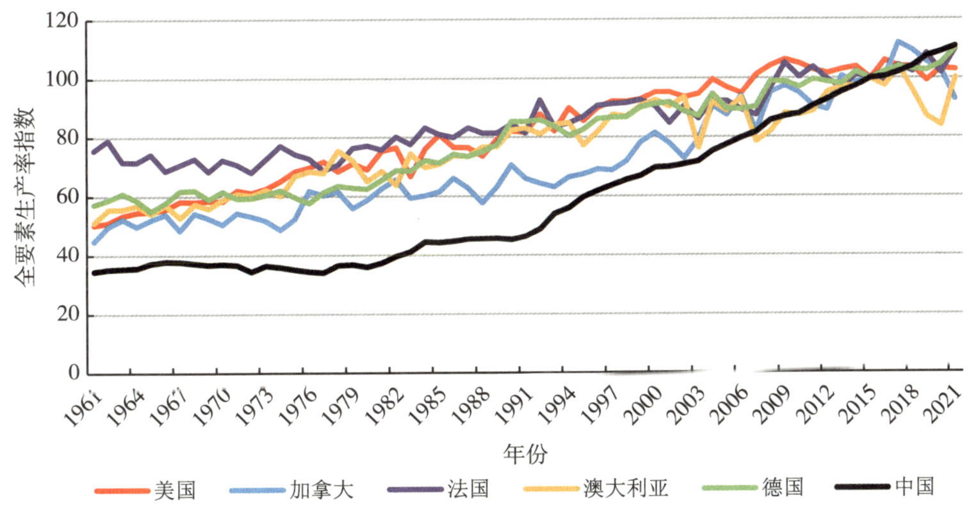


**图 4-2　农业强国和中国的农业全要素生产率指数变化趋势**

（数据来源：美国农业部）

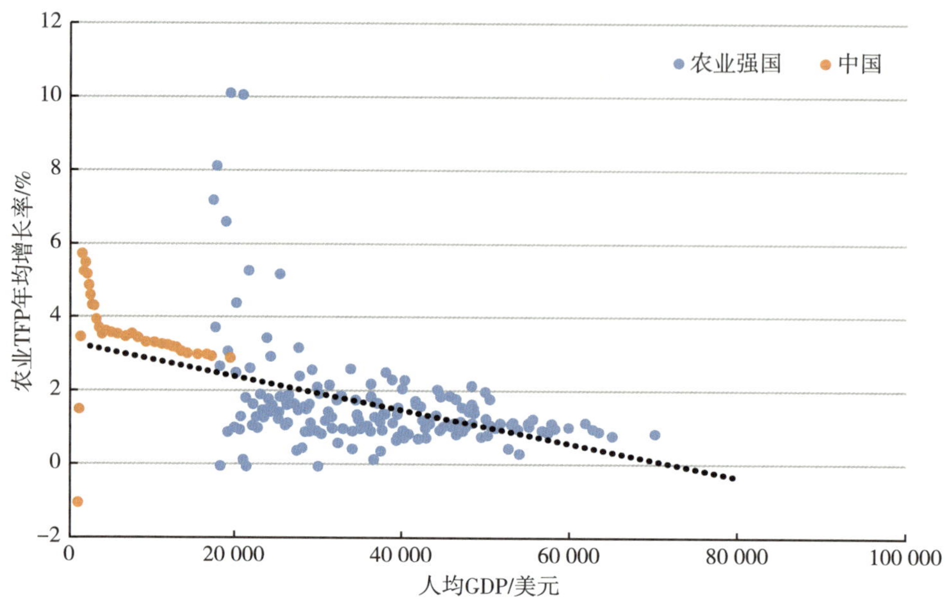


**图 4-3 农业强国和中国的农业 TFP 年均增长率与人均 GDP 变化关系**

（数据来源：美国农业部、联合国粮农组织）

**中国面临保持农业 TFP 高速增长的压力**。从表 4-3 可以看出，除法国外，中国与各农业强国在第四阶段的农业 TFP 增长速度均有所放缓，美国和加拿大的农业 TFP 甚至出现负增长。德国在 2013—2021 年的增长速度虽超过第三阶段，但远低于 1978—1991 年第二阶段的增长速度。中国农业 TFP 在 1992—2012 年期间年均增速高达 3.14%，但第四阶段 TFP 年均增速回落至 2.17%，2019—2021 年中国农业 TFP 年均增速进一步下降，降至 1.55%。需要注意的是，2019—2021 年，美国农业 TFP 出现较大的反弹，农业 TFP 年均增速达到了 1.84%。2021 年中国农业 TFP 为美国的 93.94%，假定美国保持 1.84% 的增长速度，到 2035 年中国农业 TFP 要与美国持平，至少要达到 2.29% 的年均增速，这不仅高于现阶段中国农业 TFP 的年均增速，在世界农业强国的农业发展进程中也并不多见，这无疑是中国农业发展所面临的巨大挑战。为此，必须加快形成农业领域的新质生产力，实现农业 TFP 大幅提升，赶超世界农业强国。

表 4-3　农业强国与中国农业全要素生产率分阶段年均增长率

| 国家 | 1961—2021 年 | 第一阶段 1961—1977 年 | 第二阶段 1978—1991 年 | 第三阶段 1992—2012 年 | 第四阶段 2013—2021 年 |
|---|---|---|---|---|---|
| 美国 | 1.21% | 2.39% | 1.47% | 0.77% | -0.02% |
| 加拿大 | 1.23% | 1.99% | 0.57% | 1.73% | -1.16% |
| 法国 | 0.63% | -0.63% | 1.17% | 0.39% | 1.82% |
| 澳大利亚 | 1.14% | 1.90% | 0.80% | 0.85% | 0.40% |
| 德国 | 1.11% | 0.46% | 2.47% | 0.73% | 1.65% |
| 中国 | 1.99% | -0.08% | 2.00% | 3.41% | 2.17% |

数据来源：根据美国农业部数据测算。

## 4.3.2　中国农业全要素生产率的分解

### 4.3.2.1　中国农业全要素生产率的分解方法

在《中国农业产业发展报告 2022》的基础上，对 1978—2020 年中国农业全要素生产率指数（TFPI）进行进一步分解分析。

根据 O'Donnell（2018），全要素生产率定义为总产出 $Q_{it}$ 与总投入 $X_{it}$ 的比值：

$$TFP_{it} \equiv Q_{it} / X_{it} \tag{4-4}$$

式（4-4）中，$Q_{it}=Q(q_{it})$、$X_{it}=X(x_{it})$ 代表各种产出（投入）的加总，$i$ 为生产者，$t$ 为时间。$Q(\cdot)$ 和 $X(\cdot)$ 是非负、非减、线性、齐次加总函数。本章的总产出和总投入采用数量概念，与现有研究多采用的产值（或金额）概念存在一定差异。

生产者 $i$ 在时间 $t$ 的 TFP 和生产者 $k$ 在时间 s 的 TFP 的对比定义为全要素生产率指数（TFPI），用于衡量生产率的变化：

$$TFPI(x_{it}, q_{it}, x_{ks}, q_{ks}) = TFP(x_{it}, q_{it}) / TFP(x_{ks}, q_{ks}) \tag{4-5}$$

本章参考 O'Donnell（2018）采用的随机前沿模型对相关指标进行计算。通过对 TFPI 的分解可以分析技术进步、效率改善、规模效应对全要素生产率增长的贡献，具体方法参见《中国农业产业发展报告 2020》。

$$TFPI = OTI \times OTEI \times OSMEI \tag{4-6}$$

其中，OTI 基于产出的技术指数（output-oriented technology index，OTI），OTEI 基于产出的技术效率指数（output-oriented environment index，OEI），OSMEI 基于产出的规模和混合效率指数（output-oriented scale and mix efficiency index，OSMEI）。

#### 4.3.2.2 中国农业全要素生产率分解结果

**整体来看，中国农业全要素生产率的增长主要源自技术进步的贡献。**根据全要素生产率的分解（图 4-4），1978—2020 年，技术指数 OTI 增长 2.04 倍，年均增长率为 2.68%，对农业 TFP 增长的贡献率为 85.7%；技术效率指数 OTEI 增长 5%，年均增长率 0.12%，对农业 TFP 增长的贡献率为 3.7%；规模和混合效率指数 OSMEI 增长 15%，年均增长率为 0.33%，对农业 TFP 增长的贡献率为 10.65%。

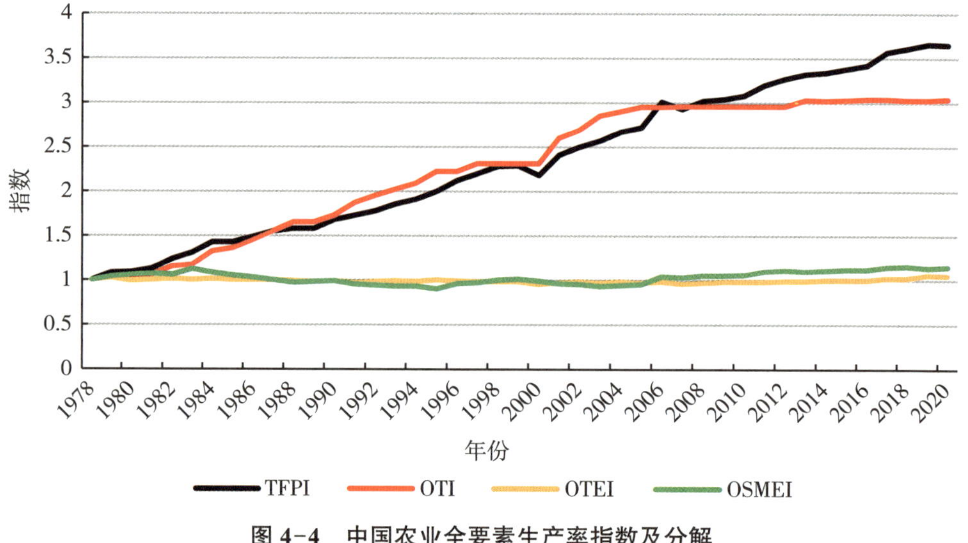


图 4-4 中国农业全要素生产率指数及分解

（数据来源：《中国农业产业发展报告 2022》）

**分阶段来看，中国农业全要素生产率增长的来源由技术进步转变为规模效应。**1978—2004 年，中国农业 TFP 增长 1.67 倍，年均增长率为 3.85%，其中，技术变化指数 OTI 增长 1.90 倍，年均增长率 4.18%，对农业 TFP 增长的贡献超过 100%，即中国农业 TFP 增长全部来自技术进步的贡献。同期，技术效率指数 OTEI 下降 2%，年均降幅为 0.08%；规模和混合效率指数 OSMEI 下降 6%，年均降幅 0.24%，这一阶段技术效率以及规模效应对 TFP 的增长起负向作用。但

2005—2020 年，中国农业 TFP 增长 34.19%，年均增长率 1.98%，其中，OTI 增长 3.05%，年均增长率为 0.20%，对 TFP 增长的贡献仅为 10.13%；贡献率最高的是规模和混合效率，OSMEI 年均增长率 1.28%，对 TFP 的贡献率为 64.74%。

**综上分析，加快形成农业领域新质生产力是中国迈入农业强国阵列的根本路径。**当前中国面临着农业 TFP 增速下滑的困境，一方面是因为缺乏颠覆性农业技术，另一方面是农业农村的制度改革已逐渐进入深水区。与此同时，世界农业强国也面临着农业 TFP 增速下滑的困境。分析可能的原因是，随着时间的推移，现有农业技术基本达到了成熟阶段，这意味着通过现有技术来提高农业全要素生产率的潜力可能已经接近极限，世界农业强国同样遇到了技术进步的挑战。这为中国迈入农业强国阵列提供了机遇，中国亟须在农业领域加速培育新质生产力，实现全要素生产率大幅度提升，抢占发展先机，推动农业实现跨越式发展，赶超世界农业强国。

## 4.4　农业领域发展新质生产力的着力点

新质生产力是创新起主导作用，但仅仅依靠实验室里的技术创新是不够的，新质生产力以全要素生产率大幅提升为核心标志。因此，需要提高技术转化效率，通过农业生产经营主体加以落地，实现产业化，只有将技术创新转化为现实生产力，才能实现以全要素生产率对新质生产力的测度。农业全要素生产率提升主要依赖于两个驱动力：技术进步和制度改革。总的来看，新质生产力的提升不仅需要“硬技术”进步，也需要“软技术”进步，后者主要是指通过制度改革、模式创新等路径释放生产力。为此，提出以下四个方面作为农业领域发展新质生产力的着力点。

### 4.4.1　以新技术突破战略科技制高点

科技创新是当前国际竞争的核心，要聚焦农业领域的前沿科技，提升原始创新能力，占据战略科技制高点，应着重发展以下四类技术。一是生物技术。重点发展转基因技术、基因编辑技术和合成生物技术，以实现性状改良和品种创新创制。二是信息技术。重点发展农业传感器技术、物联网技术、大数据技术和人工智能技术，提升农业生产的信息化、智能化水平。三是纳米技术。重点开发纳米功能新材料、绿色纳米农药与植保制剂、纳米智能控释化肥，研发绿色高效的农业投入品。四是生物质能源技术。重点发展沼气及生物天然气技术、边际土地种植非粮作物生产生物能源技术、厌氧微生物降解石油烃技术，开发农业领域新能源。

### 4.4.2 以新产业推动农业向高端化智能化绿色化发展

以生物技术、信息技术、纳米技术、生物质能源技术创新为引领，依据传统产业、新兴产业、未来产业分类布局，加快实现产业化。一是改造传统产业。生物技术注重转基因作物，信息技术利用智能技术，纳米技术关注纳米农业投入品，生物质能源推动农村能源产业转型升级。二是发展新兴产业，生物技术聚焦基因编辑农作物与畜禽，信息技术发展农业机器人，纳米技术推动农业新材料产业化，生物质能源开发高品质生物能源。三是布局未来产业。生物技术着重合成生物产品，信息技术着力打造无人农场，纳米技术布局纳米化制造与检测，生物质能源开发枯竭油田“油变气”技术，引领未来产业良性发展。

### 4.4.3 以新模式推动形成适应新质生产力的生产关系

发展新质生产力需要有与之相适应的新型生产关系，建立符合新质生产力特点的现代农业生产、经营、产业和布局模式。一是强化现代化装备完善现代化生产模式。重点推进设施化、机械化、绿色化、数字化生产，改良耕地，拓展非耕地空间，发展垂直农业、戈壁农业和海洋牧场等。二是培育壮大新型经营主体发展现代经营模式。在坚持农村基本经营制度基础上，发展多种形式适度规模经营，构建以农户为基础、新型经营主体为骨干、其他组织形式为补充的立体式复合型现代农业经营体系。三是推动融合发展现代化产业模式。通过发展现代农业产业园、国家农业高新技术示范区、产业强镇、特色产业集群等，延伸产业链、贯通供应链、提升价值链，优化农业结构。四是优化农业生产力空间布局。推动资源分布与农业生产的优化匹配，加强粮食生产功能区、重要农产品生产保护区和特色农产品优势区建设，加快探索建立粮食产销区省际横向利益补偿机制。

### 4.4.4 以新措施推动新质生产力落地实践

瞄准催生新质生产力关键因素，强化新举措，推动农业领域新质生产力落地实践。一是新劳动供给。培育高素质农户、高水平农业企业和战略人才力量，提高农业劳动力素质和创新能力。二是新技术供给，完善农业科技制度体系，提高农业科技投入强度，加强基础研究，稳定基层农技推广队伍。三是新资源供给。深化生产资料产权制度改革，健全城乡统一的要素市场，建立公平合理的要素收益分配机制，促进土地、劳动力、资本等传统生产要素和数据等新型生产要素向农业领域流动。四是新制度供给。坚持农业农村优先发展总方针，破解农民买贵卖难、乡村融资难、产业用地难、乡村留人难、乡村产业评价难等产业发展难题，通过完善乡村基础设施和公共服务，提升农民获得感。

# 第 三 篇

我国是有 14 亿多人口的大国，解决好吃饭问题始终是我们党治国理政的头等大事。党的十八大以来，习近平总书记站在更好满足人民美好生活需要的战略高度，强调树立大食物观，为把握现代农业发展规律、保障国家粮食安全提供了根本遵循。2023 年中央农村工作会议更是明确提出了“要树立大农业观、大食物观，农林牧渔并举，构建多元化食物供给体系”。2024 年中央一号文件进一步明确了要“多渠道拓展食物来源，探索构建大食物监测统计体系”。

本篇将聚焦“面向 2035 年、2050 年的中国食物供需适配方案”热点问题，基于中国农业科学院农业经济与发展研究所和国际食物政策研究所联合开发的中国农业产业模型（CASM）和全球农业生态区（GAEZ）模型，在大食物观视域下，从需求、供给和进出口三个层面，面向中长期 2035 年和 2050 年，综合考虑人口总量及城镇化率变化情况下，预测未来我国食物消费需求的演变结构，倒推为满足未来食物消费量，我国农业生产结构的优化布局和重要农产品饲料粮进口格局的调整方向。报告结果旨在引导新时代粮食安全观从“粮食”到“食物”观念全面转变。得到以下主要结论。

**第一，未来中国食物消费需求将经历“肉类和油脂快速增加”和“优质蛋白快速增加、主食、肉类和油脂降低”两种不同演变路径。**如果中国食物需求结构变化趋势符合世界一般规律且不进行需求干预，本研究基于可变收入弹性进行需求预测，结果显示，到 2035 年，动物性食品和油脂类人均需求将大幅增加，谷物、薯类等主食人均需求明显下降，蔬菜水果需求略有上升，这种模式会加大资源环境压力。按照理想膳食模式（即持续普及健康膳食模式）的需求预测表明，到 2050 年，豆类、奶类、水产品等优质蛋白和蔬菜人均需求将大幅提高，主食、肉类和油脂需求将明显降低。

**第二，未来中国三大主粮作物的面积均应持续调减，不同情景下大豆种植面积应进行不同程度的调增。**如果基于可变收入弹性需求预测进行生产结构调整，到 2035 年，稻谷、小麦和玉米种植面积分别较基准情景调减 9%、3% 和 1%；大豆种植面积较基准情景增加 41%，猪肉、牛肉、羊肉、鸡肉、鸡蛋和水产品产量分别要调增 24%、45%、24%、30%、12% 和 8%，牛奶产量较基准情景减少 4%；如果基于理想膳食需求预测进行生产结构调整，稻谷、小麦和玉米种植面积较基准情景调减 12%、6% 和 2%；35% 自给率目标下的大豆较基准情景调增 3%；猪肉、牛肉、羊肉、鸡肉和鸡蛋产量分别较基准情景可调减 15%、8%、17%、20% 和 10%，牛奶和水产品生产分别需调增 23% 和 21%。

**第三，国内构建多元化饲料粮供给体系的同时，未来应进一步充分利用国际市场和国际资源，布局饲料粮多元化进口渠道**。基于全球农业生态区（GAEZ）模型的估算结果表明，未来全球饲料粮主要出口国平均单产水平会有不同程度提高。其中，大豆主要出口国增产潜力可达 31%~36%；玉米主要出口国增产潜力为 6%~9%；大麦和高粱主要出口国增产潜力分别达到 56%~66% 和 80%~85%。在新发展格局下，未来我国可分别从稳定、深化、开拓三方面进行饲料粮进口格局优化调整。一是稳定与美国农业合作机制和农产品贸易关系，二是深化与巴西、阿根廷在农业领域的全方位合作，三是强化与俄罗斯、哈萨克斯坦、乌克兰、罗马尼亚、缅甸、老挝等“一带一路”共建国家的农业合作，拓展饲料粮进口，适度降低我国主要饲料粮的整体进口集中度。

# 第 5 章

# 面向 2050 年的中国食物需求结构预测

本章作者：黄圣男（huangshengnan@caas.cn）、韩昕儒（hanxinru@caas.cn）、
朱文博（zhuwenbo@cass.org.cn）

**主要观点**

● 中国居民食物消费正由主食型向多元化消费模式转变，谷物供能比下降，肉类供能比增长。当人均 GDP 突破 2 万美元时，人均能量消费量趋于稳定，优质蛋白食物消费持续增长，膳食消费结构不断优化。

● 如果中国食物需求结构变化趋势符合世界一般规律且不进行需求干预，到 2035 年，中国居民谷物、薯类等主食的人均需求将明显下降，但动物性食品和油脂类人均需求将大幅增加，蔬菜水果需求略有上升；此后，食物需求结构将基本保持稳定。中国居民肉类需求总量将突破 1 亿吨，植物油消费增加 1 027 万吨，谷物降至 2.10 亿吨、豆类降至 1 247 万吨，引致膳食营养过剩与结构性不平衡问题加剧，引发新营养问题。

● 如果持续普及健康膳食模式，到 2050 年实现理想膳食的结构转型目标，中国豆类、奶类、水产品等优质蛋白和蔬菜的人均需求将大幅提高，主食、肉类和油脂需求将明显降低。到 2050 年，中国居民谷物食用需求总量将降至 1.44 亿吨，肉类降至 5 024 万吨，植物油降至 1 905 万吨，但奶类需求将增至 1.31 亿吨，水产品增至 8 925 万吨，豆类食用消费增至 2 911 万吨。

● 居民膳食结构转型是一个长期的过程，需要持续开展营养健康膳食的知识普及和宣传，加强营养健康导向型农业发展，同时要注意营养健康膳食结构下食物消费支出会明显提高的问题。

“民以食为天”。解决好十几亿人口的吃饭问题，始终是我们党治国理政的头等大事。新中国成立以来，特别是随着改革开放持续深化，中国经济快速发展，居民收入水平不断提高，居民食物消费结构也发生了重要变化（辛良杰，2021；程国强，2023；朱文博 等，2024）。在此背景下，2015年中央农村工作会议首次正式提出“树立大农业、大食物观念”，将传统以粮为纲的狭义“粮食安全观”拓展至关注各类食物内在结构、拓展多元化食物来源、关注全产业链的“食物安全观”，即“大食物观”（樊胜根 等，2024）。党的二十大报告明确提出，要树立大食物观，构建多元化食物供给体系。在2022年的中央农村工作会议上，习近平总书记再次强调，“吃饭”不仅仅是消费粮食，肉蛋奶、果菜鱼、菌菇笋等样样都是美食（习近平，2023）。当前，中国人均GDP已经突破1万美元，中国居民以谷物和薯类为核心的主食型消费模式正快速向粮、肉、蛋、奶、菜、果的多元化消费模式转变。在大食物观视域下研判未来中国食物需求结构，进而优化调整农业生产结构，满足人民对美好生活的向往，具有必要性、紧迫性、现实性和长期性。

未来中国食物需求结构的研判分为两部分，一是人均食物需求结构的变化趋势，二是人口总量的变化趋势。在人均食物需求结构的变化趋势研判方面，已有研究主要从三个视角进行分析。第一，历史视角，以发达国家或地区某个发展阶段的食物消费“状态”或整个消费结构变化的“过程”作为中国的参考系，从而测算中国居民食物消费的增长潜力（杨军 等，2013；毛学峰 等，2014；辛良杰，2018；周晓雨 等，2018；秦越和李干琼，2022）。第二，弹性视角，基于需求收入弹性及其在收入上的分布，模拟预测收入增长后的食物需求结构变化（郑志浩 等，2016；Zheng et al.，2019）。第三，理想膳食视角，假定居民食物需求结构符合膳食指南推荐的以营养均衡为目标的平衡膳食模式（Sheng et al.，2021），或符合研究者根据营养健康、环境可持续、经济可承受以及文化可接受等多维度目标所构建的食物消费结构（林永钦 等，2019；Yin et al.，2021；Sheng et al.，2021）。在食物需求结构研判过程中对人口总量变化趋势的研究主要分为研究者自行预测（向晶和钟甫宁，2013）和使用其他机构预测结果（Sheng et al.，2021）两种方案。

本研究将从历史视角总结中国居民食物需求结构历史演变特征，结合弹性视角和理想膳食视角研判未来中国居民食物需求结构与总量变化，为优化多元化食物供给体系、保障国家粮食安全提供决策参考，为满足人民群众美好生活需要、到本世纪中叶建成社会主义现代化强国夯实基础。在现有研究的基础上，本研究有两处贡献。第一，由于在 2050 年中国人均 GDP 可能超过 3 万美元，以中国历史数据为基础的模型难以估计人均 GDP 达到 3 万美元时的弹性值。同时，绝大部分局部均衡模型和 CGE 模型也假定收入弹性不变，其预测结果难以准确反映居民食物需求偏好的变化。本研究假设中国的居民食物需求结构变迁符合世界一般规律，采用 Gouel and Guimbard（2019）基于全球 104 个国家估计得到的各类食物需求弹性在收入上的分布，模拟面向 2050 年的中国食物需求弹性变化。第二，与 Sheng 等（2021）使用中国居民平衡膳食宝塔（2016）、柳叶刀膳食（the EAT-Lancet diet）、地中海膳食（the Mediterranean diet）和 2019 年联合国人口预测（World Population Prospects 2019）作为理想膳食对比目标和人口增长速度[①]开展面向 2030 年的食物需求结构预测不同，本研究在使用中国居民平衡膳食宝塔（2022）、柳叶刀膳食、地中海膳食的基础上，还根据东亚地区的膳食特点还结合了中国台湾地区以及日本的膳食宝塔数据作为理想膳食参照系，使用 2022 年联合国人口预测（World Population Prospects 2022）作为人口增长预测方案[②]，假设膳食结构变化是更长期的过程，在建成社会主义现代化强国的过程中逐步实现健康膳食的转型。

---

① 假设未来中国人口在 2019 年达峰。

② 中位方案下假设中国人口从 2022 年开始下降。

# 5.1 中国食物需求结构演变特征

## 5.1.1 全国人均食物需求结构演变

由于国家统计局的食物消费数据最早只能追溯到 1981 年，且 2012 年之后才统一城乡食物消费统计口径，且国家统计局发布的居民人均食物消费量仅为购买在家消费的各类食物消费量，不包括在外饮食、餐馆外卖食品（饮食服务）等。因而，本部分采用联合国粮食及农业组织（FAO）的 1961—2021 年历年食物供需平衡表（Food Balance Sheet，FBS）的人均食物消费量数据进行分析。FBS 的编制使用了 FAO 统计司和其他有关单位获取的各国官方和非官方数据，设计原理是供需平衡。其中，各类食物的国内总供给等于国内生产量 + 净进口量 + 当期库存减少量；各类食物的国内总需求包括食用消费量、饲料用量、种子用量、加工用量、其他非食用用量、储存与运输过程中的损耗量、旅游消费量等。需要注意的是，FBS 的“食用消费量”的概念范畴是食物可获得量（food availability），指一国常住居民在零售市场上可获得的可用于人类消费的食物总量，包含了零售环节和消费者环节的所有损失和浪费，因此，基于食物可获得量计算出的 FBS 人均食物消费量高于实际人均食品消费量（黄季焜和解伟，2022；仇焕广 等，2022；FAOSTAT，2024）。同时，FAO 还根据食物的营养结构汇总统计了各种食物的能量供应数据，人均能量摄入是在人均消费量的基础上根据食物的营养结构折算汇总而来，因此，由 FBS 人均食物消费量计算出的能量摄入量也存在高估的问题。尽管 FBS 数据在反映个体食物消费和营养摄入上存在缺陷，但是，FBS 数据仍被广泛用于分析食物消费结构变化、比较国际膳食模式、评估和制定粮食和营养政策等（全世文和张慧云，2023）。此外，由于 FBS 数据在 2010 年前后的口径不一致，本研究在原始数据的基础上，保留 2010 年之后的原始数据，并根据 2010 年的数据和历年的增长率数据倒推计算 1961—2009 年的历年消费量，得到可比口径下 1961—2021 年的 11 类食物的中国居民消费量。这 11 类食物分别为谷物、薯类、豆类、植物油、肉类、蛋类、奶类、水产品、蔬菜、水果和糖类。

**总体上看，1961—2021 年，中国居民人均谷物消费量稳定增长，薯类和豆**

**类消费量明显下降，动物产品和植物油消费大幅增长，蔬菜、水果和糖类也呈现出不同程度的增长，居民食物消费正从主食型向“粮肉菜果”多元化食物消费模式转变**。分品种来看，1961—2021年，谷物的年人均消费量从122.5千克增长到216.9千克，年均增长率为1.0%，经历了先增长、后下降、再增长的变化过程（表5-1），谷物消费的最高点在20世纪80年代中期，随后逐步下降，但受2019年新冠疫情影响，2020—2021年居民谷物人均消费短暂回升。我国薯类和豆类也属于粮食口径，其消费量分别从1961年的110.4千克和11.4千克下降到2021年的66.8千克和1.9千克，年均增长率为-0.8%和-3.0%；但是，近年来随着居民对营养健康的关注，豆类作为优质植物蛋白，其人均食用消费量在近10年呈增长态势，2011—2021年的年均增长率为4.2%。植物油的消费量从1.1千克增长到8.9千克，年均增长率为3.6%。肉类、蛋类、奶类和水产品在1961—2021年间分别实现了5.0%、4.0%、4.6%和3.8%的年均增长率，蔬菜、水果和糖类实现了2.7%、5.7%和2.2%的年均增长率。

**表5-1　中国居民人均食物消费量变动**

单位：千克/年

| 年份 | 谷物 | 薯类 | 豆类 | 植物油 | 肉类 | 蛋类 | 奶类 | 水产品 | 蔬菜 | 水果 | 糖类 |
|---|---|---|---|---|---|---|---|---|---|---|---|
| 1961 | 122.5 | 110.4 | 11.4 | 1.1 | 3.4 | 2.1 | 2.3 | 4.2 | 78.8 | 3.9 | 2.2 |
| 1971 | 176.7 | 108.2 | 6.1 | 1.7 | 9.5 | 2.1 | 1.9 | 4.0 | 47.8 | 3.9 | 2.9 |
| 1981 | 215.1 | 82.4 | 4.8 | 3.0 | 14.3 | 2.6 | 2.5 | 4.4 | 54.9 | 6.7 | 5.4 |
| 1991 | 223.1 | 64.4 | 1.7 | 5.2 | 26.0 | 7.2 | 5.2 | 10.7 | 98.6 | 16.1 | 8.8 |
| 2001 | 218.9 | 75.9 | 1.4 | 5.8 | 44.7 | 15.9 | 9.7 | 23.6 | 250.1 | 45.3 | 6.8 |
| 2011 | 209.4 | 68.0 | 1.2 | 7.0 | 56.8 | 19.0 | 30.3 | 32.9 | 334.7 | 82.1 | 7.3 |
| 2021 | 216.9 | 66.8 | 1.9 | 8.9 | 62.8 | 22.0 | 34.2 | 39.9 | 399.0 | 109.2 | 8.4 |
| 1961—1981年年均增长率/% | 2.9 | -1.5 | -4.3 | 5.3 | 7.5 | 1.1 | 0.3 | 0.2 | -1.8 | 2.8 | 4.5 |
| 1981—2011年年均增长率/% | -0.1 | -0.6 | -4.4 | 2.9 | 4.7 | 6.8 | 8.7 | 6.9 | 6.2 | 8.7 | 1.0 |

（续表）

| 年份 | 谷物 | 薯类 | 豆类 | 植物油 | 肉类 | 蛋类 | 奶类 | 水产品 | 蔬菜 | 水果 | 糖类 |
|---|---|---|---|---|---|---|---|---|---|---|---|
| 2011—2021 年年均增长率 /% | 0.4 | −0.2 | 4.2 | 2.4 | 1.0 | 1.5 | 1.2 | 1.9 | 1.8 | 2.9 | 1.4 |
| 1961—2021 年年均增长率 /% | 1.0 | −0.8 | −3.0 | 3.6 | 5.0 | 4.0 | 4.6 | 3.8 | 2.7 | 5.7 | 2.2 |

数据来源：作者根据 FAO 的 FBS 数据进行整理。

### 5.1.2 人均能量消费及各类别食物的贡献

**1961—2021 年，中国人均膳食能量消费量**[①] **持续增长，谷物供能比下降但仍是最主要的供能食物，肉类供能比稳定增长且已跃升为第二大供能食物，蔬菜第三，植物油第四。**中国人均膳食能量消费水平从 1961 年的 1 417 千卡[②]/ 天增长到 2021 年的 3 406 千卡 / 天。从图 5-1 的人均食物消费结构来看，谷物是中国居民最主要的供能食物，人均谷物供能量从 1961 年的 845 千卡 / 天（供能比 =59.6%）增长到 1984 年的峰值 1 772 千卡 / 天（供能比 =72.7%），此后保持下降趋势，直至 2009 年下降到 1 502 千卡 / 天（供能比 =50.1%）的最低点，此后呈现波动上升趋势，2021 年上升到 1 607 千卡 / 天，但谷物供能比仍然呈下降趋势，2021 年降至 47.2%。薯类曾是中国居民排名第二的供能食物，在 20 世纪 80 年代中期之前其供能量长期保持在 200 千卡 / 天以上（供能比在 9% 以上），此后呈下降趋势，至 2021 年下降到 38 千卡 / 天（供能比 =4.1%）。肉类食物消费量保持稳定的上升趋势，1991 年超过薯类成为中国第二大供能食物，2021 年人均肉类供能量达到 351 千卡 / 天（供能比 =10.3%）。蔬菜类食物消费量也保持快速增长，目前已经成为中国第三大供能食物，2021 年人均蔬菜供能量达到 300 千卡 / 天（供能比 =8.8%）。此外，植物油消费量也保持稳健增长，2021 年人均

① 根据前文阐述，FBS 数据的人均食物消费数量包含了零售或消费层面的任何损失或浪费，因而并非营养学研究常用的膳食摄入量概念，本研究采用膳食能量消费量的表述。

② 1 千卡 ≈4.19 千焦，全书同。

植物油供能量达到 220 千卡 / 天（供能比 =6.5%），是中国第四大供能食物。

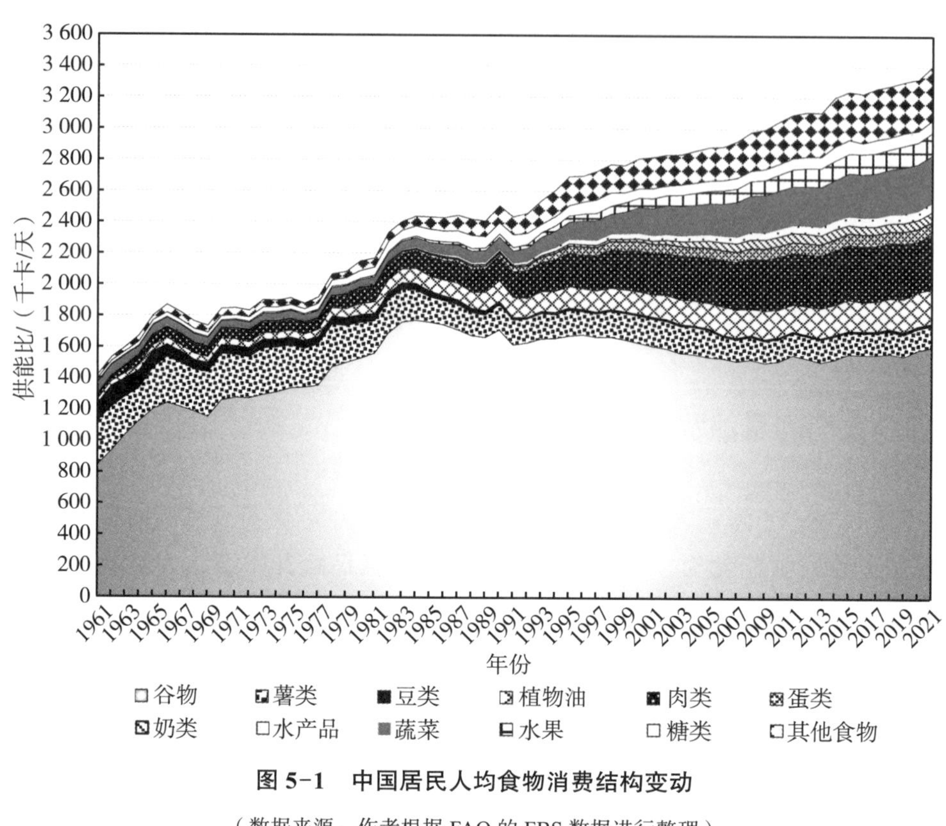


**图 5-1　中国居民人均食物消费结构变动**

（数据来源：作者根据 FAO 的 FBS 数据进行整理）

### 5.1.3　省域人均食物需求结构变化

由于中国各地经济发展水平和饮食习惯存在较大差异，分析各地，尤其是发达地区的食物需求结构演变特征，可为预测未来中国居民需求结构变化提供现实借鉴。本部分根据历年《中国住户调查年鉴》，对全国各省份 2015—2022 年的居民人均食物消费量的变化趋势进行分析①。总体上看，中国各省份居民人均食物消费量的变化趋势呈现明显的经济发展阶段特征。由于中国台湾地区的人均 GDP 已达到 3 万美元，可以为大陆地区的食物需求结构变化提供一定借鉴，因此，本部分对中国台湾地区人均 GDP 超过 2 万美元之后的食物需求结构变化情况单独

① 国家统计局自 2015 年期起公布城乡一体化的户内人均食物消费数据。

进行了分析。

**随着人均GDP的提高，各省份居民食物消费呈现出阶段性特征，并在人均GDP超过1万美元后，肉类消费增幅放缓且趋于稳定，蛋奶水产品等优质蛋白食物需求持续增加，果蔬消费呈多样化特征**。在人均GDP较低的阶段，粮食作为主食的地位突出，居民食物消费以量的满足为主，营养结构相对单一。进入中等收入阶段后，粮食消费比重逐步下降，肉蛋奶和蔬果类消费则快速增长，食物质量明显提高，热量和蛋白质供给趋于充足，膳食结构逐步改善。在人均GDP超过1万美元的高收入阶段，粮食的主食地位进一步弱化，肉类消费增速放缓并逐渐趋于饱和，水产品、蛋类、奶类等优质蛋白食物比重上升，居民食物消费呈现出更加多样化、优质化的特点。当人均GDP进一步突破2万美元大关时，肉类和油脂类食物的人均消费量反而出现下降，优质蛋白食物则持续增长，蔬菜水果等植物性食物的消费量进入高原期，并呈现多样化趋势，食物消费转向更加关注营养健康。

**居民能量和营养素消费水平与当地人均GDP高度相关，在人均GDP超过1万美元后增速放缓并趋于稳定，脂肪、蛋白质供能比上升；当突破2万美元后，向营养健康方向持续转变，蛋白质供能比超过13%**。当人均GDP突破1万美元时，省域居民人均能量消费量①一般达到2 300千卡以上，此后增速放缓并趋于稳定，这表明经济发展对食物消费的拉动作用在达到较高水平后将趋于饱和。与此同时，膳食营养结构发生明显变化，碳水化合物供能比降至60%以下，脂肪供能比升至30%左右，蛋白质供能比接近12%，这反映了居民食物消费从”吃得饱”到”吃得好”再到”吃得健康”的演进趋势。当人均GDP进一步突破2万美元时，人均能量消费量趋于稳定，甚至出现下降，其中，碳水化合物供能比进一步降至55%左右，蛋白质供能比则超过13%，这一方面源自居民营养健康意识的提高和饮食行为的改善，另一方面也反映了现代生活方式下体力活动减少而导致的能量需求下降。

---

① 国家统计局的食物消费数据不包含在外消费，但也包含了消费层面的损耗和浪费，同样并非营养学研究常用的膳食摄入量概念，本研究采用膳食能量消费量的表述。

**人均 GDP 超过 2 万美元后，中国台湾地区居民人均粮食消费量趋于稳定，肉类和奶类消费量持续增长，蛋类和油脂类消费量增速放缓，水产品、蔬菜和水果消费量出现不同程度的下降。**当中国台湾地区人均 GDP 超过 2 万美元后，人均粮食消费量基本稳定在 85~90 千克，人均肉类消费量从约 75 千克增加到 85 千克左右，人均奶类消费量从 20 千克增加到近 30 千克，人均蛋类消费量维持在 18~20 千克，人均油脂类消费量维持在 23~24 千克，蔬菜消费量从 110 千克降至 105 千克左右，水果消费量从 130 千克降至 115 千克左右。

**人均 GDP 超过 2 万美元后，中国台湾地区居民膳食能量消费量持续增加，碳水化合物供能比下降，脂肪供能比上升，蛋白质供能比保持相对稳定。**在人均 GDP 达到 2 万美元后，中国台湾地区居民膳食能量消费量继续增加，从 2 600 千卡左右上升到 2 800 千卡以上。其中，碳水化合物供能比从约 57% 下降到 50% 左右；脂肪供能比呈现明显上升趋势，从约 30% 上升到 37% 左右；蛋白质供能比在人均 GDP 增长过程中变化较小，总体维持在 12%~13%。

## 5.2 中国人口变化趋势

### 5.2.1 人口总量变化趋势

**中国人口总量呈负增长趋势，2050 年可能降至 12 亿~13.89 亿人。**《中华人民共和国 2023 年国民经济和社会发展统计公报》数据显示，2023 年末全国人口 140 967 万人，比上年末减少 208 万人，连续两年出现自然负增长。根据联合国人口司（Population Division，the United Nations）《世界人口预测 2022》（*World Population Prospects* 2022），在中位和低位预测方案下，中国人口自 2022 年起呈净减少趋势，但在高位方案下呈现先增长后下降的态势，且在 2035 年达峰（图 5-2）。综合中国人口统计数据和联合国人口司预测的人口增长率，在中位方案下，2035 年中国人口总量将降至 13.82 亿人，较 2023 年减少 2 757.77 万人；2050 年中国人口进一步降至 12.94 亿人，较 2023 年减少 1.16 亿人。低位方案下，2035 年中国人口总量将降至 13.34 亿人，较 2023 年减少 6 499.62 万人；2050 年中国人口进一步降至 12.00 亿人，较 2023 年减少 2.10 亿人。高位方案下，2035 年中国人口总量将增至 14.20 亿人，较 2023 年增长 983.15 万人；2050 年中国人口将降至 13.89 亿人，较 2023 年减少 2 103.85 万人。

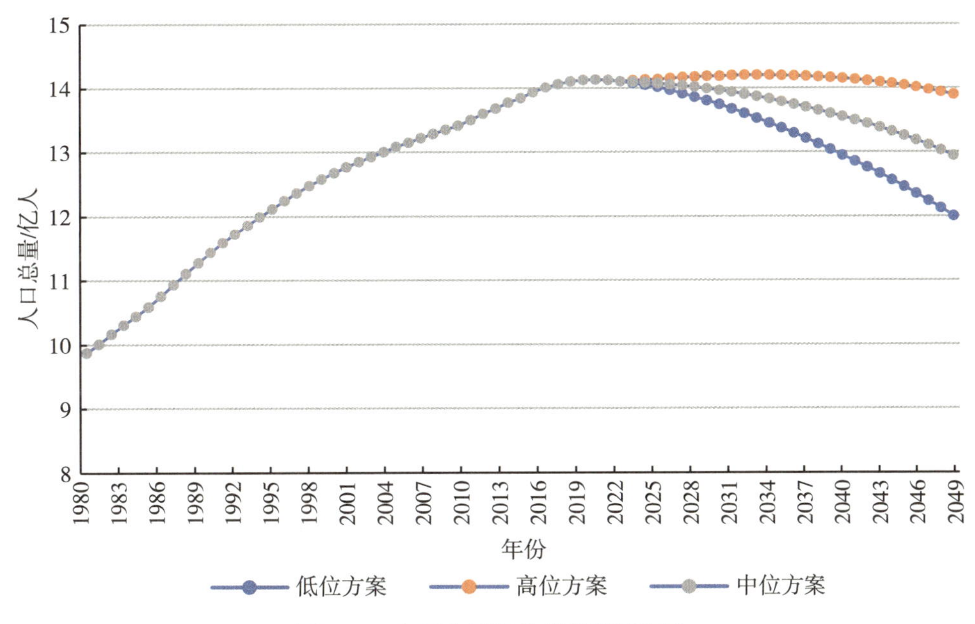


**图 5-2 中国人口变化趋势预测结果**

（数据来源：联合国人口司、国家统计局）

注：1980—2023 年的数据来自国家统计局，2024—2050 年的数据根据国家统计局联合国人口司的人口增长率预测结果计算得到。

## 5.2.2 城镇化率变化趋势

**城镇化率稳步提高至 80%**。2023 年中国城镇常住人口 93 267 万人，城镇化率达到 66.16%，比 2020 年提高了 2.27 个百分点，比 2010 年提高了 16.21 个百分点。当前中国的城镇化水平大致相当于日本在 20 世纪 60 年代和韩国在 20 世纪 80 年代的水平，随着经济的继续发展，中国城镇化率仍有一定的提升空间。根据联合国人口司（Population Division，the United Nations）《世界城镇化预测 2018》（*World Urbanization Prospects*：*The 2018 Revision*），在中位预测方案下，2035 年，中国城镇化率将达到 73.9%，2050 年将达到 80%（图 5-3）。

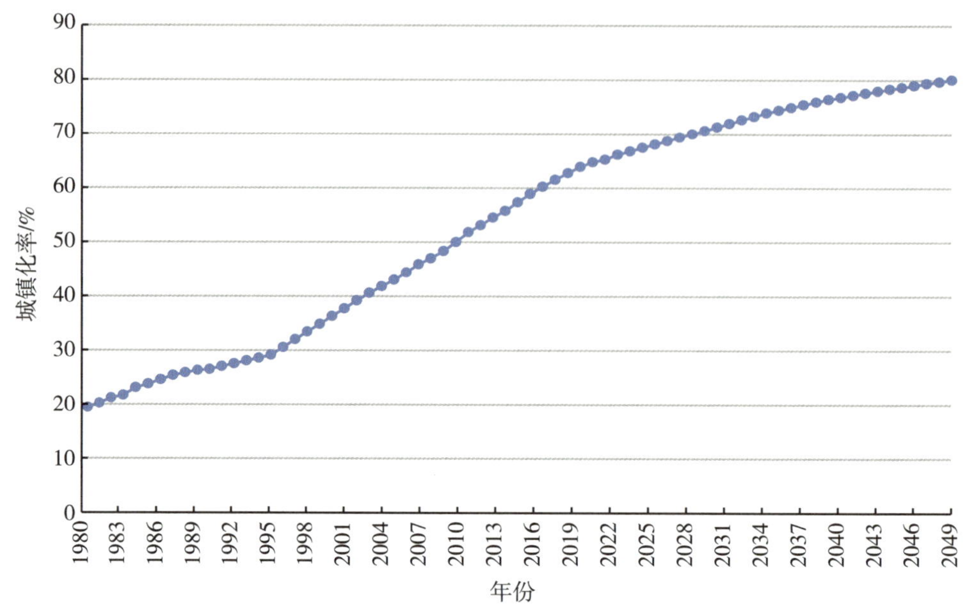


**图 5-3 中国人口城镇化率变化趋势预测结果**

（数据来源：联合国人口司、国家统计局）

注：1980—2023 年的数据来自国家统计局，2024—2050 年的数据来自联合国人口司。

## 5.3 基于可变收入弹性的食物需求结构演变预测

本研究假设中国的居民食物需求结构变迁符合世界一般规律，采用 Gouel and Guimbard（2019）基于全球 104 个国家估计得到的各类食物需求弹性在收入上的分布，以 2023 年为基期，在不考虑价格变化的前提下，模拟面向 2050 年的中国食物需求弹性变化。

### 5.3.1 面向 2050 年的中国食物需求收入弹性变化

本研究根据中国社会科学院数量经济与技术经济研究所的预测，“十五五”时期中国 GDP 年均增长率为 5%，“十六五”时期为 4.6%；假设 2035 年之后 GDP 年增长率每两年下降 0.1 个百分点，2050 年将降至 3.2%。同时，结合联合国人口司的中位人口增长率和美国农业部的人民币兑美元汇率预测值[①]测算得到

① 目前，美国农业部的汇率预测值终值为 2033 年，本研究假设 2033 年之后人民币兑美元汇率保持不变。

2024—2050 年以美元计价的中国人均 GDP 年增长率（图 5-4），根据 Gouel and Guimbard（2019），得到人均 GDP 从 1 万美元到 5 万美元时的主要食物需求收入弹性（表 5-2）。

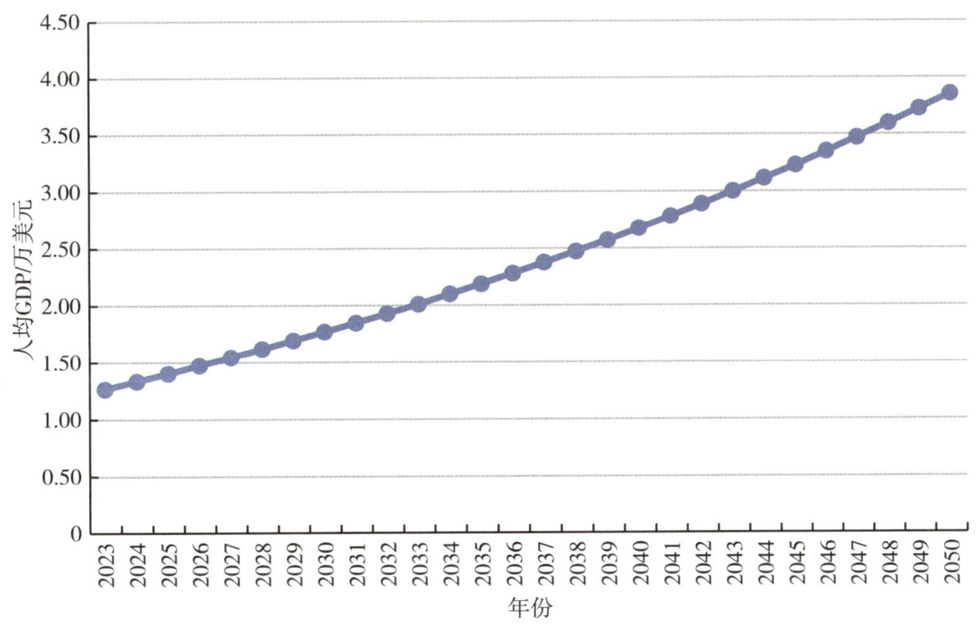


**图 5-4　中国人均 GDP 预测结果**

（数据来源：联合国人口司、国家统计局）

注：1980—2023 年的数据来自国家统计局，2024—2050 年的数据来自联合国人口司。

**表 5-2　食物需求收入弹性随人均 GDP 的变化**

| | 人均 GDP/ 美元 | | | | | |
|---|---|---|---|---|---|---|
| | 10 000 | 15 000 | 20 000 | 30 000 | 40 000 | 50 000 |
| 谷物和薯类 | −0.295 | −0.434 | −0.536 | −0.019 | −0.004 | −0.002 |
| 糖类 | 0.116 | 0.189 | 0.283 | 0.000 | −0.001 | −0.001 |
| 豆类、坚果和油料作物 | −0.234 | −0.352 | −0.460 | −0.013 | −0.002 | −0.001 |
| 蔬菜和水果 | 0.002 | 0.052 | 0.149 | −0.006 | −0.003 | −0.002 |
| 油和脂肪 | 0.495 | 0.583 | 0.634 | 0.013 | 0.002 | 0.001 |
| 肉类和水产品 | 0.560 | 0.654 | 0.717 | 0.012 | 0.001 | 0.000 |
| 奶类和蛋类 | 0.286 | 0.397 | 0.511 | 0.004 | −0.001 | −0.001 |

数据来源：Gouel and Guimbard（2019）。

### 5.3.2 基于可变收入弹性的中国食物需求结构预测

中国食物需求结构预测的基期是2023年，基础数据来自中国农业产业模型（CASM）[①]，按照**食物需求增长率 = 人均 GDP 增长率 × 需求收入弹性**的公式，预测人均食物需求量，结果如表5-3所示。

**到2035年，中国居民人均食物消费结构将发生明显变化，其中，动物性食品和油脂类需求大幅增加，谷物、薯类等主食需求则明显下降，蔬菜、水果需求略有上升**。首先，动物性食品如肉类、蛋类、奶类和水产品的人均需求量预计将大幅增长。其中，肉类和水产品的增幅最为明显，到2035年比2023年增长41.8%，分别达到人均78.94千克和31.51千克；蛋奶类需求增幅24.68%，将达到人均18.94千克和46.19千克。这反映了随着生活水平提高，居民将摄入更多优质蛋白。其次，植物油消费也将持续增加，到2035年人均植物油需求量将达到29.47千克，比2023年增加36.42%。一方面源于植物油需求收入弹性较大，另一方面也可能与食品工业、餐饮业等对油脂需求增加相关。与此同时，糖类的人均需求量也将稳步上升，到2035年增长11.65%，但绝对量仍然较小。最后，主食类的人均需求将明显下降，其中谷物和薯类到2035年将比2023年下降21.36%，豆类下降17.99%，而蔬菜水果人均需求则略有增加，增幅在4%左右。

**表5-3 基于可变收入弹性的中国居民人均食物消费量预测**

| 食物 | 人均食物需求量 / 千克 | | | 比2023年增长 /% | |
|---|---|---|---|---|---|
| | 2023年 | 2035年 | 2050年 | 2035年 | 2050年 |
| 谷物 | 192.95 | 151.74 | 135.00 | −21.36 | −29.63 |
| 薯类 | 41.65 | 32.76 | 29.14 | −21.36 | −29.63 |
| 豆类 | 11.00 | 9.02 | 8.17 | −17.99 | −25.44 |
| 植物油 | 21.60 | 29.47 | 33.63 | 36.42 | 55.11 |
| 肉类 | 55.67 | 78.94 | 91.57 | 41.80 | 63.93 |
| 蛋类 | 15.19 | 18.94 | 21.03 | 24.68 | 38.31 |

① 中国农业产业模型（CASM）的人均食物消费数据在国家统计局人均食物消费数据基础上进行了调整，补充了在外消费的部分（中国农业科学院，2023）。

（续表）

| 食物 | 人均食物需求量 / 千克 | | | 比 2023 年增长 /% | |
|---|---|---|---|---|---|
| | 2023 年 | 2035 年 | 2050 年 | 2035 年 | 2050 年 |
| 奶类 | 37.05 | 46.19 | 51.29 | 24.68 | 38.31 |
| 水产品 | 22.22 | 31.51 | 36.55 | 41.80 | 63.93 |
| 蔬菜 | 136.11 | 141.59 | 145.69 | 4.03 | 7.25 |
| 水果 | 106.54 | 110.83 | 114.04 | 4.03 | 7.25 |
| 糖类 | 3.28 | 3.66 | 3.88 | 11.65 | 18.29 |

数据来源：作者测算。

**到 2050 年，中国居民人均动物性食品和油脂类需求将持续增加，谷物、薯类等主食需求将继续下降，蔬菜水果需求将小幅上升**。到 2050 年，人均肉类和水产品需求量将分别增至 91.57 千克和 36.55 千克，比 2023 年增长 63.93%。人均蛋类和奶类需求量将分别增至 21.03 千克和 51.29 千克，增幅 38.31%。植物油的人均需求量也将大幅提升，到 2050 年将比 2023 年增加 55.11%，达到人均 33.63 千克，成为继肉类之后增长最多的食物类别。糖类的人均需求量也将稳步上升，到 2050 年增长 18.29%，但绝对量仍然较小。主食类的人均需求将明显下降，其中谷物和薯类到 2050 年将比 2023 年下降 29.63%，豆类下降 25.44%，而蔬菜水果人均需求则略有增加，增幅在 7% 左右。

根据中国人口变动趋势和上述居民人均食物消费量预测结果，可分别得出不同人口增速下基于可变收入弹性的未来中国居民食物消费需求量，如表 5-4 所示。

**到 2035 年，人口增速保持中位情景下，中国居民谷物、薯类、豆类等主食需求总量将持续下降，动物性食品、油脂类和糖类需求将持续增长，且肉类需求量将超过 1 亿吨，蔬果需求小幅上升**。具体来看，按照居民食物需求收入弹性，在中国人口增速保持中位情景下，到 2035 年，中国居民主要食物需求总量将发生明显变化。第一，谷物、薯类需求总量将大幅下降，2035 年中国居民谷物类需求总量将下降至 2.10 亿吨，比 2023 年下降 6 234.92 万吨，降幅 22.92%；薯类下降 1 345.86 万吨，将减少至 4 526.79 万吨。第二，肉类、蛋类、奶类和水产品等动物性食品需求总量将继续增加。2035 年，中国居民肉类和水产品需求总量将分别增至 10 909.39 万吨和 4 354.35 万吨，分别比 2023 年增加了 3 059.92 万吨和 1 221.33 万吨，增幅 38.98%；蛋类和奶类需求总量将分别增至 2 617.31 万吨和 6 383.89 万吨，分别比 2023 年增加了 475.52 万吨和 1 159.84 万吨，增幅 22.20%。第三，植物油消费量也将持续大幅增加，2035 年中国居民植物油消费总量将达到 4 072.23 万吨，比 2023 年增加 1 026.63 万吨，增幅 33.71%。第四，豆类直接食用消费总量将持续减少，2035 年全国居民豆类直接消费需求总量将降至 1 246.73 万吨，比 2023 年减少 19.62%。第五，蔬菜、水果消费需求量小幅上升，比 2023 年增加 1.96%。糖类消费总量将增加至 506.11 万吨，增加 44.63 万吨。

**表 5-4　基于可变收入弹性的中国居民食物消费量预测**

单位：万吨

| 年份 | 2023 年 | 中位人口增速下 | | 高位人口增速下 | | 低位人口增速下 | |
|---|---|---|---|---|---|---|---|
| | | 2035 年 | 2050 年 | 2035 年 | 2050 年 | 2035 年 | 2050 年 |
| 谷物 | 27 205.95 | 20 971.03 | 17 469.43 | 21 547.66 | 18 751.96 | 20 409.58 | 16 200.40 |
| 薯类 | 5 872.65 | 4 526.79 | 3 770.93 | 4 651.26 | 4 047.78 | 4 405.59 | 3 497.00 |
| 豆类 | 1 551.00 | 1 246.73 | 1 057.21 | 1 281.01 | 1 134.83 | 1 213.35 | 980.41 |
| 植物油 | 3 045.60 | 4 072.23 | 4 351.99 | 4 184.20 | 4 671.49 | 3 963.20 | 4 035.84 |
| 肉类 | 7 849.47 | 10 909.39 | 11 849.07 | 11 209.36 | 12 718.98 | 10 617.31 | 10 988.32 |
| 蛋类 | 2 141.79 | 2 617.31 | 2 721.31 | 2 689.28 | 2 921.10 | 2 547.24 | 2 523.63 |
| 奶类 | 5 224.05 | 6 383.89 | 6 637.56 | 6 559.43 | 7 124.87 | 6 212.98 | 6 155.39 |
| 水产品 | 3 133.02 | 4 354.35 | 4 729.41 | 4 474.08 | 5 076.62 | 4 237.77 | 4 385.85 |
| 蔬菜 | 19 191.51 | 19 568.20 | 18 851.71 | 20 106.25 | 20 235.72 | 19 044.30 | 17 482.27 |
| 水果 | 15 022.14 | 15 316.99 | 14 756.16 | 15 738.15 | 15 839.50 | 14 906.91 | 13 684.23 |
| 糖类 | 462.48 | 506.11 | 501.99 | 520.03 | 538.85 | 492.56 | 465.53 |

数据来源：作者测算。

**到 2050 年，在不同的人口增速假设下，中国主要食物需求总量将出现明显变化，其中动物性食品、油脂类和糖类需求持续增长，而谷物、薯类、豆类等主**

**食需求总量不同程度下降，蔬果需求变化则因人口增速情景不同而略有差异**。首先，无论在高位、中位还是低位人口增速情景下，到 2050 年肉类、蛋类、奶类和水产品的需求总量都将大幅增加。以中位人口增速为例，肉类需求将从 2023 年的 7 849 万吨增至 2050 年的 11 849 万吨，增长 50.9%；水产品从 3 133 万吨增至 4 729 万吨，增长 50.9%；蛋奶类需求增速略低，但到 2050 年也分别增长 27.1% 和 27.1%。其次，在不同人口增速情景下，受人均需求量增加的推动，植物油和糖类的需求总量到 2050 年均将明显增加。如在中位人口增速下，植物油需求将从 2023 年的 3 046 万吨增至 2050 年的 4 352 万吨，增长 42.9%；糖类从 462 万吨增至 502 万吨，增长 8.5%。最后，受人均需求下降和人口增速放缓的共同作用，到 2050 年，谷物、薯类、豆类等主食的需求总量都将不同程度减少，且人口增速越低，需求减少幅度越大。以谷物为例，在高、中、低位人口增速下，2050 年需求总量分别较 2023 年下降 31.1%、35.8% 和 40.5%。蔬菜水果方面，在高位和中位人口增速下需求略有增加，但在低位情景下则小幅下降。

## 5.4 基于理想膳食的食物需求结构演变预测

本部分综合中国居民平衡膳食宝塔（2022）、柳叶刀膳食（the EAT-Lancet diet）、地中海膳食（the Mediterranean diet）、中国台湾地区以及日本的膳食宝塔数据作为理想膳食参照系，将各类理想膳食推荐值的平均值作为健康膳食的基准，假设中国膳食结构在建成社会主义现代化强国的过程中逐步实现健康膳食的转型。

### 5.4.1 理想膳食参照系和健康膳食基准值

中国居民平衡膳食宝塔（2022）等各类理想膳食参照系中的平衡膳食模式有多种，为了便于分析和预测，本研究将平衡膳食模式下的食物分为 11 类，分别是谷物、薯类、豆类、食用油、肉类、蛋类、奶类、水产品、蔬菜、水果、糖，同时计算各类理想膳食推荐值的平均数值（表 5-5），作为健康膳食基准值。

表 5-5　各类理想膳食参照系的健康膳食推荐值

单位：千克/年

| | 2023 年实际值 | 各类理想膳食推荐值的平均值[a] | | 中国居民平衡膳食宝塔（2022）的调整值[b] | | |
|---|---|---|---|---|---|---|
| | | 原始值 | 调整值 | 最低值 | 最高值 | 平均值 |
| 谷物 | 192.95 | 74.83 | 106.89 | 104.29 | 156.43 | 130.36 |
| 薯类 | 41.65 | 27.38 | 30.42 | 20.28 | 60.83 | 40.56 |
| 豆类 | 11.00 | 23.73 | 23.73 | 5.48 | 9.13 | 7.30 |
| 食用油 | 21.60 | 14.31 | 14.31 | 9.13 | 10.95 | 10.04 |
| 肉类 | 55.67 | 37.80 | 37.80 | 14.60 | 27.38 | 20.99 |
| 蛋类 | 15.19 | 10.49 | 11.92 | 16.59 | 20.74 | 18.66 |
| 奶类 | 37.05 | 109.50 | 109.50 | 109.50 | 182.50 | 146.00 |
| 水产品 | 22.22 | 44.26 | 75.01 | 24.75 | 46.40 | 35.57 |
| 蔬菜 | 136.11 | 146.91 | 168.86 | 125.86 | 209.77 | 167.82 |
| 水果 | 106.54 | 91.25 | 111.28 | 89.02 | 155.79 | 122.41 |
| 糖 | 3.28 | 7.39 | 7.39 | 0.00 | 18.25 | 9.13 |

数据来源：作者整理。

注：a. 各类理想膳食推荐值的平均数，指的是中国居民平衡膳食宝塔（2022）、柳叶刀膳食（the EAT-Lancet diet）、地中海膳食（the Mediterranean diet）、中国台湾地区以及日本膳食宝塔中，各类食物推荐摄入量的最低值和最高值的平均数。b. 因健康膳食推荐的是居民实际摄入的主要食物数量，如面粉、稻米等，故本研究按照各类食物可食用部分比例等参数进行换算，得到调整值。

## 5.4.2　基于理想膳食的未来中国食物需求结构预测

鉴于学界对于中国居民平衡膳食宝塔的健康膳食推荐值的合理性存在一定争议，本研究基于各类理想膳食推荐值的平均值开展预测。基于理想膳食的中国食物需求结构预测的基期是 2023 年，基础数据来自中国农业产业模型（CASM）。由于中国农业产业模型（CASM）的人均食物需求量是购买量，表 5-5 的健康膳食推荐值表示实际的摄入量，两者存在统计口径的差异。因此，需要结合各类食物可食用部位的比例等参数，对表 5-5 的摄入量数据进行调整（表 5-5 调整值），之后再进行食物需求结构的预测。本研究假设食物需求结构调整至理想膳食状态是一个漫长的过程，中国食物需求结构将在 2050 年实现健康膳食的转型，即

2050 年人均食物需求量达到表 5-5 调整值的标准。

**根据理想膳食，未来中国居民应明显提高奶制品、水产品等优质蛋白质和蔬果的消费比例，适度降低谷物、食用油和肉类的比例，力争在摄入足够能量的同时获得更加全面均衡的营养，提升国民健康水平。**首先，中国居民的奶类摄入量严重不足。2023 年奶类人均需求量仅为 37.05 千克，不及理想膳食推荐值（指调整值，下同）的 1/3，也仅为《中国居民膳食指南 2022》（以下简称《指南》）平均值的 1/4。其次，谷物、食用油和肉类的摄入量偏高。2023 年谷物人均需求量比理想膳食推荐值高 80.5%，比《指南》平均值高 48.0%；食用油比理想膳食推荐值和《指南》平均值分别高 51.1% 和 115.1%；人均肉类需求量比理想膳食推荐值高 47.3%，比《指南》平均值高 165.2%。最后，居民水产品和蔬菜水果摄入不足。2023 年人均水产品需求量为 22.22 千克，仅为理想膳食推荐值的 29.6%、《指南》平均值的 62.5%，蔬菜水果则分别为 80.6% 和 86.9%。

根据上述居民理想膳食需求量和不同人口增速假设，未来中国居民主要食物消费需求总量测算结果如表 5-6 所示。

**到 2050 年，在不同人口增速假设下，中国主要食物需求总量预计将呈现明显的结构性变化，其中豆类、奶类、水产品和糖类需求将大幅增长，蔬菜水果需求稳中有升，而谷物、薯类、植物油、肉类和蛋类需求则逐步下降。**首先，无论在高位、中位还是低位人口增速情景下，到 2050 年奶类和水产品的需求总量都将增长 2 倍以上。以中位人口增速为例，奶类将从 5 224 万吨增至 13 149 万吨，增长 151.6%；水产品从 3 133 万吨增至 8 925 万吨，增长 184.8%。糖类需求也接近翻番，到 2050 年将增至 904 万吨，增长 95.5%。豆类需求增速虽低于上述品种，但也将从 2023 年的 1 551 万吨增至 2050 年的 2 912 万吨，增长 87.8%。其次，在不同人口增速情景下，受人均需求小幅增加和人口减少的综合影响，蔬菜和水果的需求总量到 2050 年将保持平稳增长。如在中位人口增速下，蔬菜需求将从 2023 年的 19 192 万吨增至 2050 年的 21 529 万吨，增长 12.2%；水果需求略有下降，从 15 022 万吨降至 14 357 万吨，降幅 4.4%。最后，受人均需求持续下降的影响，到 2050 年谷物、薯类、植物油、肉类和蛋类的需求总量都将大幅减少，且人口增速越低，需求减少幅度越大。在高、中、低位人口增速下，

2050 年谷物需求总量分别较 2023 年下降 43.2%、47.0% 和 50.9%；肉类需求总量较 2023 年将分别下降至 5 392.96 万吨、5 024.11 万吨和 4 659.15 万吨。其他品种也均呈现类似的下降趋势，反映出居民膳食结构发生明显转变。

**表 5-6　基于理想膳食的中国居民食物消费量预测**

单位：万吨

| 年份 | 2023 年 | 中位人口增速下 | | 高位人口增速下 | | 低位人口增速下 | |
|---|---|---|---|---|---|---|---|
| | | 2035 年 | 2050 年 | 2035 年 | 2050 年 | 2035 年 | 2050 年 |
| 谷物 | 27 205.95 | 20 884.14 | 14 406.96 | 21 458.37 | 15 464.66 | 21 458.37 | 13 360.40 |
| 薯类 | 5 872.65 | 5 054.04 | 4 022.17 | 5 193.01 | 4 317.46 | 5 193.01 | 3 729.98 |
| 豆类 | 1 551.00 | 2 089.44 | 2 911.51 | 2 146.89 | 3 125.26 | 2 146.89 | 2 700.01 |
| 植物油 | 3 045.60 | 2 517.36 | 1 904.80 | 2 586.57 | 2 044.64 | 2 586.57 | 1 766.43 |
| 肉类 | 7 849.47 | 6 555.04 | 5 024.11 | 6 735.28 | 5 392.96 | 6 735.28 | 4 659.15 |
| 蛋类 | 2 141.79 | 1 899.21 | 1 569.03 | 1 951.43 | 1 684.22 | 1 951.43 | 1 455.05 |
| 奶类 | 5 224.05 | 8 017.48 | 13 148.96 | 8 237.93 | 14 114.30 | 8 237.93 | 12 193.78 |
| 水产品 | 3 133.02 | 5 080.32 | 8 925.18 | 5 220.02 | 9 580.43 | 5 220.02 | 8 276.83 |
| 蔬菜 | 19 191.51 | 20 565.99 | 21 528.57 | 21 131.48 | 23 109.11 | 21 131.48 | 19 964.67 |
| 水果 | 15 022.14 | 14 991.46 | 14 356.53 | 15 403.67 | 15 410.52 | 15 403.67 | 13 313.63 |
| 糖类 | 462.48 | 634.43 | 904.31 | 651.88 | 970.70 | 651.88 | 838.62 |

数据来源：作者测算。

## 5.5　结果讨论与对策建议

### 5.5.1　结果讨论

如果中国居民食物需求结构变化趋势符合世界一般规律且不进行需求干预，到 2035 年中国居民肉类需求总量将突破 1 亿吨，植物油消费增加 1 027 万吨，而谷物、薯类等消费明显下降，将在引致大量水土资源消耗的同时，造成营养过剩与结构性不平衡问题加剧。对比基于可变收入弹性和理想膳食的预测结果发现，如果中国食物需求结构变化趋势符合世界一般规律且不进行需求干预，到

2035 年，中国居民肉类需求总量将突破 1 亿吨，比 2023 年增加 3 060 万吨，植物油消费增加 1 027 万吨，相较于谷物下降 6 235 万吨、豆类下降 304 万吨，这将需要消耗大量的水土资源来满足居民主要食物消费需求；从能量和营养素摄入角度来看，当前中国居民人均膳食能量消费量为 3 406 千卡 / 天，远高于《指南》推荐的膳食宝塔能量范围 1 600~2 400 千卡 / 天，继续增加肉类、油脂类摄入，减少粗杂粮、薯类食物消费，将会不断增加人均能量摄入，造成营养过剩、膳食营养结构性不平衡问题加剧，引发肥胖、心血管疾病等慢性病等新营养问题。

**如果持续普及健康膳食模式，到 2050 年实现理想膳食的结构转型目标，中国居民的膳食结构将更加合理，对富含营养但热量相对较低的食物需求增加，而对传统主食和高热量食物的需求下降。**首先，在实现健康膳食的情景下，居民对豆类、奶类、水产品等优质蛋白食物以及富含微量元素的蔬菜的需求将大幅增加。与基于可变收入弹性的预测相比，豆类、奶类和水产品的需求量分别高出 175.6%、98.2% 和 88.6%。这反映出健康膳食更加强调优质蛋白的摄入。其次，传统主食如谷物、薯类和植物油的需求量在健康膳食情景下大幅低于基于可变收入弹性的预测，同时肉类和蛋类需求也明显偏低。这一方面反映出健康膳食倡导降低主食比例，减少过多热量摄入；另一方面肉蛋摄入适当减少，更加强调植物性食物。在中位人口增速下，相比基于可变收入弹性的预测，健康膳食下谷物、薯类和植物油需求量分别降低 17.5%、15.5% 和 56.2%，肉蛋需求也分别降低 57.7% 和 42.4%。基于此，实现健康膳食将使居民的膳食结构发生积极变化，热量摄入下降但营养供给更加全面均衡，这对于提升国民健康水平具有重要意义。但考虑到饮食习惯的转变存在一定难度和经济成本，实现健康膳食情景下的预测结果仍面临较大挑战。

### 5.5.2　对策建议

对此，本研究提出如下对策建议。

第一，强调食物需求转型的长期性，需要进行健康膳食的长期宣传，普及健康知识，引导居民逐步实现膳食转型。宣传内容应包括各类食物的营养特点、健康膳食的益处以及在日常生活中实现健康饮食的建议等，通过多种渠道持续开展健康教育。

第二，注意健康膳食转型的成本问题，尤其是与谷物和蛋类相比，乳制品、水产品、水果等食物的价格明显偏高。应完善促进健康食品生产的政策措施，加大对奶业、水产养殖等行业的扶持力度，提高供给能力，同时对低收入人群给予必要的补贴，确保其享有健康膳食的经济可负担性。

第三，继续深化研究适合中国国情和饮食习惯的膳食宝塔。当前膳食宝塔中的乳制品摄入推荐值可能难以在短期内实现，应结合居民的接受程度合理设定阶段性目标。同时加强膳食宝塔的宣传解读和推广应用，并根据营养健康认知的提高适时更新优化。

第四，积极发展绿色农业，着力提高农产品品质，增加优质农产品供给。针对性地发展富含优质蛋白的大豆、奶类、水产品等产业，提高蔬菜和水果供给能力，优化粮食品种结构，为居民实现健康膳食提供有力支撑。

第五，加强食物消费统计和监测，为未来食物需求预测和农业生产提供数据支撑。进一步细化食物消费数据统计口径和品类，开展基于大数据的食物消费行为分析，深入研究不同人群的膳食结构特点，为有针对性地引导居民实现健康膳食提供依据。

# 第 6 章

# 居民食物消费转型下的中国农业结构调整模拟分析

本章作者：曹芳芳（caofangfang@caas.cn）、常倩（changqian@caas.cn）、韩昕儒（hanxinru@caas.cn）、刘丽（liuli06@caas.cn）

**主要观点**

● 从需求侧引导居民食物消费向理想膳食模式转型，能够优化粮食种植结构，缓解资源环境约束，有效保障国家粮食安全。基于可变收入弹性的食物需求预测情景下，到 2035 年，相较基准情景，要达到目标自给率，稻谷、小麦和玉米种植面积分别可调减 9%、4% 和 1%，35% 的自给率目标下大豆种植面积较基准情景需增加 41%；到 2050 年，稻谷和小麦播种面积将分别减少 11% 和 7%、玉米调增 4%；35% 的自给率目标下大豆种植面积增加 59%。基于理想膳食模式的食物需求预测情景下，要达到目标自给率，相较基准情景，到 2035 年，稻谷、小麦和玉米种植面积分别可调减 12%、6% 和 2%，35% 自给率目标下的大豆分别较基准情景需调增 3%；到 2050 年，水稻和小麦种植面积将减少 22% 和 16%，玉米面积增加 2%，35% 自给率目标下的大豆种植面积可调减 1%。

● 从需求侧引导居民食物消费向理想膳食模式转型，不调整农业生产结构的话，到 2035 年和 2050 年，使我国稻谷与小麦净出口增加 930 万吨和2 730万吨，有助于缓解国际粮食安全问题，并减少大豆进口4 600万和6 800万吨，缓解大豆"卡脖子"问题。基于可变收入弹性的食物需求预测情景下，当种植结构不调整，到2035年，稻谷和小麦分别出口1 500万吨和440万吨，进口大豆1.2亿吨；到2050年，稻谷和小麦分别出口2 000万吨和970万吨，进口1.4亿吨大豆。基于理想膳食模式的食物需求预测情景下，到2035年，稻谷将出口2 100万吨，小麦将出口770万吨，进口大豆7 400万吨；到2050年，稻谷将出口4 300万吨，小麦将出口2 300万吨，进口大豆7 200万吨。

● 从需求侧引导居民食物消费向理想膳食模式转型，肉类产量可调减，牛奶和水产品产量需调增。基于可变收入弹性的食物需求预测情景下，到2035年，要达到目标自给率，猪肉、牛肉、羊肉、鸡肉、鸡蛋和水产品产量分别要较基准情景调增24%、45%、24%、30%、12%和8%，牛奶产量较基准情景可调减4%；到2050年，猪肉、牛肉、羊肉、鸡肉、鸡蛋、牛奶和水产品产量分别要较基准情景调增28%、64%、36%、54%、18%、4%和21%。基于理想膳食模式的食物需求预测情景下，到2035年，在满足目标自给率的前提下，猪肉、牛肉、羊肉、鸡肉和鸡蛋生产分别较基准情景可调减15%、8%、17%、20%和10%，牛奶、水产品生产分别较基准情景需调增23%和21%；到2050年，猪肉、牛肉、羊肉、鸡肉和鸡蛋产量分别较基准情景可调减31%、29%、34%、38%和18%，牛奶、水产品产量分别较基准情景需调增87%和73%。

受地缘政治冲突、新冠疫情、气候变化、宏观经济冲击和日益严重的不平等等因素影响，当前世界粮食安全状况不断恶化，可持续发展目标进展出现逆转（FAO，2022）。根据FAO统计，2022年全世界共有6.91亿~7.83亿人陷入饥饿，约有24亿人处于中度或重度粮食不安全状态，占全球人口的近30%，比新冠疫情暴发前一年的2019年多出3.5亿人（FAO，2023）。面对当前不断恶化的粮食安全状况和不确定性风险，实现2030年SDG"零饥饿"目标面临着艰难挑战，这也表明若要实现“零饥饿”目标，全球食物系统转型迫在眉睫。食物系统转型不仅对保障食物安全、确保每个人健康膳食可获得性具有重要意义，而且对于农户改善生计、获得安全富足的生活以及促进环境可持续发展具有重要意义（FAO，2022）。

近些年，尤其是 2019 年新冠疫情发生以来，国际食物市场失灵问题越发突出，促进食物系统转型逐渐成为国际社会组织、国内学者和决策者的共识。从国际来看，2018 年联合国粮农组织（FAO）就发布了《粮食及农业转型以支持实现可持续发展目标：指导决策者的 20 项相互关联的行动》；2020 年全球农业及粮食体系促进营养专家组发布了《未来粮食体系：人民、地球与繁荣》报告；2022 年世界粮食论坛（WFF）主题为“青年—创新—投资携手推动全球农业粮食体系转型”，这些报告和会议都强调了采取科学策略进行食物系统转型的重要性。尤其是联合国粮农组织提出《2022—2031 年战略框架》中对食物系统转型中长期愿景和目标的设定，报告指出：“着力推动转型，建设更高效、更包容、更有韧性且更可持续的农业粮食体系，实现更好生产、更好营养、更好环境和更好生活，不让任何人掉队”，这“四个更好”是为实现可持续发展目标 1（无贫困）、目标 2（零饥饿）和目标 10（减少不平等）制定的系统性战略举措，需要所有主体采取行动，并开展广泛国际合作确保可持续发展目标的实现。

从国内来看，学界相关机构和决策者也愈发重视食物系统转型。面对人民日益增长的营养健康需求与农业供给不匹配的矛盾，越来越多的学者开始提出营养导向性的食物安全战略和农业政策体系设计，强调新发展阶段的粮食安全目标需要重点着眼于提供更加平衡、更加充足、更加多元化的食物营养保障，需要以大食物观为引领推动食物系统向营养健康转型（陈萌山 等，2023）。2022 年，习近平总书记强调，“要树立大食物观，从更好满足人民美好生活需要出发，掌握人民群众食物结构变化趋势，在确保粮食供给的同时，保障肉类、蔬菜、水果、水产品等各类食物有效供给，缺了哪样也不行”。2023 年中央一号文件明确提出“构建多元化食物供给体系”；2024 年进一步强调要“树立大农业观、大食物观，多渠道拓展食物来源，探索构建大食物监测统计体系”。大食物观是对现有粮食安全在内容上的丰富与更新，是更高层次的粮食营养安全目标（仇焕广 等，2022；

胡冰川，2022）。从2015年中央农村工作会议提出“树立大农业、大食物观念”，2016年中央一号文件写入“树立大食物观”，2017年习近平总书记在中央农村工作会议作出深刻阐述，再到两会上再一次强调，连续几年中央一号文件重点提出要制定具体实施方案，足以证明中国食物系统发展正在积极转型中。

然而，食物系统转型面临来自供给侧和需求侧两端的挑战与威胁。人口总量和结构的变化、人民群众对营养健康食物需求的变化等均会导致食物系统需求结构的变化，食物需求结构的变化必然会要求农业结构进行相应调整。本研究主要在假定中国食物系统向营养健康目标转型成功的基础上，进一步分析达到理想食物需求结构所需要的合理农业结构及农业结构调整实现路径，从而为未来农业系统转型和农业支持政策制定提供理论和现实参考。

## 6.1 农业结构调整模拟方案

### 6.1.1 确定中国食物消费需求转型后未来各品种的食物需求

本研究根据中国社会科学院数量经济与技术经济研究所的预测，“十五五”时期中国GDP年均增长率为5%，“十五五”时期为4.6%；假设2035年之后GDP年增长率每两年下降0.1个百分点，2050年降至3.2%。同时，考虑到老龄化和城镇化的影响，综合中国人口统计数据和联合国人口司预测的人口增长率，采取中位预测方案，即2035年中国人口总量将降至13.82亿人，2050年中国人口进一步降至12.94亿人。根据联合国人口司（Population Division，the United Nations）《世界城镇化预测2018》（*World Urbanization Prospects*：*The 2018 Revision*），在中位预测方案下，2035年，中国城镇化率将达到73.9%，2050年将达到80%。进而测算得到主要食物需求收入弹性，并根据食物收入需求弹性得到人均食物消费量①。

根据第5章的预测结果，得到2023—2050年可变收入弹性下的人均年食物

① 具体见前面第5章内容。

消费量，以及到 2050 年时不同膳食标准下的人均年食物消费量。由于居民食物消费向理想膳食转型需要一定的时间，假设到 2050 年，中国居民年均食物消费能达到表 6-1 中的消费水平，并利用 CASM 模型模拟出该消费变动趋势。

**表 6-1 基于可变收入弹性和不同膳食标准的中国居民人均年食物消费量预测**

单位：千克/（人·年）

| 品种 | 2023 年人均实际消费值 | 基于可变收入弹性的食物消费量预测值 | | 各类理想膳食推荐的调整值 | 中国居民平衡膳食宝塔（2022）调整值的平均值 |
|---|---|---|---|---|---|
| | | 2035 年 | 2050 年 | 2023—2050 年 | 2023—2050 年 |
| 谷物 | 192.95 | 151.74 | 135.00 | 106.89 | 130.36 |
| 薯类 | 41.65 | 32.76 | 29.14 | 30.42 | 40.56 |
| 豆类 | 11.00 | 9.02 | 8.17 | 23.73 | 7.30 |
| 植物油 | 21.60 | 29.47 | 33.63 | 14.31 | 10.04 |
| 肉类 | 55.67 | 78.94 | 91.57 | 37.8 | 20.99 |
| 蛋类 | 15.19 | 18.94 | 21.03 | 11.92 | 18.66 |
| 奶类 | 37.05 | 46.19 | 51.29 | 109.5 | 146.00 |
| 水产品 | 22.22 | 31.51 | 36.55 | 75.01 | 35.57 |
| 蔬菜 | 136.11 | 141.59 | 145.69 | 168.86 | 167.82 |
| 水果 | 106.54 | 110.83 | 114.04 | 111.28 | 122.41 |
| 糖类 | 3.28 | 3.66 | 3.88 | 7.39 | 9.13 |

注：表 6-1 中的数据均来源于第 5 章的预测数据。

### 6.1.2 模拟方案设计

利用 CASM 模型模拟从 2023 年开始到 2050 年食物需求逐渐转型到基于可变收入弹性的食物需求预测值和基于健康膳食模式的食物需求预测值，可以测算出 2023—2050 年不同食物需求的增长速率。根据第 5 章的测算结果，在基准情景的基础上设置了 3 个情景方案。模拟情景 1 为基于可变收入弹性的食物需求预测。基于健康膳食模式的食物需求预测，设置了两个模拟情景，分别是情景 2

和情景 3，模拟情景 2 为基于各类理想膳食推荐值的调整值的预测（以下简称为基于理想膳食模式的食物需求预测），模拟情景 3 为依据中国居民平衡膳食宝塔（2022）调整值的平均值的预测（以下简称为基于中国健康膳食模式的食物需求预测）。

表 6-2 为三个模拟方案设置的年均增长率，可以利用 CASM 模型测算得到各类食物的总需求，进而根据不同品种自给率目标，测算国内满足不同情景下各产品的产量，利用该产量除以单产（假定单产保持合理增速），即可得到不同产品所需的种植面积和生产规模，并与基础情景进行对比，得到农业结构调整的方向与路径。

**表 6-2　情景模拟方案**

单位：%

| 品种 | 模拟情景 1（SIM1）：基于可变收入弹性的食物需求预测 | | 模拟情景 2-SIM2：基于理想膳食模式的食物需求预测 | 模拟情景 3-SIM3：基于中国健康膳食模式的食物需求预测 |
|---|---|---|---|---|
| | 2023—2035 年年均增长率 | 2035—2050 年年均增长率 | 2023—2050 年年均增长率 | 2023—2050 年年均增长率 |
| 谷物 | -1.3 | -0.25 | -1.6 | -0.9 |
| 薯类 | -1.9 | -0.77 | -0.8 | -0.09 |
| 豆类 | -1.5 | -0.9 | 2.5 | -1.7 |
| 植物油 | 2.25 | 0.5 | -1.85 | -2.8 |
| 肉类 | 1.76 | 0.15 | -2.4 | -4.5 |
| 蛋类 | 1.5 | 0.5 | -1.2 | 0.9 |
| 奶类 | 0.2 | 0.05 | 2.5 | 3.6 |
| 水产品 | 1.1 | 0.05 | 3.05 | 0.3 |
| 蔬菜 | 0.03 | 0.01 | 0.45 | 0.45 |
| 水果 | 0.01 | 0.01 | 0.01 | 0.05 |
| 糖类 | 0.5 | 0.25 | 2.8 | 3.51 |

根据目前我国居民食物消费趋势，我国居民粮食消费趋于下降，蔬菜消费基本稳定，植物油消费不同模式下消费趋势不同，而包括肉、蛋、奶和水产品等蛋白质类消费需求不断增加。因此在实际考虑农业种植结构和养殖结构调整时，由于蔬菜、水果以及粮食中的薯类、大麦和高粱的消费变动较小，可以认定其种植结构基本保持不变，需要重点关注的是口粮需求（稻谷和小麦）以及肉、蛋、奶和水产品等蛋白质类需求增加所带来的养殖业结构调整以及由此引致的饲料粮（玉米和大豆）需求变动所带来的农业种植结构调整。

基于我国的粮食和重要农产品安全保障目标要求，在当前的结构上，对于大宗粮食产品和重要动物性产品等，结构调整方案如表 6-3 所示。

**表 6-3 不同粮食安全目标下的主要品种农业结构调整方案**

| 品种 | 三种情景：基于可变收入弹性的食物需求预测（SIM1）；基于理想膳食模式的食物需求预测（SIM2）；基于中国健康膳食模式的食物需求预测（SIM3） |
|---|---|
| 稻谷 | **方案 A：** 稻谷属于口粮，根据“口粮绝对安全”的粮食生产目标，因此假设稻谷自给率为 100%，稻谷生产仅满足国内需求并且不出口<br>**方案 B：** 不调整种植面积，而且稻谷可以出口 |
| 小麦 | **方案 A：** 小麦自给率为 100%，小麦生产仅满足国内需求并且不出口<br>**方案 B：** 不调整种植面积，而且小麦可以出口 |
| 玉米 | **方案 A：** 到 2030 年，玉米自给率达到 95%，之后到 2050 年一直保持 95% |
| 大豆 | **方案 A：** 大豆自给率 18% 左右，假设到 2035 年自给率达到 35%，2036—2050 年保持在 35%<br>**方案 B：** 假设到 2035 年自给率达到 35%，到 2050 增长至 45%<br>**方案 C：** 不调整种植面积，进出口调节余缺 |
| 肉类 | **方案 A：** 猪肉、禽肉、牛肉和羊肉自给率目标分别设置为 95%、100%、80% 和 95% |
| 蛋类 | **方案 A：** 100% 自给率目标 |
| 奶类 | **方案 A：** 70% 自给率目标 |
| 水产品 | **方案 A：** 96% 自给率目标 |

注：稻谷、小麦、玉米自给率水平设置则是根据“口粮绝对安全，谷物基本自给”的目标设置，大豆自给率设置则是根据农业农村部的相关政策文件设置；畜产品目标自给率根据 2020 年《国务院办公厅关于促进畜牧业高质量发展的意见》（国办发〔2020〕31 号）和 2021 年农业农村部印发《“十四五”全国畜牧兽医行业发展规划》设置，水产品维持在目前的自给率水平。

## 6.2 农业结构调整模拟结果

### 6.2.1 基于可变收入弹性与健康膳食模式食物需求预测的种植业结构调整

#### 6.2.1.1 稻谷

**（1）方案 A：仅保障国内需求，不出口**

根据模拟结果，可以发现，2024—2050 年，由于口粮消费需求下降，相比较基础模拟结果，不管是基于可变收入弹性的食物需求预测情景（SIM1）的还是基于健康膳食模式的食物需求预测情景（SIM2 和 SMI3）下的稻谷种植面积将呈现较大的下降趋势，尤其是基于理想膳食模式的食物需求预测情景 2，稻谷种植面积将下降 8%~22%，能够有效缓解资源环境压力。

基于可变收入弹性的食物需求预测情景下（SIM1）水稻种植面积将调减 6%~11%。到 2030 年，稻谷种植面积分别从 2023 年的 2 894.9 万公顷下降到 2 731.2 万公顷，种植面积较基准情景调减了 5.8%。到 2035 年，稻谷种植面积继续下降到 2 641.2 万公顷，种植面积较基准情景调减了 8.9%。到 2050 年，稻谷种植面积继续下降到 2 581.8 万公顷，种植面积较基准情景调减了 11.0%（图 6-1）。

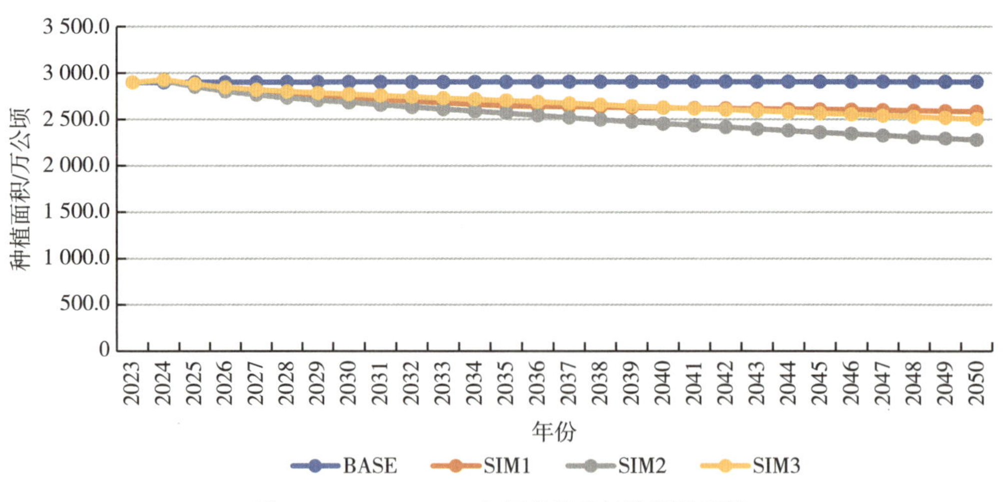


**图 6-1　2023—2050 年稻谷种植结构调整趋势**

（数据来源：根据 CASM 模型模拟结果得到）

基于健康膳食模式的食物需求预测情景下（SIM2 和 SIM3）水稻种植面积将调减 4%~22%。到 2030 年，情景 2 和情景 3 的稻谷种植面积分别从 2023 年的 2 894.9 万公顷下降到 2 680.5 公顷和 2 770.0 万公顷，种植面积分别较基准情形调减了 7.5% 和 4.4%。到 2035 年，稻谷种植面积继续下降到 2 563.9 万公顷和 2 701.5 万公顷，种植面积分别较基准情形调减了 11.6% 和 6.9%。到 2050 年，稻谷种植面积继续下降到 2 275.8 万公顷和 2 500.0 万公顷，种植面积分别较基准情形调减了 21.6% 和 13.8%。

**（2）方案 B：不调整种植面积，粮食可以出口**

当种植结构不进行调整时，根据模拟结果，可以发现，2024—2050 年，相比较基准情形结果，基于可变收入弹性的食物需求预测情景下（SIM1）和基于健康膳食模式的食物需求预测情景（SIM2 和 SIM3）下均会使得我国从稻谷净进口国转变为净出口大国，尤其是理想膳食模式的食物需求预测情景 2，稻谷将净出口最高 4 300 万吨。

基于可变收入弹性的食物需求预测情景下（SIM1）水稻净出口 840 万~2 000 万吨。到 2030 年，情景 1 的稻谷净出口量分别从 2023 年的 −100.6 万吨增长到 842.4 万吨；2035 年增长到 1 514.4 万吨；2050 年增长到 1 972.54 万吨（图 6−2）。

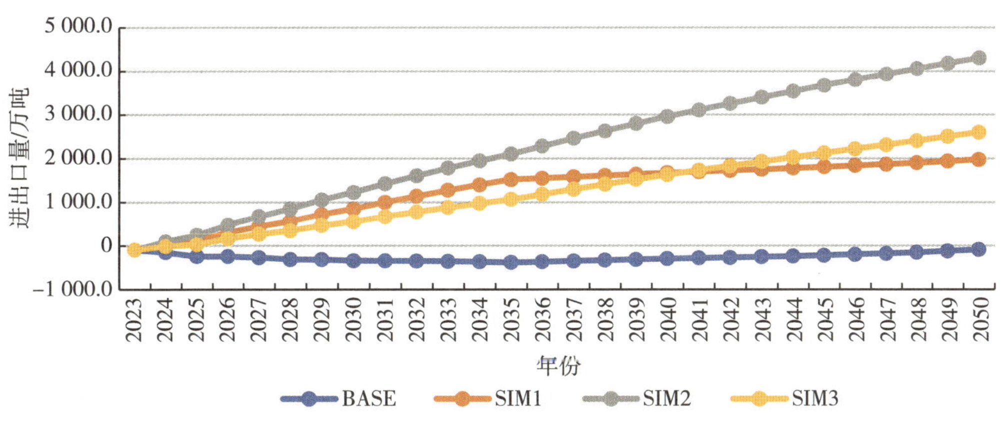


**图 6−2　2023—2050 年不调整生产结构条件下的稻谷进出口量**

（数据来源：根据 CASM 模型模拟结果得到）

基于健康膳食模式的食物需求预测情景下（SIM2 和 SIM3）水稻净出口将增加 550 万~4 300 万吨。到 2030 年，情景 2 和情景 3 的稻谷净出口量分别从 2023

年的 -100.6 万吨增长到 1 223.3 万吨和 550.6 万吨；到 2035 年，分别增长到 2 098.1 万吨和 1 059.3 万吨；到 2050 年，分别增长到 4 296.90 万吨和 2 594.38 万吨。

#### 6.2.1.2 小麦

**（1）方案 A：仅保障国内需求，不出口**

小麦属于口粮，根据“口粮绝对安全”的粮食生产目标，因此小麦自给率目标定为 100%，假定小麦生产仅满足国内需求并且不出口。

基于可变收入弹性的食物需求预测情景下（SIM1）小麦种植面积可调减 3%~7%。要满足小麦 100% 的自给率目标，小麦种植面积还可调减，2030 年增加到 2 383.99 万公顷，较 2023 年增加 0.90%，2035 年减少到 2 293.95 万公顷，较 2023 年减少 2.91%，2050 年减少到 2 206.84 万公顷，较 2023 年减少 6.60%。2030 年较基准情形增加 0.76%，2035 年和 2050 年分别较基准情形减少 3.09% 和 6.81%（图 6-3）。

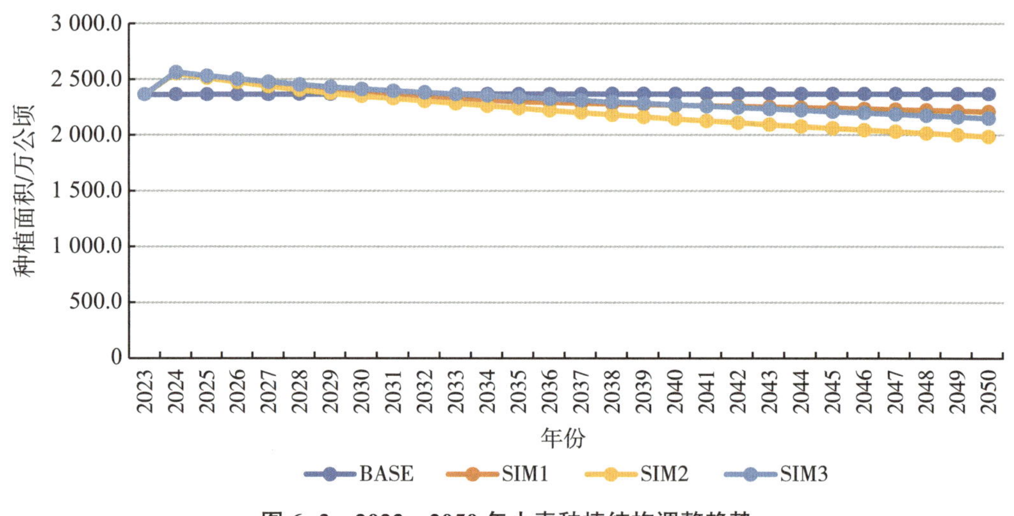


**图 6-3　2023—2050 年小麦种植结构调整趋势**

（数据来源：根据 CASM 模型模拟结果得到）

基于健康膳食模式的食物需求预测情景下（SIM2 和 SIM3）小麦种植面积可进一步调减 5%~16%。到 2030 年，情景 2 和情景 3 的小麦种植面积需达到 2 347.32 万公顷和 2 412.08 万公顷，分别较 2023 年减少 0.65% 和增加

2.09%；到 2035 年，情景 2、情景 3 的小麦种植面积分别下降到 2 237.94 万公顷、2 337.63 万公顷，分别较 2023 年减少 5.28% 和 1.06%；到 2050 年，情景 2、情景 3 的小麦种植面积分别下降到 1 984.69 万公顷、2 147.40 万公顷，分别较 2023 年减少 16.00% 和 9.11%。也低于基准情形，情景 2 下 2030 年、2035 年和 2050 年小麦种植面积分别较基准情形减少 0.79%、5.46% 和 16.19%。情景 3 下 2030 年小麦种植面积较基准情形增加 1.95%，2035 年和 2050 年分别较基准情形减少 1.25% 和 9.32%。

**（2）方案 B：不调整种植面积，粮食可以出口**

基于可变收入弹性的食物需求预测情景下从净进口变为净出口 430 万~1 000 万吨。小麦净进口持续减少，并于 2032 年变为净出口国，到 2035 年增长到 435.04 万吨，到 2050 年小麦净出口达到 967.92 万吨。

基于健康膳食模式的食物需求预测情景下小麦净出口进一步增加 100 万~1 300 万吨。小麦出口增加更快，情景 2 下于 2030 年变为净出口国，情景 3 下于 2034 年变为净出口国，情景 2 和情景 3 下，到 2030 年，小麦净出口分别达到 106.38 万吨和 -282.7 万吨；到 2035 年，分别增长到 72.53 万吨和 171.87 万吨；2050 年小麦净出口分别达到 2 311.28 万吨和 1 327.32 万吨（图 6-4），成为净出口大国。

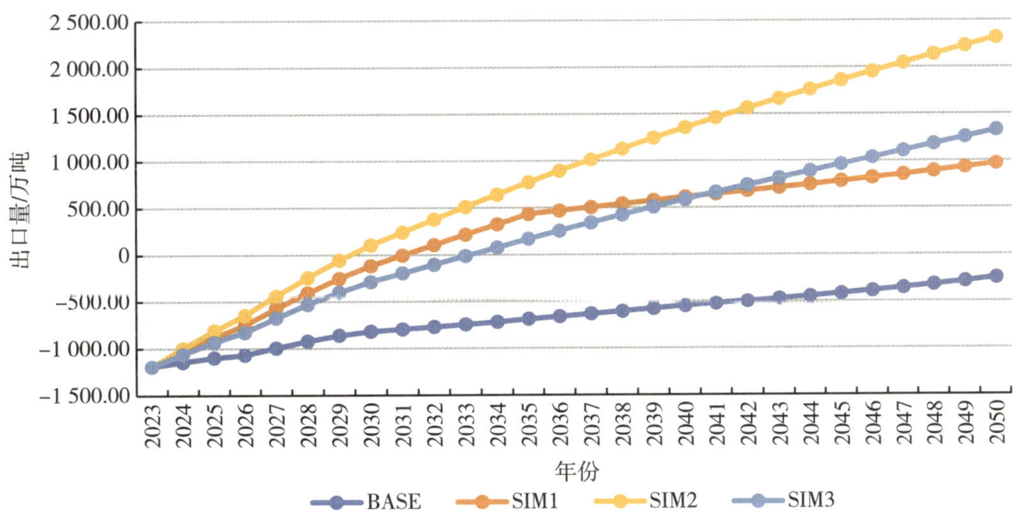


**图 6-4 2023—2050 年不调整生产结构条件下的小麦进出口量**

（数据来源：根据 CASM 模型模拟结果得到）

#### 6.2.1.3 玉米

根据方案 A，根据模拟结果，2024—2050 年，相比较基础模拟结果，模拟情景 1、情景 2 和情景 3 的玉米种植面积将呈现先降后增的趋势，玉米种植面积调整范围为 -0.7%~4.1%。

基于可变收入弹性的食物需求预测情景下（SIM1）玉米种植面积将调增 -0.6%~4%。到 2030 年，玉米种植面积分别从 2023 年的 4 420.0 万公顷下降到 4 412.4 万公顷，较基准情形调减了 0.6%；2035 年，继续下降到 4 384.4 万公顷，较基准情形调减了 1.3%；到 2050 年，种植面积增长到 4 623.4 万公顷，较基准情形调增了 4.1%。

基于健康膳食模式的食物需求预测情景下（SIM2 和 SIM3）玉米种植面积将调增 -0.7%~3.8%。到 2030 年，情景 2 和情景 3 的玉米种植面积分别从 2023 年的 4 420.0 万公顷下降到 4 406.2 公顷和 4 417.1 万公顷，种植面积分别较基准情形调减了 0.7% 和 0.5%。到 2035 年，玉米种植面积继续下降到 4 374.8 万公顷和 4 391.8 万公顷，分别较基准情形调减了 1.5% 和 1.1%。到 2050 年，种植面积继续增长到 4 584.1 万公顷和 4 612.9 万公顷，分别较基准情形调增了 3.2% 和 3.8%（图 6-5）。

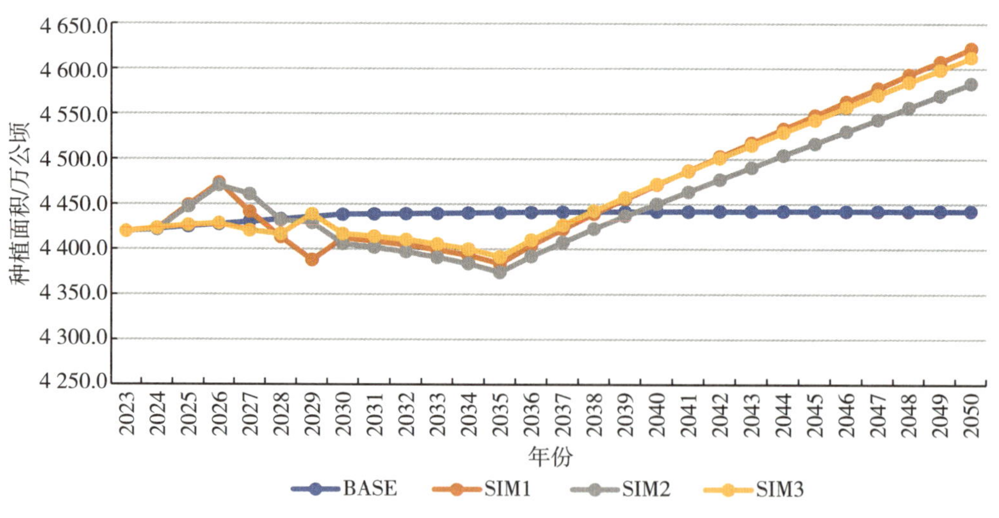


**图 6-5 2023—2050 年玉米种植结构调整趋势**

（数据来源：根据 CASM 模型模拟结果得到）

#### 6.2.1.4 大豆

**（1）方案 A：保障国内需求，到 2035 年自给率达到 35%，之后保持在 35%**

基于可变收入弹性的食物需求预测情景下大豆种植面积需调增 41%~59%。基于收入弹性的预测情景下，要满足大豆 35% 的自给率目标，大豆种植面积还需大幅增加。2030 年达到 1 224.59 万公顷，较 2023 年增加 17.00%，2035 年达到 1 760.15 万公顷，较 2023 年增加 68.16%，2050 年达到 2 034.55 万公顷，较 2023 年增加 94.38%。2030 年、2035 年和 2050 年分别较基准情形增加 5.42%、40.65% 和 58.98%。

基于健康膳食模式的食物需求预测情景下大豆种植面积可调减 -2.6%~45%。到 2030 年，情景 2 和情景 3 的大豆种植面积需达到 1 019.95 万公顷和 885.93 万公顷，分别较 2023 年减少 2.56% 和 15.36%；到 2035 年，情景 2 和情景 3 的大豆种植面积分别需达到 1 284.20 万公顷和 1 004.56 万公顷，分别较 2023 年增加 22.69% 和减少 4.03%；到 2050 年，情景 2、情景 3 的大豆种植面积分别需达到 1 261.03 万公顷、706.99 万公顷，分别较 2023 年增加 20.48% 和减少 32.46%。也低于基准情形，情景 2 下 2030 年大豆种植面积较基准情形减少 12.20%，2035 年大豆种植面积较基准情形增加 2.62%，2050 年大豆种植面积较基准情形减少 1.47%。情景 3 下 2030 年、2035 年和 2050 年大豆种植面积分别较基准情形减少 23.74%、19.73% 和 44.76%（图 6-6）。

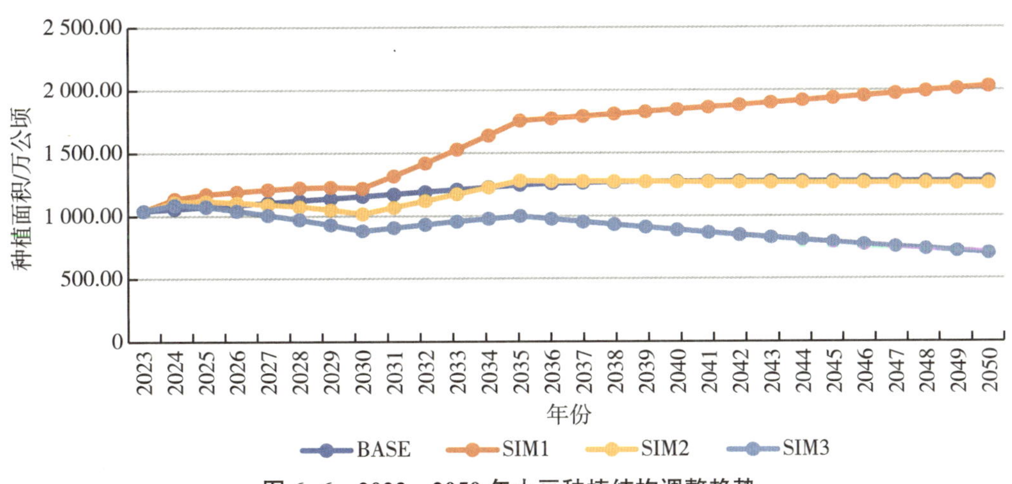


**图 6-6 2023—2050 年大豆种植结构调整趋势**

（数据来源：根据 CASM 模型模拟结果得到）

**（2）方案B：保障国内需求，到2035年自给率达到35%，到2050年自给率达到45%**

此时，到2035年的模拟结果与方案A相同。到2050年，基于可变收入弹性的食物需求预测情景下大豆种植面积增幅更大，需达到2 615.86万公顷，较基准情形增加104.40%；基于健康膳食模式的食物需求预测情景下，情景2需调增，情景3可调减，情景2大豆种植面积达到1 621.33万公顷，较基准情形增加26.69%，情景3大豆种植面积908.99万公顷，较基准情形调减了28.97%（图6-7）。

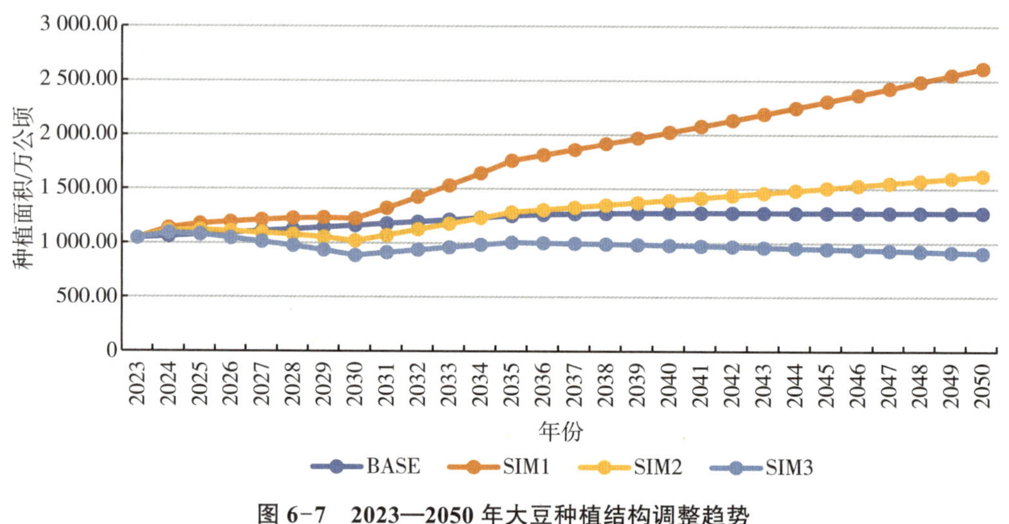


**图6-7　2023—2050年大豆种植结构调整趋势**

（数据来源：根据CASM模型模拟结果得到）

**（3）方案C：不调整种植面积，进出口调节余缺**

基于可变收入弹性的食物需求预测情景下，大豆净进口还将增加至1.01亿~1.4亿吨。基于收入弹性的预测情景下，大豆净进口还将增加，到2030年增加到10 060.0万吨，到2035年增加到11 577.3万吨，到2050年增加到14 026.7万吨，2050年大豆自给率为22.02%。

基于健康膳食模式的食物需求预测情景下大豆净进口明显下降5 000万~7 400万吨。大豆净进口快速下降，尤其是情景3。到2030年情景2和情景3的大豆净进口量分别减少到7 785.5万吨和6 296.0万吨，到2035年情景2和情景3下继续减少到7 409.6万吨和4 961.0万吨，到2050年情景2和情景3下继续减少到7 188.3万吨和2 290.3万吨（图6-8），到2050年情景2和情景3大豆自给率为35.52%和63.36%（图6-9）。

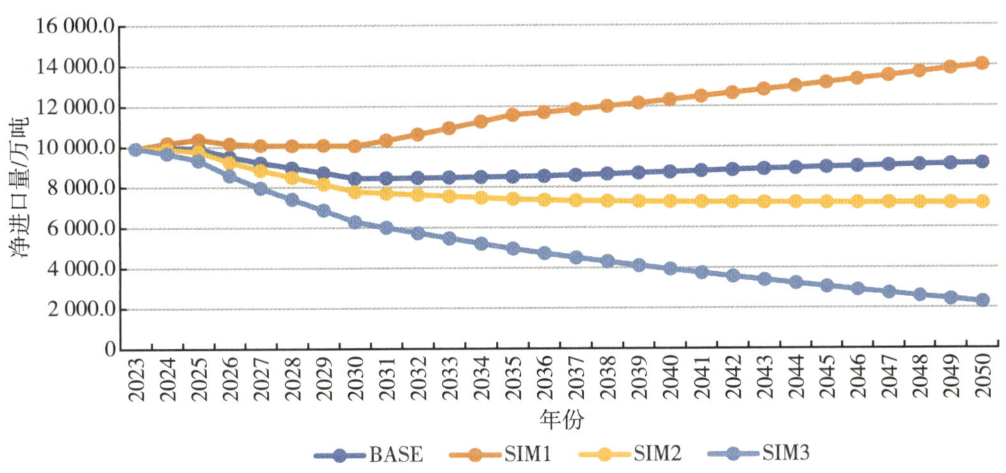


**图6-8 2023—2050年不调整生产结构条件下的大豆净进口量**

（资料来源：根据CASM模型模拟结果得到）

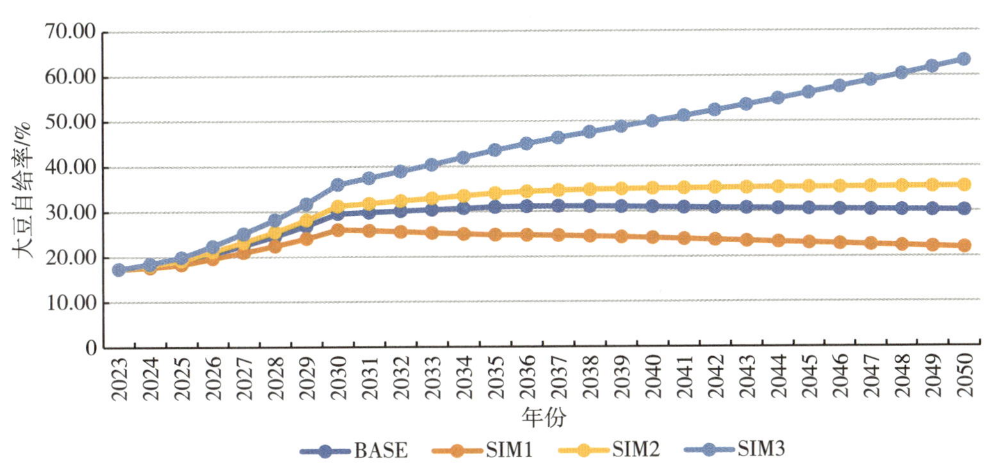


**图6-9 2023—2050年不调整生产结构条件下的大豆自给率**

（数据来源：根据CASM模型模拟结果得到）

### 6.2.2 基于可变收入弹性与健康膳食模式食物需求预测的养殖业结构调整

表6-4中展示了几种情景下各类动物产品的自给率情况（国内产量/国内总

需求）。可以看出，不同情景下各类产品自给率差异较大，基于可变收入弹性的食物需求预测情景下（SIM1）各类产品的自给率均低于目前的自给率水平，基于健康膳食的食物需求预测情景下（SIM2 和 SIM3）猪肉、牛肉、羊肉、鸡肉的自给率均高于 100%，而牛奶和水产品的自给率明显低于目前水平，尤其是牛奶，SIM3 情景下 2050 年自给率仅为 28.48%。假定我国生产以满足国内需求为主要目的，并且尽可能降低对资源环境的压力，为保障我国食物供给安全，以达到一定的自给率为目标，基于上述各种情景下 2024—2050 年肉（猪肉、牛肉、羊肉、鸡肉）、蛋、奶、水产品国内总消费量的预测数据，测算要达到目标自给率所需的最少国内产量。

**表 6-4　动物产品自给率预测**

单位：%

| 品种 | 2023 年 | 2035 年 | | | | 2050 年 | | | |
|---|---|---|---|---|---|---|---|---|---|
| | | BASE | SIM1 | SIM2 | SIM3 | BASE | SIM1 | SIM2 | SIM3 |
| 猪肉 | 97.44 | 98.01 | 77.17 | 112.45 | 134.11 | 95.56 | 74.19 | 138.54 | 189.64 |
| 牛肉 | 73.34 | 71.62 | 55.19 | 86.89 | 109.02 | 67.90 | 48.74 | 113.22 | 181.64 |
| 羊肉 | 92.47 | 90.94 | 76.46 | 113.92 | 137.76 | 88.23 | 69.68 | 143.44 | 205.30 |
| 鸡肉 | 96.21 | 90.73 | 77.52 | 126.02 | 161.78 | 81.79 | 64.91 | 161.29 | 279.37 |
| 鸡蛋 | 100.55 | 100.87 | 89.08 | 111.00 | 93.67 | 100.14 | 84.63 | 121.62 | 85.31 |
| 牛奶 | 71.24 | 74.68 | 73.12 | 57.27 | 50.95 | 69.02 | 67.11 | 37.43 | 28.48 |
| 水产品 | 95.90 | 94.18 | 88.78 | 79.26 | 92.70 | 84.40 | 79.45 | 55.42 | 81.52 |

资料来源：根据 CASM 模型模拟结果得到。

#### 6.2.2.1　猪肉

基于可变收入弹性的食物需求预测情景下 2035—2050 年猪肉产量需增加 23%~28%。基于可变收入弹性的食物需求预测情景下，要满足猪肉 95% 的自给率目标，猪肉产量还需增加，2035 年需达到 7 115.75 万吨，较 2023 年增加 22.81%，2050 年需达到 7 473.35 万吨，较 2023 年增加 28.98%。也明显高于基准情形，2035 年和 2050 年猪肉产量分别较基准情形增加 23.49% 和 28.04%。

基于健康膳食模式的食物需求预测情景下 2035—2050 年猪肉产量可减少

15%~50%。基于健康膳食模式的食物需求预测情景下，在满足猪肉 95% 的自给率目标前提下，猪肉产量还可减少。情景 2 下 2035 年猪肉产量需达到 4 883.45 万吨，较 2023 年减少 15.72%，2050 年需达到 4 002.20 万吨，较 2023 年减少 30.93%。情景 3 下 2035 年猪肉产量需达到 4 094.69 万吨，较 2023 年减少 29.33%，2050 年需达到 2 923.78 万吨，较 2023 年减少 49.54%。也明显低于基准情形，情景 2 下 2035 年和 2050 年猪肉产量分别较基准情形减少 15.25% 和 31.43%，情景 3 下 2035 年和 2050 年猪肉产量分别较基准情形减少 28.94% 和 49.91%（图 6-10）。

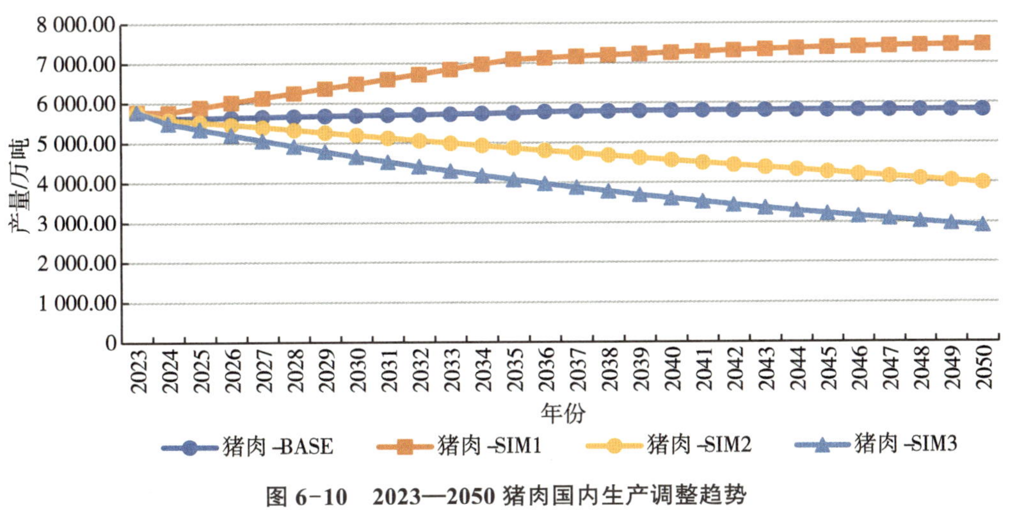


**图 6-10 2023—2050 猪肉国内生产调整趋势**

（数据来源：根据 CASM 模型模拟结果得到）

### 6.2.2.2 牛肉

基于可变收入弹性的食物需求预测情景下 2035—2050 年牛肉产量需增加 45%~64%。基于可变收入弹性的食物需求预测情景下，要满足牛肉 80% 的自给率目标，牛肉产量还需大幅增加，2035 年需达到 1 215.33 万吨，较 2023 年增加 61.40%，2050 年需达到 1 464.80 万吨，较 2023 年增加 94.53%。也明显高于基准情形，2035 年和 2050 年牛肉产量分别较基准情形增加 45.43% 和 64.15%。

基于健康膳食模式的食物需求预测情景下 2035—2050 年牛肉产量可减少 8%~56%。基于健康膳食模式的食物需求预测情景下，在满足牛肉 80% 的自给率目标前提下，牛肉产量还可减少。情景2下2035年牛肉产量需达到771.96万吨，较2023年增加2.52%，2050年需达到630.53万吨，较2023年减少16.26%。情景3下2035年牛肉产量需达到615.30万吨，较2023年减少18.29%，2050年需达到393.03万吨，较2023年减少47.81%。也明显低于基准情形，情景2下2035年和2050年牛肉产量分别较基准情形减少7.62%和29.34%，情景3下2035年和2050年牛肉产量分别较基准情形减少26.37%和55.96%（图6-11）。

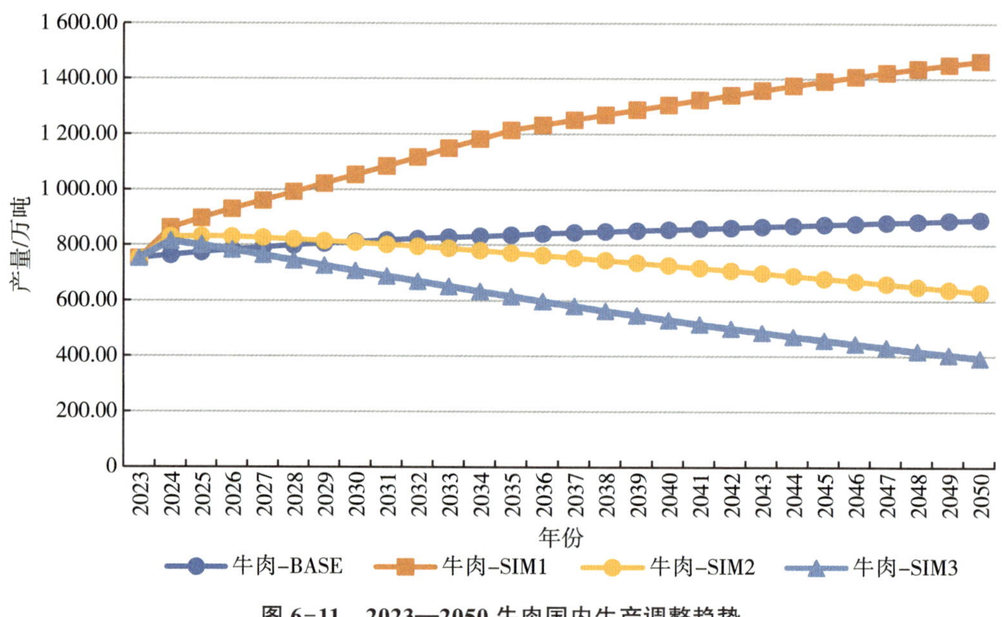


**图6-11　2023—2050牛肉国内生产调整趋势**

（数据来源：根据CASM模型模拟结果得到）

### 6.2.2.3　羊肉

基于可变收入弹性的食物需求预测情景下2035—2050年羊肉产量需增加24%~36%。基于可变收入弹性的食物需求预测情景下，要满足羊肉95%的自给率目标，羊肉产量还需大幅增加，2035年需达到714.25万吨，较2023年增加34.51%，2050年需达到800.31万吨，较2023年增加50.72%。也明显高于基准情形，2035年和2050年羊肉产量分别较基准情形增加24.40%和36.34%。

基于健康膳食模式的食物需求预测情景下2035—2050年羊肉产量可减少17%~54%。基于健康膳食模式的食物需求预测情景下，在满足羊肉95%自给率目标前提下，羊肉产量还可减少。情景 2 下 2035 年羊肉产量需达到 479.40 万吨，较 2023 年减少 9.72%，2050 年需达到 388.78 万吨，较 2023 年减少 26.78%。情景 3 下 2035 年羊肉产量需达到 396.41 万吨，较 2023 年减少 25.35%，2050 年需达到 271.62 万吨，较 2023 年减少 48.85%。也明显低于基准情形，情景 2 下 2035 年和 2050 年羊肉产量分别较基准情形减少 16.51% 和 33.77%，情景 3 下 2035 年和 2050 年羊肉产量分别较基准情形减少 30.96% 和 53.73%（图 6-12）。

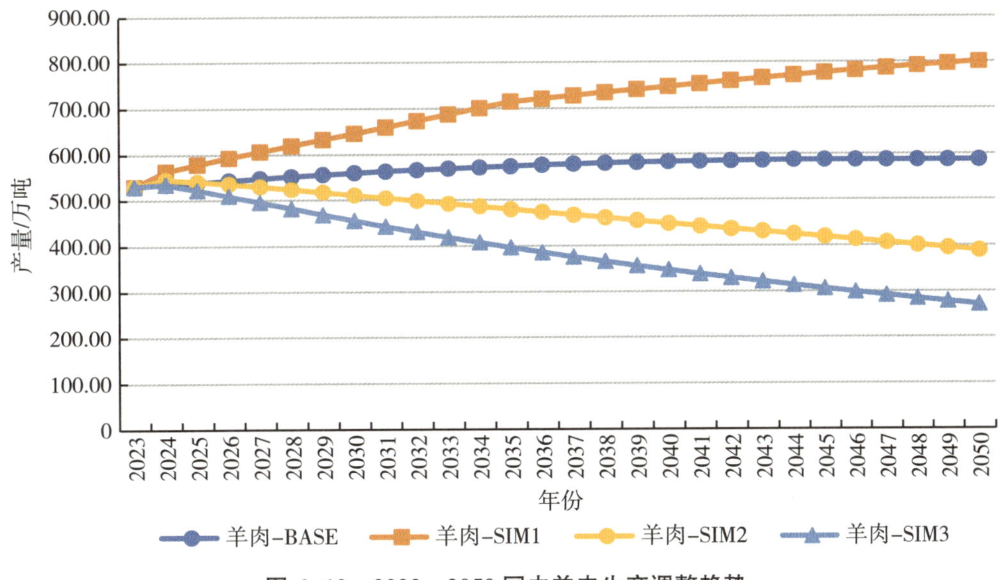


**图 6-12 2023—2050 国内羊肉生产调整趋势**

（数据来源：根据 CASM 模型模拟结果得到）

### 6.2.2.4 鸡肉

基于可变收入弹性的食物需求预测情景下 2035—2050 年鸡肉产量需增加 30%~54%。基于可变收入弹性的食物需求预测情景下，要满足鸡肉 100% 的自给率目标，鸡肉产量还需大幅增加，2035 年需达到 2 893.14 万吨，较 2023 年增加 52.54%，2050 年需达到 3 496.10 万吨，较 2023 年增加 84.33%。也明显高于基准情形，2035 年和 2050 年鸡肉产量需分别较基准情形增加 30.01% 和 54.06%。

基于健康膳食模式的食物需求预测情景下 2035—2050 年鸡肉产量可减少 20%~64%。基于健康膳食模式的食物需求预测情景下，在满足鸡肉 100% 自给率目标前提下，鸡肉产量还可减少。情景 2 下 2035 年鸡肉产量需达到 1 779.75 万吨，较 2023 年减少 6.16%，2050 年需达到 1 407.06 万吨，较 2023 年减少 25.81%。情景 3 下 2035 年鸡肉产量需达到 1 386.35 万吨，较 2023 年减少 26.91%，2050 年需达到 812.33 万吨，较 2023 年减少 57.17%。也明显低于基准情形，情景 2 下 2035 年和 2050 年鸡肉产量分别较基准情形减少 20.02% 和 38.00%，情景 3 下 2035 年和 2050 年鸡肉产量分别较基准情形减少 37.70% 和 64.20%（图 6-13）。

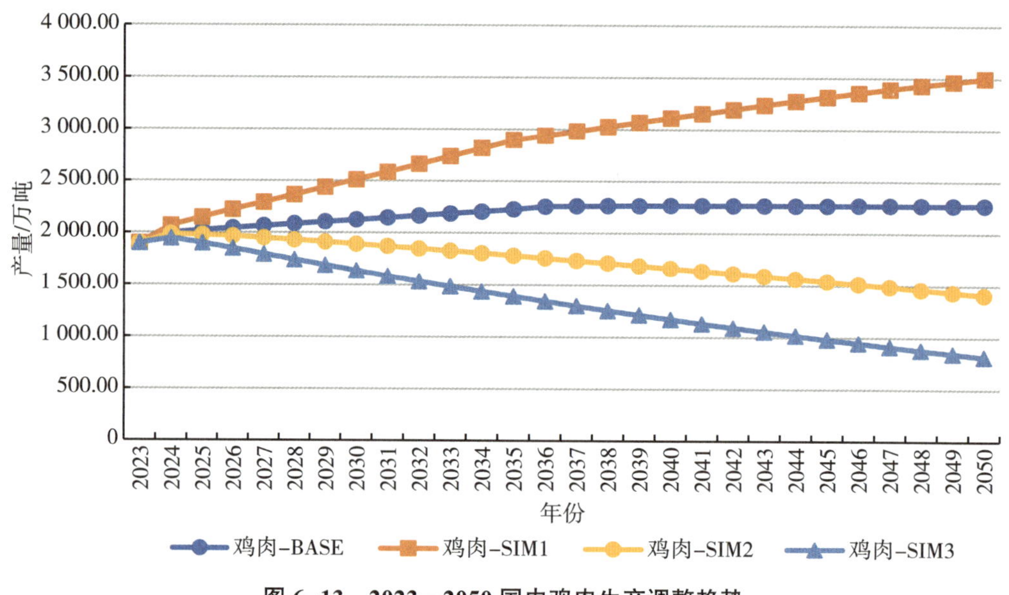


**图 6-13　2023—2050 国内鸡肉生产调整趋势**

（数据来源：根据 CASM 模型模拟结果得到）

#### 6.2.2.5　鸡蛋

基于可变收入弹性的食物需求预测情景下 2035—2050 年鸡蛋产量需增加 12%~18%。基于可变收入弹性的食物需求预测情景下，要满足鸡蛋 100% 的自给率目标，鸡蛋产量还需大幅增加，2035 年需达到 3 641.42 万吨，较 2023 年增加 20.24%，2050 年需达到 3 908.07 万吨，较 2023 年增加 29.04%。也明显高于基准情形，2035 年和 2050 年鸡蛋产量需分别较基准情形增加 12.18% 和 18.16%。

基于健康膳食模式的食物需求预测情景下，2035—2050 年，情景 2 下鸡蛋产量可减少 10%~18%，情景 3 下鸡蛋产量还需增加 7%~17%。基于健康膳食的预测情景下，在满足鸡蛋 100% 自给率目标前提下，情景 2 下 2035 年鸡蛋产量需达到 2 922.28 万吨，较 2023 年减少 3.51%，2050 年需达到 2 719.60 万吨，较 2023 年减少 10.20%；情景 3 下 2035 年鸡蛋产量需达到 3 462.75 万吨，较 2023 年增加 14.34%，2050 年需达到 3 877.00 万吨，较 2023 年增加 28.01%。情景 2 下 2035 年和 2050 年鸡蛋产量分别较基准情形减少 9.97% 和 17.77%，情景 3 下 2035 年和 2050 年鸡蛋产量分别较基准情形增加 6.68% 和 17.22%（图 6-14）。

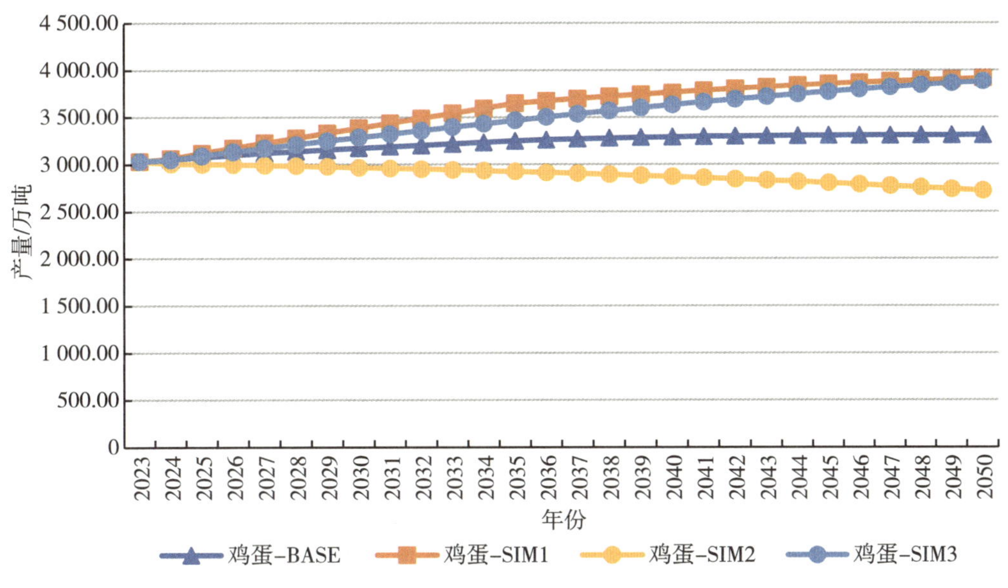


**图 6-14　2023—2050 国内鸡蛋生产调整**

（数据来源：根据 CASM 模型模拟结果得到）

### 6.2.2.6　牛奶

基于可变收入弹性的食物需求预测情景下 2035—2050 年牛奶产量与基准情形接近。基于可变收入弹性的食物需求预测情景下，要满足牛奶 70% 的自给率目标，牛奶产量还需增加，2035 年需达到 5 154.67 万吨，较 2023 年增加 22.82%，2050 年需达到 5 831.00 万吨，较 2023 年增加 38.93%。与基准情形较为接近，2035 年和 2050 年牛奶产量需求分别较基准情形减少 3.93% 和增加 4.31%。

基于健康膳食模式的食物需求预测情景下2035—2050年牛奶产量需增加23%~146%。基于健康膳食模式的食物需求预测情景下，在满足牛奶70%自给率目标前提下，牛奶产量需大幅增加。情景2下2035年牛奶产量需达到6 580.53万吨，较2023年增加56.79%，2050年需达到10 453.28万吨，较2023年增加149.07%。情景3下2035年牛奶产量需达到7 397.88万吨，较2023年增加76.27%，2050年需达到13 737.161 13万吨，较2023年增加227.31%。也明显高于基准情形，情景2下2035年和2050年牛奶生产分别较基准情形增加22.64%和87.00%，情景3下2035年和2050年牛奶生产分别较基准情形增加37.87%和145.75%（图6-15）。

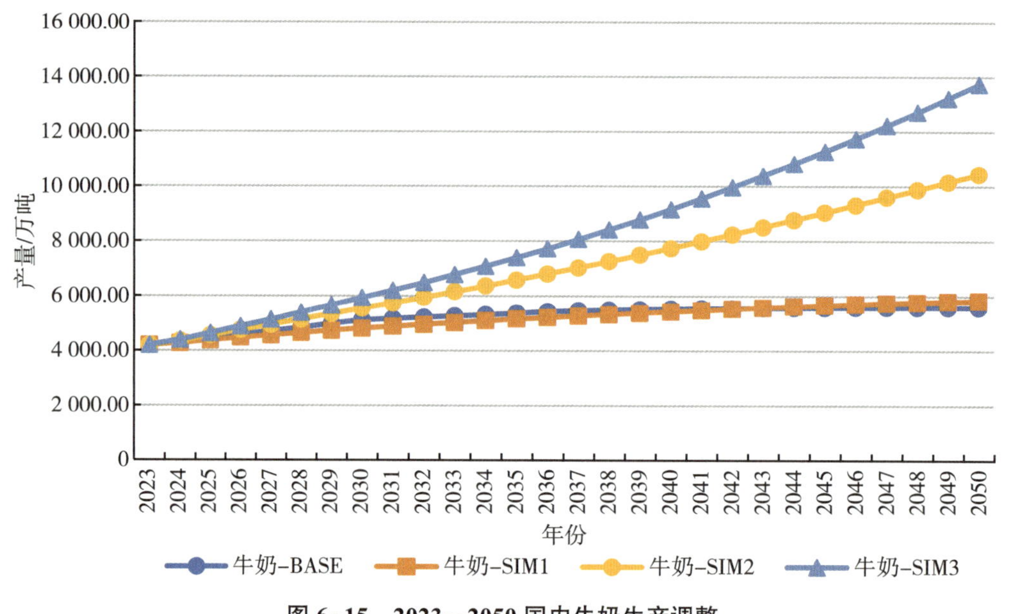


**图6-15　2023—2050国内牛奶生产调整**

（数据来源：根据CASM模型模拟结果得到）

#### 6.2.2.7　水产品

基于可变收入弹性的食物需求预测情景下2035—2050年水产品产量需增加8%~21%。基于可变收入弹性的食物需求预测情景下，要满足水产品96%的自给率目标，水产品产量还需增加，2035年需达到9 000.12万吨，较2023年增加26.76%，2050年需达到10 533.32万吨，较2023年增加48.36%。也明显高于基准情形，2035 年和 2050 年水产品产量需分别较基准情形增加 8.36% 和 20.83%。

基于健康膳食模式的食物需求预测情景下 2035—2050 年水产品产量需增加 4%~73%。基于健康膳食模式的食物需求预测情景下，在满足水产品 96% 自给率目标前提下，情景 2 下 2035 年水产品产量需达到 10 080.80 万吨，较 2023 年增加 41.98%，2050 年需达到 15 100.37 万吨，较 2023 年增加 112.68%；情景 3 下 2035 年水产品产量需达到 8 618.74 万吨，较 2023 年增加 21.39%，2050 年需达到 10 265.41 万吨，较 2023 年增加 44.58%。也明显高于基准情形，情景 2 下 2035 年和 2050 年水产品产量分别较基准情形增加 21.37% 和 73.22%，情景 3 下 2035 年和 2050 年水产品产量分别较基准情形增加 3.77% 和 17.76%，情景 3 与情景 1 水产品产量需求较为接近（图 6-16）。

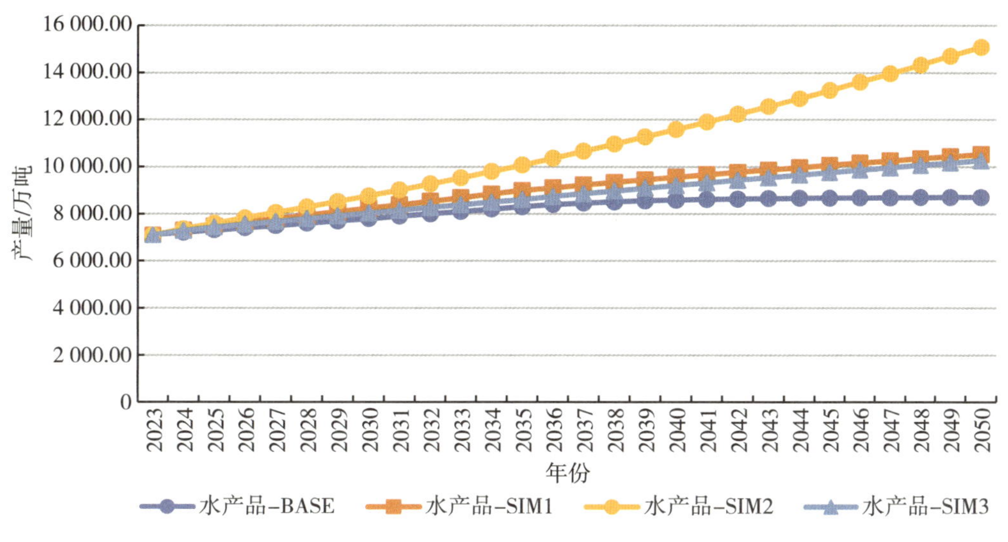


**图 6-16　2023—2050 国内水产品生产调整趋势**

（数据来源：根据 CASM 模型模拟结果得到）

综上所述，在基准情形下，除猪肉产量变化不大外，其他产品产量均需增加，尤其是牛肉、鸡肉、牛奶、水产品产量增加明显。与基准情形相比，基于可变收入弹性的食物需求预测情景（SIM1）下，要达到目标自给率，国内各类动物产品的产量还需进一步增加；而基于健康膳食模式的食物需求预测情景下（SIM2、SIM3），要达到目标自给率，牛奶、水产品产量还需增加，猪肉、牛肉、羊肉、鸡肉产量均可有所减少，鸡蛋产量在情景 2 下可以有所减少，但在情景 3 下还需增加（表 6–5）。

**表 6–5　动物产品产量预测**

单位：万吨

| 类别 | 2023 年 | 2035 年 | | | | 2050 年 | | | |
|---|---|---|---|---|---|---|---|---|---|
| | | BASE | SIM1 | SIM2 | SIM3 | BASE | SIM1 | SIM2 | SIM3 |
| 猪肉 | 5 794.00 | 5 762.39 | 7 115.75 | 4 883.45 | 4 094.69 | 5 836.63 | 7 473.35 | 4 002.20 | 2 923.78 |
| 牛肉 | 753.00 | 835.65 | 1 215.33 | 771.96 | 615.30 | 892.35 | 1 464.80 | 630.53 | 393.03 |
| 羊肉 | 531.00 | 574.17 | 714.25 | 479.40 | 396.41 | 586.99 | 800.31 | 388.78 | 271.62 |
| 鸡肉 | 1 896.68 | 2 225.28 | 2 893.14 | 1 779.75 | 1 386.35 | 2 269.38 | 3 496.10 | 1 407.06 | 812.33 |
| 鸡蛋 | 3 028.55 | 3 246.02 | 3 641.42 | 2 922.28 | 3 462.75 | 3 307.51 | 3 908.07 | 2 719.60 | 3 877.00 |
| 牛奶 | 4 197.00 | 5 365.75 | 5 154.67 | 6 580.53 | 7 397.88 | 5 589.86 | 5 831.00 | 10 453.28 | 13 737.16 |
| 水产品 | 7 100.00 | 8 305.77 | 9 000.12 | 10 080.80 | 8 618.74 | 8 717.58 | 10 533.32 | 15 100.37 | 10 265.41 |

注：根据 CASM 模型模拟结果得到。

**从收入增长角度来看，基于可变收入弹性的食物需求预测情景下，还需大力发展各类畜禽、水产养殖业**。随着城镇化水平的提高和城乡居民收入的增加，居民对于肉、蛋、奶、水产品的消费需求还有增加的空间，要满足这些需求，并且达到目标自给水平，还需要大力发展各类动物养殖业，对资源环境的压力将进一步增大。

**从健康膳食角度来看，基于健康膳食模式的食物需求预测情景下，对不同养殖业的发展需求不同**。目前我国居民食物消费中，奶类和水产品与理想膳食标准还有较大差距，要实现居民健康膳食目标，还需要大力发展牛奶和水产品生产。而目前肉类消费已经超过理想膳食标准，如果未来居民消费向理想膳食标准逐渐转变，对于肉类的消费将逐渐减少，由此对于肉类（猪肉、牛肉、羊肉、鸡肉）的生产需求也减少，在满足目标自给率前提下，生猪、肉牛、肉羊、肉鸡产量可调减，进而降低对国内资源环境的压力。此外这种情景下未来国内对于这些肉类的总需求还将小于这些肉类的产量，也可考虑不缩减产能，通过增加出口消化过剩的产能。目前居民蛋类消费量高于各类理想膳食推荐值的平均值，但低于中国居民平衡膳食宝塔（2022）调整值的均值，因此，在前者情景下鸡蛋产量可以有所减少，在后者情景下鸡蛋产量还需增加。

## 6.3 结论与政策启示

### 6.3.1 小结与讨论

**（1）基于可变收入弹性的食物需求预测情景下，肉、蛋、奶、水产品以及大豆等饲料粮产量需进一步增加，加剧我国资源环境压力**

**从种植结构来看，基于可变收入弹性的食物需求预测情景下的口粮种植面积将调减，但是饲料粮种植面积大幅调增，尤其是大豆。**到 2035 年，稻谷、小麦和玉米种植面积分别较基准情形调减了 9%、4% 和 1%，大豆种植面积较基准情形增加 41%。到 2050 年，水稻和小麦将分别减少 11% 和 7%，玉米调增 4%；大豆 35% 和 45% 的自给率目标将导致种植面积增加 59% 和 1 倍。

**从养殖结构来看，基于可变收入弹性的食物需求预测情景下的肉、蛋、奶和水产品产量将大幅调增。**到 2035 年，要达到目标自给率，猪肉、牛肉、羊肉、鸡肉、鸡蛋和水产品产量分别较基准情形要调增 24%、45%、24%、30%、12% 和 8%，牛奶产量较基准情形减少 4%。到 2050 年，要达到目标自给率，猪肉、牛肉、羊肉、鸡肉、鸡蛋、牛奶和水产品产量分别较基准情形要调增 28%、64%、36%、54%、18%、4% 和 21%。

**（2）基于健康膳食模式的食物需求预测情景下，口粮、肉类生产进一步调减，可缓解资源环境压力，有效保障粮食安全**

**从种植结构来看，基于健康膳食模式的食物需求预测情境下的口粮种植面积进一步调减，玉米和大豆自给率得到有效保障，缓解资源环境压力。其中，基于理想膳食模式的食物需求预测情景下，**到 2035 年，稻谷、小麦和玉米种植面积分别较基准情形调减了 12%、6% 和 2%；35% 自给率目标下的大豆分别较基准情形调增 3%；到 2050 年，水稻和小麦种植面积将减少 22% 和 16%，玉米面积增加 2%，35% 自给率目标下的大豆种植面积可调减 1%，45% 自给率目标下需增加 27%。**基于中国健康膳食模式的食物需求预测情景下**，到 2035 年，稻谷、小麦和玉米种植面积分别较基准情形调减了 6.9%、1.2% 和 1.1%。35% 自给率目标下的大豆种植面积较基准情形可调减 20%。到 2050 年，稻谷和小麦种植面积将分别调减 14% 和 9%；玉米面积增加约 4%；对于大豆来看，35% 的自给率目标下的大豆种植面积可调减 45%，45% 的自给率目标下可调减 29%。

**从养殖结构来看，基于健康膳食模式的食物需求预测情景下的肉类产量大幅调减，奶类和水产品产量大幅调增，在缓解资源环境压力的同时，有效改善居民食物需求结构。其中，基于理想膳食模式的食物需求预测情景下**，到 2035 年，在满足目标自给率的前提下，猪肉、牛肉、羊肉、鸡肉和鸡蛋产量分别较基准情形可调减 15%、8%、17%、20% 和 10%，牛奶、水产品产量分别较基准情形需调增 23% 和 21%；到 2050 年，在满足目标自给率的前提下，猪肉、牛肉、羊肉、鸡肉和鸡蛋产量分别较基准情形可调减 31%、29%、34%、38% 和 18%，牛奶、水产品产量分别较基准情形需调增 87% 和 73%。**基于中国健康膳食模式的食物需求预测情景下**，到 2035 年，在满足目标自给率的前提下，猪肉、牛肉、羊肉和鸡肉产量分别较基准情形可调减 29%、26%、31% 和 38%，鸡蛋、牛奶、水产品产量分别较基准情形需调增 7%、38% 和 4%；到 2050 年，在满足目标自给率的前提下，猪肉、牛肉、羊肉和鸡肉产量分别较基准情形可调减 50%、56%、54% 和 64%，鸡蛋、牛奶、水产品产量分别较基准情形需调增 17%、146% 和 18%。

**（3）讨论：引导我国居民向健康膳食模式转型，即便不调整农业生产结构，不仅能有效缓解我国粮食安全问题，而且能够为解决国际粮食安全问题贡献中国力量**

**从需求侧引导居民食物消费向健康膳食模式转型，在不调整农业生产结构的情况下，到 2035 年，我国稻谷与小麦净出口可达 770 万~2 100 万吨，从而缓解国际粮食安全问题，并减少大豆进口 4 600 万~7 000 万吨，缓解大豆“卡脖子”问题。基于可变收入弹性的食物需求预测情景下，当种植结构不调整，我国将从稻谷与小麦净进口国变为净出口国**，到 2035 年，稻谷和小麦分别出口 1 500

万吨和 440 万吨，进口大豆 1.2 亿吨；到 2050 年，稻谷和小麦分别出口 2 000 万吨和 970 万吨，进口 1.4 亿吨大豆。**基于理想膳食模式的食物需求预测情景下，不调整农业结构时，**到 2035 年，稻谷将出口 2 100 万吨，小麦将出口 770 万吨，进口大豆 7 400 万吨；到 2050 年，稻谷将出口 4 300 万吨，小麦将出口 2 300 万吨，进口大豆 7 200 万吨。**基于中国健康膳食模式的食物需求预测情景下，**到 2035 年，稻谷将出口 1 060 万吨，小麦将出口 170 万吨，进口大豆 5 000 万吨；到 2050 年，稻谷将出口 2 600 万吨，小麦将出口 1 300 万吨，进口大豆 2 300 万吨。

### 6.3.2 政策启示

研究发现，城乡居民消费向营养健康膳食模式转型对于种植业结构调整和养殖业发展具有巨大影响，对于居民消费模式的科学预测对于未来种植业和养殖业结构调整政策方向的合理确定非常重要，对于居民消费的干预政策也会对种植结构和养殖业结构调整产生影响，因此对于未来种植业和养殖业结构调整政策的制定需要充分考虑消费端的变化，以需定产。尤其是从需求侧引导居民食物消费向多元健康膳食模式转型，不仅能使居民的食物消费结构更为合理，而且有利于优化我国未来的食物供给体系，构建合理的农业生产结构，有效保障国内的粮食安全，缓解大豆“卡脖子”等问题。为促进居民食物消费转型，构建多元化食物供给体系，政府与公共部门应做到以下四点。

**一是完善顶层设计，构建多元食物供给政策支持保障体系**。各级政府应主动将大食物观纳入“三农”工作思考、谋划、推动，把构建多元化食物供给体系摆在重要位置。构建与大食物观相适应的政策支持保障体系，编制出台多元食物体系战略及布局规划，推动食物安全评价体系建设，预测食物消费需求变化，并据此开展农业结构调整支持方案规划。

**二是加强宣传引导，促进食物消费转型**。通过传统媒体、新媒体、线下活动等多种形式宣传鼓励居民优化食物结构、健康饮食，坚决遏制食物浪费，为在全社会树立大食物观营造良好氛围、奠定更加坚实的群众基础。

**三是充分利用国际市场，优化进口结构**。立足“双循环”新发展格局，本着“以我为主、立足国内、确保产能、适度进口、科技支撑”的战略考量，一方面加快建设完善全国统一大市场，另一方面持续拓宽国际市场渠道，大力培育国际大粮商，优化进口管理，构建安全稳定的食物供应链，形成协调利用国内外市场和资源的食物有效多元供给格局。

**四是强化科技支撑，有力保障多元食物安全**。释放科技活力，赋能多元化食物供给体系，拓展食物的深度和广度。一是加大科研立项支持力度，选准一批有潜力、可突破、可预期的领域，如生物育种、智慧农业、营养健康、绿色低碳、气候应对等，加强技术攻关，为构建多元化食物供给体系提供科技支撑。特别是注重在“未来食物”研发上下功夫，力争全方位满足人们对食物供给和质量、食品安全和营养、饮食方式和精神享受等方面的需求。二是加强科技人才队伍建设，积极增设构建多元化食物供给体系所需的新专业、新学科，加快形成学科领域广泛、人才结构科学、年龄梯度合理的高素质农业科技人才队伍，并加强以企业为主导的产学研深度融合，鼓励由社会资本投入参与推动关键核心技术攻关。三是科学制定科技成果分配制度，促进科技成果转化应用。

# 第 7 章

# 居民食物消费转型下的中国重要农产品进口格局调整分析：以饲料粮为例

本章作者：钱静斐（qianjingfei@caas.cn）、钱宸（qianchen@caas.cn）、
李学惠（82101225616@caas.cn）、胡向东（huxiangdong@caas.cn）、
王国刚（wangguogang@caas.cn）

**主要观点**

● 根据 GAEZ 模型测算，未来全球饲料粮主要出口国平均单产水平会有不同程度提高。其中，大豆主要出口国增产潜力可达 31%~36%；玉米主要出口国增产潜力为 6%~9%；大麦和高粱主要出口国增产潜力分别达到 56%~66% 和 80%~85%。

● 在新发展格局下，未来我国可分别从稳定、深化、开拓三方面优化调整饲料粮进口格局。一是稳定与美国农业合作机制和农产品贸易关系，二是深化与巴西、阿根廷在农业领域的全方位合作，三是强化与俄罗斯、哈萨克斯坦、乌克兰、罗马尼亚、缅甸、老挝等“一带一路”共建国家的农业合作，拓展饲料粮进口渠道，适度降低我国主要饲料粮的整体进口集中度。

保障粮食和重要农产品稳定安全供给始终是建设农业强国的头等大事，实施重要农产品进口市场多元化布局成为稳供保供重要的策略选择。随着经济快速发展，国民收入水平持续提高，中国居民食物消费结构不断升级，对动物蛋白、植

物油、食糖等消费需求持续增长，拉动油脂油料、饲用谷物等农产品进口增长。面向 2050 年，城乡居民对肉、蛋、奶等畜产品的需求量仍将呈增长趋势，供给和需求存在缺口，一方面需要通过国内种植结构调整增加国内供给，另一方面，拓展进口来源成为弥补国内重要农产品供需缺口的主要途径。因此，在大食物观下分析我国重要农产品进口格局调整的方向与路径，对于保障我国粮食安全具有重要意义。

从重要农产品供需及贸易现状来看，大豆、玉米、大麦、高粱等饲料粮对外较高的依存度将是今后我国饲用粮食安全面临的主要风险。由于生态环境压力大且需求量增长，国内供需存在缺口，饲用粮食高进口的态势短期内难以扭转（韩俊，2018；刘长全 等，2023），拓展进口来源成为弥补国内饲料粮供需缺口的主要途径（杨崑 等，2023；贾小玲 等，2023）。我国饲料粮等重要农产品进口存在着来源集中、渠道单一等问题，加上当期进口受制于国际政治和贸易的竞合博弈，我国重要农产品供应链存在不稳定不安全的风险（倪国华 等，2021）。本研究将我国重要农产品实际供需水平和国际市场潜在供给能力作为整体进行系统考量，在双循环互补互促的新发展格局下，提出饲用粮食进口格局的优化调整方向，以期为保障大食物观下重要农产品供给安全提供理论支撑和决策依据。

## 7.1 中国重要农产品进口现状与中长期供需形势预测

从进口占比考虑，本研究中的重要农产品主要指用途为饲料的粮食作物，包括大豆、玉米、大麦和高粱。

### 7.1.1 当前中国饲料粮供需总体形势及特征

2013—2023 年中国饲料粮产量总体保持稳定增长，在需求量迅速增长推动下，饲料粮进口增长，出口降低，贸易逆差扩大（表 7-1 和表 7-2）。

具体到不同产品中，中国大豆产量和需求量增长平稳，但需求量远高于产量，国内供需缺口大；大豆进口量逐年扩大，出口量逐渐萎缩，净进口增长明显，贸易逆差不断扩大。2013 年中国大豆产量和需求量分别为 960.0 万吨和 7 974.0 万吨，

2023年大豆产量和需求量为2 089.0万吨和1.2亿吨，供需缺口逐年扩大。2023年中国大豆进口9 941.0万吨，出口12.0万吨，贸易逆差为9 929.0万吨，其净进口占总需求的82.62%。

中国玉米产量常年保持在高位，产量增长相对稳定，需求量增长趋势与产量保持一致；玉米净进口大幅提升。2023年玉米产量为2.9亿吨，相比于2013年增长近0.3亿吨，年均增长率仅为1.1%。2023年中国玉米需求量为3.1亿吨，比2013年增长近0.5亿吨，年均增长率为1.8%，需求量与产量增长保持一致。近年来中国玉米出口常年保持在极低水平，但进口增长迅速，贸易逆差扩大。2023年中国玉米净进口2 499.0万吨，占总需求的8.0%。

中国大麦产量五年来保持相对稳定，需求量表现为增长趋势；大麦净进口量增长明显。2023年中国大麦产量为207.6万吨，相比于2013年增长54.1万吨。中国大麦需求量呈现波动式增长，由2013年的642.6万吨增长到2023年的1 339.8万吨，年均增长率为7.6%。大麦出口常年保持在极低水平，但是进口增长明显，2023年净进口为1 132.2万吨，占总需求的84.5%。

中国高粱产量常年保持稳定，但高粱的需求量近年来增长明显。2013—2023年中国高粱产量的平均值为271.4万吨。高粱需求量的稳定性较差，波动明显，年均增长率为5.7%。高粱出口量常年维持在较低水平，但进口量自2013年以来增长迅速。高粱进口主要用于饲用消费，进口量与饲用需求量变化保持一致，2023年净进口占总需求的73.9%。

**表7-1　2013—2023年中国四大饲用作物产量和消费量**

单位：万吨

| 年份 | 大豆 | | 玉米 | | 大麦 | | 高粱 | |
|---|---|---|---|---|---|---|---|---|
| | 产量 | 需求 | 产量 | 需求 | 产量 | 需求 | 产量 | 需求 |
| 2013 | 960.0 | 7 974.0 | 25 845.0 | 26 170.5 | 153.5 | 642.6 | 243.0 | 658.0 |
| 2014 | 1 268.5 | 9 090.2 | 25 976.0 | 26 526.7 | 146.1 | 1 132.0 | 250.0 | 1 265.3 |
| 2015 | 1 236.7 | 9 611.7 | 26 499.0 | 26 816.0 | 141.1 | 728.0 | 220.3 | 1 046.4 |
| 2016 | 1 359.5 | 10 698.1 | 24 961.0 | 25 199.6 | 119.2 | 929.6 | 223.5 | 741.0 |

（续表）

| 年份 | 大豆 | | 玉米 | | 大麦 | | 高粱 | |
|---|---|---|---|---|---|---|---|---|
| | 产量 | 需求 | 产量 | 需求 | 产量 | 需求 | 产量 | 需求 |
| 2017 | 1 528.2 | 10 928.0 | 24 607.0 | 24 951.7 | 108.5 | 922.9 | 246.5 | 685.8 |
| 2018 | 1 596.7 | 9 955.1 | 25 117.4 | 25 563.9 | 202.1 | 720.2 | 290.9 | 351.2 |
| 2019 | 1 809.1 | 11 653.8 | 25 085.0 | 25 843.4 | 201.1 | 798.0 | 313.7 | 681.7 |
| 2020 | 1 960.1 | 11 929.1 | 24 800.0 | 27 754.8 | 203.6 | 1 408.5 | 297.0 | 1 163.5 |
| 2021 | 1 650.0 | 11 293.7 | 27 200.0 | 29 399.0 | 200.0 | 1 210.0 | 300.0 | 1 398.6 |
| 2022 | 2 028.0 | 11 124.0 | 27 200.0 | 29 070.0 | 219.2 | 795.2 | 300.0 | 797.0 |
| 2023 | 2 089.0 | 12 018.0 | 28 800.0 | 31 299.0 | 207.6 | 1 339.8 | 300.0 | 1 149.5 |

数据来源：根据国家统计局数据整理。

**表 7-2 2013—2023 年中国四大饲用作物进口、出口和净进口量**

单位：万吨

| 年份 | 大豆 | | | 玉米 | | | 大麦 | | | 高粱 | | |
|---|---|---|---|---|---|---|---|---|---|---|---|---|
| | 进口 | 出口 | 净进口 | 进口 | 出口 | 净进口 | 进口 | 出口 | 净进口 | 进口 | 出口 | 净进口 |
| 2013 | 7 036.0 | 22.0 | 7 014.0 | 327.7 | 2.2 | 325.5 | 489.1 | 0.0 | 489.1 | 416.1 | 1.1 | 415.0 |
| 2014 | 7 835.0 | 13.3 | 7 821.7 | 552.0 | 1.3 | 550.7 | 985.9 | 0.0 | 985.9 | 1 016.2 | 0.9 | 1 015.3 |
| 2015 | 8 390.0 | 15.0 | 8 375.0 | 317.4 | 0.4 | 317.0 | 586.9 | 0.0 | 586.9 | 828.4 | 2.3 | 826.1 |
| 2016 | 9 348.9 | 10.3 | 9 338.6 | 246.3 | 7.8 | 238.6 | 810.4 | 0.0 | 810.4 | 520.9 | 3.4 | 517.5 |
| 2017 | 9 412.5 | 12.7 | 9 399.8 | 346.7 | 2.0 | 344.7 | 814.4 | 0.0 | 814.4 | 443.6 | 4.3 | 439.3 |
| 2018 | 8 369.8 | 11.4 | 8 358.4 | 448.3 | 1.8 | 446.5 | 518.1 | 0.0 | 518.1 | 65.2 | 4.9 | 60.3 |
| 2019 | 9 853.0 | 8.3 | 9 844.7 | 759.6 | 1.2 | 758.4 | 596.9 | 0.0 | 596.9 | 370.9 | 2.9 | 368.0 |
| 2020 | 9 979.0 | 10.0 | 9 969.0 | 2 955.2 | 0.4 | 2 954.8 | 1 204.9 | 0.0 | 1 204.9 | 866.9 | 0.4 | 866.5 |
| 2021 | 9 653.7 | 10.0 | 9 643.7 | 2 200.0 | 1.0 | 2 199.0 | 1 010.0 | 0.0 | 1 010.0 | 1 099.1 | 0.5 | 1 098.6 |
| 2022 | 9 108.0 | 12.0 | 9 096.0 | 1 871.0 | 1.0 | 1 870.0 | 576.0 | 0.0 | 576.0 | 500.0 | 3.0 | 497.0 |
| 2023 | 9 941.0 | 12.0 | 9 929.0 | 2 500.0 | 1.0 | 2 499.0 | 1 132.2 | 0.0 | 1 132.2 | 850.0 | 0.5 | 849.5 |

数据来源：根据海关总署数据整理。

### 7.1.2 当前中国饲料粮进口市场结构现状

美国、巴西、法国、澳大利亚等国是中国饲料粮进口的主要来源国，进口来源地相对集聚，进口集中度较高。

中国大豆主要进口来源国为巴西、美国和阿根廷，进口量增长较快，进口市场集中于巴西和美国（表 7-3）。2023 年中国大豆进口主要来自巴西和美国，其中，巴西是中国大豆最主要的进口来源国，进口量占总进口的 68.3%；美国是第二大进口来源国，占 25.7%。从进口市场集中度来看，2021—2023 年，中国大豆进口国别的 CR3 和 CR4 常年保持在 96% 和 98% 以上，说明大豆进口市场主要分布于巴西和美国，进口来源地集中度较高。

表 7-3 2021—2023 年中国大豆进口量国别分布情况

单位：万吨

| 2021 年 | | | 2022 年 | | | 2023 年 | | |
|---|---|---|---|---|---|---|---|---|
| 进口来源国 | 进口量 | 分布 | 进口来源国 | 进口量 | 分布 | 进口来源国 | 进口量 | 分布 |
| 巴西 | 5 814.7 | 60.2% | 巴西 | 5 439.4 | 59.7% | 巴西 | 5 967.0 | 68.3% |
| 美国 | 3 229.6 | 33.5% | 美国 | 2 953.3 | 32.4% | 美国 | 2 243.3 | 25.7% |
| 阿根廷 | 374.6 | 3.9% | 阿根廷 | 365.0 | 4.0% | 阿根廷 | 199.2 | 2.3% |
| 乌拉圭 | 86.6 | 0.9% | 乌拉圭 | 178.8 | 2.0% | 加拿大 | 146.6 | 1.7% |
| 加拿大 | 58.8 | 0.6% | 加拿大 | 71.9 | 0.8% | 俄罗斯 | 129.3 | 1.5% |
| 俄罗斯 | 54.7 | 0.6% | 俄罗斯 | 69.4 | 0.8% | 南非 | 14.7 | 0.2% |
| 贝宁 | 23.2 | 0.2% | 贝宁 | 20.9 | 0.2% | 埃塞俄比亚 | 13.0 | 0.1% |
| 乌克兰 | 6.3 | 0.1% | 乌克兰 | 6.7 | 0.1% | 贝宁 | 9.0 | 0.1% |
| 其他 | 3.1 | 0.0% | 其他 | 2.8 | 0.0% | 其他 | 16.6 | 0.2% |
| CR3 | | 97.6% | CR3 | | 96.2% | CR3 | | 96.2% |
| CR4 | | 98.5% | CR4 | | 98.1% | CR4 | | 97.9% |

数据来源：根据联合国粮农组织（FAO）和联合国商品贸易数据库（UN Comtrade）整理。CR3 表示前 3 位贸易量占比累计数，CR4 表示前 4 位贸易量占比累计数。

中国玉米进口来源国主要为美国、乌克兰和巴西，进口市场集中（表 7-4）。2023 年中国从巴西、美国和乌克兰进口玉米分别占总进口的 45.4%、27.2% 和

21.0%。从时间维度来看，2021—2023 年中国玉米进口国别的 CR3 和 CR4 均在 90% 和 95% 以上，部分年份的 CR4 达 99% 以上，说明中国玉米进口市场集中度较高。

**表 7-4　2021—2023 年中国玉米进口量国别分布情况**

单位：万吨

| 2021 年 | | | 2022 年 | | | 2023 年 | | |
|---|---|---|---|---|---|---|---|---|
| 进口来源国 | 进口量 | 分布 | 进口来源国 | 进口量 | 分布 | 进口来源国 | 进口量 | 分布 |
| 美国 | 1 982.7 | 69.9% | 美国 | 1 486.5 | 72.1% | 巴西 | 1 190.7 | 45.4% |
| 乌克兰 | 823.4 | 29.0% | 乌克兰 | 526.4 | 25.5% | 美国 | 714.4 | 27.2% |
| 保加利亚 | 14.5 | 0.5% | 缅甸 | 19.4 | 0.9% | 乌克兰 | 551.8 | 21.0% |
| 俄罗斯 | 8.9 | 0.3% | 保加利亚 | 14.7 | 0.7% | 保加利亚 | 73.9 | 2.8% |
| 缅甸 | 3.1 | 0.1% | 俄罗斯 | 9.5 | 0.5% | 缅甸 | 38.1 | 1.5% |
| 老挝 | 1.9 | 0.1% | 老挝 | 5.1 | 0.2% | 俄罗斯 | 29.4 | 1.1% |
| 南非 | 0.2 | 0.0% | 哈萨克斯坦 | 0.2 | 0.0% | 南非 | 16.5 | 0.6% |
| 其他 | 0.1 | 0.0% | 其他 | 0.2 | 0.0% | 其他 | 7.9 | 0.3% |
| CR3 | | 99.5% | CR3 | | 98.6% | CR3 | | 93.7% |
| CR4 | | 99.8% | CR4 | | 99.3% | CR4 | | 96.5% |

数据来源：根据联合国粮农组织（FAO）和联合国商品贸易数据库（UN Comtrade）整理。CR3 表示前 3 位贸易量占比累计数，CR4 表示前 4 位贸易量占比累计数。

中国大麦进口来源国主要为法国、加拿大、阿根廷和澳大利亚（表 7-5）。2023 年中国从法国进口大麦最多，其进口量为 367.3 万吨，占大麦总进口量的 32.4%。从时间维度来看，2021—2023 年中国大麦进口国别的 CR3 和 CR4 均保持在较高水平，其中 2022 年进口国的 CR3 和 CR4 分别为 88.6% 和 92.9%。表明中国大麦进口市场的集中度较高。

表 7-5 2021—2023 年中国大麦进口量国别分布情况

单位：万吨

| 2021 | | | 2022 | | | 2023 | | |
|---|---|---|---|---|---|---|---|---|
| 进口来源国 | 进口量 | 分布 | 进口来源国 | 进口量 | 分布 | 进口来源国 | 进口量 | 分布 |
| 法国 | 364.7 | 29.2% | 阿根廷 | 238.9 | 41.5% | 法国 | 367.3 | 32.4% |
| 加拿大 | 356.2 | 28.5% | 加拿大 | 173.1 | 30.1% | 加拿大 | 226.7 | 20.0% |
| 乌克兰 | 321.3 | 25.7% | 法国 | 98.4 | 17.1% | 阿根廷 | 214.4 | 18.9% |
| 阿根廷 | 173.5 | 13.9% | 乌克兰 | 24.7 | 4.3% | 澳大利亚 | 153.4 | 13.6% |
| 哈萨克斯坦 | 11.2 | 0.9% | 哈萨克斯坦 | 18.7 | 3.2% | 哈萨克斯坦 | 80.1 | 7.1% |
| 乌拉圭 | 8.9 | 0.7% | 乌拉圭 | 15.8 | 2.7% | 俄罗斯 | 46.5 | 4.1% |
| 俄罗斯 | 7.5 | 0.6% | 俄罗斯 | 6.0 | 1.0% | 乌克兰 | 28.0 | 2.5% |
| 丹麦 | 4.7 | 0.4% | 丹麦 | 0.5 | 0.1% | 丹麦 | 8.4 | 0.7% |
| 其他 | 0.0 | 0.0% | 其他 | 0.0 | 0.0% | 其他 | 7.3 | 0.6% |
| CR3 | | 83.5% | CR3 | | 88.6% | CR3 | | 71.4% |
| CR4 | | 97.4% | CR4 | | 92.9% | CR4 | | 84.9% |

数据来源：根据联合国粮农组织（FAO）和联合国商品贸易数据库（UN Comtrade）整理。CR3 表示前 3 位贸易量占比累计数，CR4 表示前 4 位贸易量占比累计数。

中国高粱主要从美国、阿根廷、澳大利亚和缅甸进口（表 7-6）。2023 年中国从美国、澳大利亚和阿根廷高粱进口量分别占高粱总进口的 48.0%、36.0% 和 15.9%。从进口市场分布来看，中国高粱进口来源地集中，2021—2023 年高粱的进口国别的 CR4 均为 100%，同时 CR3 也均为 99.9%。说明中国高粱进口市场集中于美国、澳大利亚和阿根廷。

表 7-6 2021—2023 年中国高粱进口量国别分布情况

单位：万吨

| 2021 年 | | | 2022 年 | | | 2023 年 | | |
|---|---|---|---|---|---|---|---|---|
| 进口来源国 | 进口量 | 分布 | 进口来源国 | 进口量 | 分布 | 进口来源国 | 进口量 | 分布 |
| 美国 | 654.7 | 69.5% | 美国 | 633.0 | 62.4% | 美国 | 250.3 | 48.0% |
| 阿根廷 | 182.9 | 19.4% | 阿根廷 | 198.8 | 19.6% | 澳大利亚 | 187.8 | 36.0% |

（续表）

| 2021年 | | | 2022年 | | | 2023年 | | |
|---|---|---|---|---|---|---|---|---|
| 进口来源国 | 进口量 | 分布 | 进口来源国 | 进口量 | 分布 | 进口来源国 | 进口量 | 分布 |
| 澳大利亚 | 103.5 | 11.0% | 澳大利亚 | 181.3 | 17.9% | 阿根廷 | 82.9 | 15.9% |
| 缅甸 | 0.6 | 0.1% | 缅甸 | 1.0 | 0.1% | 缅甸 | 0.3 | 0.1% |
| CR3 | | 99.9% | CR3 | | 99.9% | CR3 | | 99.9% |
| CR4 | | 100.0% | CR4 | | 100.0% | CR4 | | 100.0% |

数据来源：根据联合国粮农组织（FAO）和联合国商品贸易数据库（UN Comtrade）整理。CR3 表示前 3 位贸易量占比累计数，CR4 表示前 4 位贸易量占比累计数。

## 7.2 模型设定与数据来源

为评估我国饲料粮进口格局的优化调整方向，需定量评估全球大豆、玉米、大麦和高粱主要出口国的饲料粮生产潜力和对中国的出口潜力空间。

### 7.2.1 全球饲料粮主要出口国生产潜力测算

本研究使用由联合国粮农组织（FAO）和国际应用系统分析研究所（IIASA）共同开发的全球农业生态区域模型（GAEZ v4.0，以下简称 GAEZ 模型）进一步测算世界大豆、玉米、大麦和高粱四种饲料粮主要出口国的生产潜力。GAEZ 模型可根据作物的植物生态生理特征，综合考虑农业气候约束和土壤约束，评估特定投入和管理条件下各作物类型的适宜性和未来生产潜力（图 7-1），为全球粮食安全和土地合理利用的规划和决策提供信息支撑（Fischer 等，2021）。GAEZ 模型主要包括七个模块，分别为农业气候指标模块、农业气候适宜性模块、生物量与产量估算模块、农业土壤适宜性模块、农业生态适宜性模块、实际单产和产量模块，以及单产和产量差距模块。GAEZ 模型将时期设定为历史时期（1961—2010 年）、基准时期（2010 年）和未来时期，未来时期使用 IPCC AR5 地球系统模型四个代表性温室气体浓度路径（RCPs）下输出的未来气候，可以模拟 2020s（2011—2040 年）、2050s（2041—2070 年）和 2080s（2071—2100 年）三个时期的平均气候条件，从而评估多个未来气候情景下的作物潜在产量。

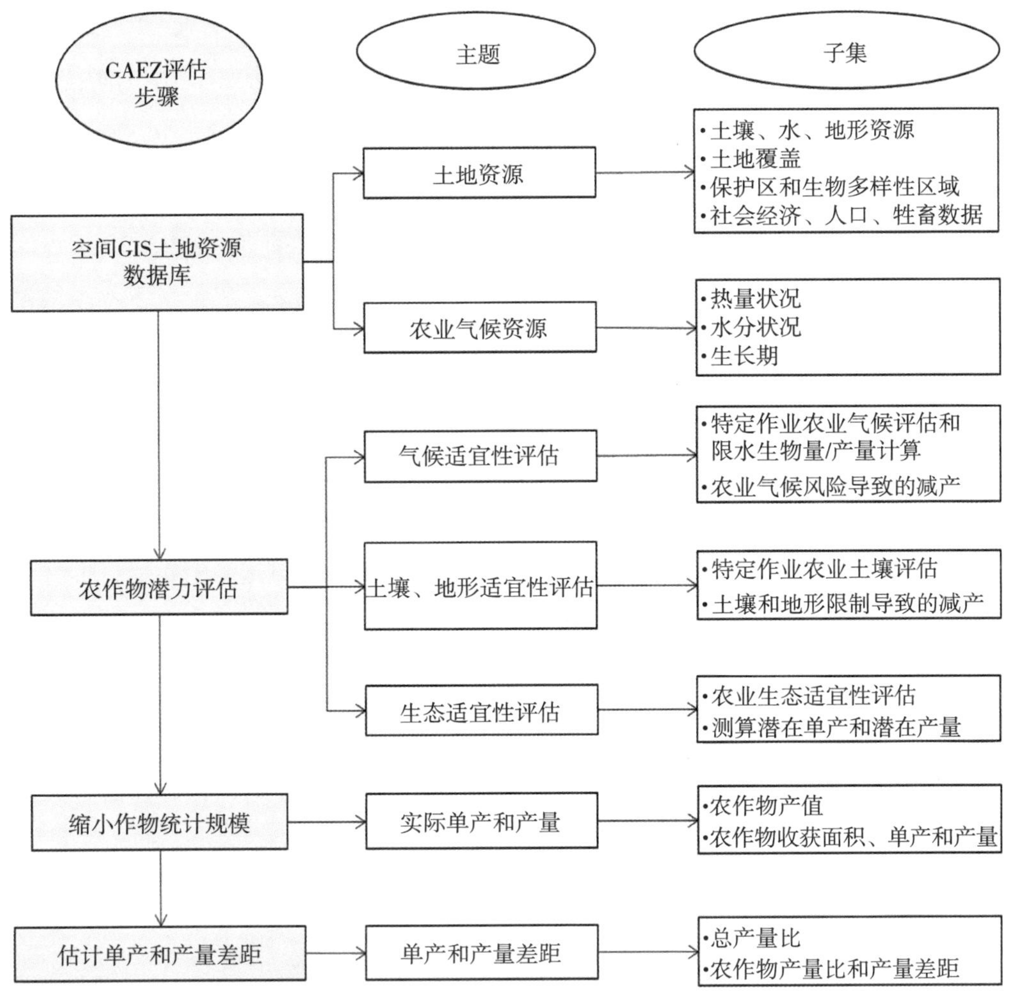


**图 7-1 GAEZ 模型基本结构和分析步骤**

（资料来源：FAO-GAEZ 数据库）

本研究选用 RCP4.5 气候情境下的 GAEZ 模型输出结果，并聚焦 2020s（即 2011—2040 年）和 2050s（2041—2070 年）两个时期的世界饲料粮主要出口国进行分析。具体来说，GAEZ 模型设定如下：第一步，设定土地覆盖类型为耕地、排除区为保护区和生态价值较高的区域、土地适宜性等级为中度适宜以上的土地（VS+S+MS，其中 MS 等级以上的土地较适合商业化农业生产）；第二步，设定潜在单产的模型参数，其中作物类型为大豆、玉米、大麦和高粱，投入水平为高投入，代表性温室气体浓度路径为排放措施相对适中的 RCP4.5，水资源条件为雨养，时期为 2020s（2011—2040 年）和 2050s（2041—2070 年），并考虑二氧化碳的施肥效应；第三步，使用地理空间数据提取世界饲料粮主要出口国中度适宜以上土地的可达到的平均单产作为该作物的潜在单产，并结合 FAOSTAT 数据库中 2022 年各国该作物的实际单产，计算得到以 2022 年为参照期的各国大豆、玉米、大麦和高粱的单产差距；第四步，结合 FAOSTAT 数据库中 2022 年各国的大豆、玉米、大麦和高粱实际收获面积，可计算得到未来气候情景下各国饲料粮增产潜力。

### 7.2.2 全球饲料粮主要出口国对中国出口潜力空间测算

一国的饲料粮出口潜力，即该国潜在的最大出口能力，可使用该国的国内潜在产量和国内潜在需求量之差表示。本研究假设各主要出口国的国内饲料粮潜在需求量保持 2022 年水平，结合 FAOSTAT 数据库中 2022 年各国的大豆、玉米、大麦和高粱实际产量、实际出口量和对中国出口量，一国饲料粮的出口潜力则可表示为其未来气候情景下增产潜力与 2022 年该国饲料粮出口量之和。同时，假设各国对中国以外国家饲料粮出口量也保持 2022 年水平，可计算得到未来该国对中国的饲料粮出口潜力空间上限。

## 7.3 结果分析

考虑到各国对饲料粮需求和出口供给存在差异，本研究按照上述四种饲料粮作物的实际出口量识别主要进口来源国，并进一步就其对中国的出口潜力空间展开分析。

### 7.3.1 全球饲料粮主要出口国潜在单产和增产潜力

从大豆看，主要出口国包括巴西、美国、阿根廷、加拿大、乌拉圭、巴拉圭、乌克兰和俄罗斯等国。2022 年，以上国家的大豆实际出口总量占世界大豆出口贸易总量的 98%，实际总产量占全球大豆总产量的 87%。大豆潜在单产方面，根据表 7-8 可知，世界大豆主要出口国中，大豆潜在单产较高的国家主要是乌拉圭、美国和阿根廷，2020s（2011—2040 年）和 2050s（2041—2070 年）两个时期的潜在单产均稳定在 4 吨 / 公顷以上；其次是加拿大、巴拉圭和乌克兰，两个时期潜在单产保持在 3.6 吨 / 公顷以上；大豆潜在单产较低的国家是巴西和俄罗斯，2020s 时期的潜在单产均低于 3.3 吨 / 公顷，但俄罗斯的中远期潜在单产较高，2050s 时期可达到 3.85 吨 / 公顷。大豆单产差距方面，实际单产与潜在单产差距较大的国家是乌拉圭和巴拉圭，两国潜在单产是 2022 年实际单产的近 3 倍。大豆增产潜力方面，世界大豆主要出口国中大豆增产潜力位处前列的国家是美国、阿根廷和巴西。其中，美国的大豆增产潜力最大，在 2020s 和 2050s 两个时期分别最高可达到 3 736 万吨和 4 819 万吨；其次是阿根廷和巴西，其增产潜力分别在 1 948 万～2 027 万吨和 1 384 万～1 793 万吨；巴拉圭、乌拉圭、俄罗斯等国的大豆有一定增产潜力，在 400 万～900 万吨；加拿大和乌克兰两国的增产潜力较低，均低于 300 万吨。整体来看，世界主要大豆出口国的潜在总产量还有一定提升空间，上述国家在 2020s 和 2050s 的增产潜力总和可达到 2022 年大豆实际产量的 31% 和 36%。

**表 7-7　世界主要大豆出口国潜在单产和增产潜力**

| 国家 | 实际产量 / 万吨 | 收获面积 / 万公顷 | 实际单产 /（吨 / 公顷） | 潜在单产 /（吨 / 公顷） | | 增产潜力 / 万吨 | |
|---|---|---|---|---|---|---|---|
| | | | | 2020s | 2050s | 2020s | 2050s |
| 巴西 | 12 070 | 4 090 | 2.95 | 3.29 | 3.39 | 1 384 | 1 793 |
| 美国 | 11 638 | 3 494 | 3.33 | 4.40 | 4.71 | 3 736 | 4 819 |
| 阿根廷 | 4 386 | 1 587 | 2.76 | 4.04 | 4.00 | 2 027 | 1 948 |
| 加拿大 | 654 | 212 | 3.09 | 3.60 | 3.91 | 108 | 174 |
| 乌拉圭 | 170* | 101 | 1.68 | 4.76 | 4.72 | 416 | 412 |
| 巴拉圭 | 453 | 352 | 1.29 | 3.70 | 3.67 | 849 | 839 |
| 乌克兰 | 344 | 153 | 2.25 | 3.85 | 4.01 | 244 | 268 |
| 俄罗斯 | 600 | 336 | 1.79 | 3.18 | 3.85 | 467 | 692 |
| 总计 | 30 211 | 10 324 | | | | 9 231 | 10 944 |
| 占全球比重 | 87% | — | — | — | — | — | — |

数据来源：根据 FAOSTAT、FAO-GAEZ 数据库整理所得。实际产量以 2022 年为基准。受大面积干旱影响，乌拉圭 2022 年大豆减产严重，产量仅为 65 万吨，此处作者使用该国过去五年平均产量替代。

从玉米看，主要出口国包括美国、巴西、阿根廷、乌克兰、罗马尼亚、法国、巴拉圭、俄罗斯、缅甸和老挝等国。2022 年，以上国家的玉米的实际出口总量占世界玉米出口贸易总量的 87%，实际总产量占全球玉米总产量的 50%。玉米潜在单产方面，根据表 7-9 可知，世界玉米主要出口国中，玉米潜在单产较高的是阿根廷和美国，两国在 2020s 和 2050s 两个时期的潜在单产均稳定在 9 吨 / 公顷以上；其余国家的潜在单产则在 6~8 吨 / 公顷。玉米单产差距方面，当前实际单产与潜在单产差距较大的国家是缅甸、罗马尼亚和阿根廷，三国潜在单产分别是 2022 年实际单产的 2.1 倍、1.6 倍和 1.5 倍。值得一提的是，2020s 和 2050s 时期的美国玉米潜在单产水平小于美国 2022 年的实际单产水平，意味着未来美国依靠单产提升增加玉米产量的潜力较小。玉米增产潜力方面，位居前列的国家是巴西和阿根廷，两国在 2020s 时期均可达到 3 000 万吨，但在 2050s 时期巴西增产潜力可进一步增加至 3 932 万吨，而阿根廷会降低至 2 339 万吨。乌克兰、罗马尼亚、法国、俄罗斯、缅甸和老挝等欧亚大陆国家的增产潜力共计可达到 1 713 万~2 109 万吨，相当于两个时期巴西玉米增产潜力的一半；美国则可能受未来气候、土壤等因素的影响导致整体玉米产量降低 3 558 万~4 808 万吨。整体来看，在保持 2022 年玉米播种面积不变的情况下，世界主要玉米出口国的潜在总产量提升空间较为有限，上述国家在 2020s 和 2050s 的增产潜力总和分别为 2022 年玉米实际产量的 6% 和 9%。

**表 7-8 世界主要玉米出口国潜在单产和增产潜力**

| 国家 | 实际产量 / 万吨 | 收获面积 / 万公顷 | 实际单产 /（吨 / 公顷） | 潜在单产 /（吨 / 公顷） | | 增产潜力 / 万吨 | |
|---|---|---|---|---|---|---|---|
| | | | | 2020s | 2050s | 2020s | 2050s |
| 美国 | 34 875 | 3 205 | 10.88 | 9.38 | 9.77 | −4 808 | −3 558 |
| 巴西 | 10 942 | 2 104 | 5.20 | 6.74 | 7.07 | 3 237 | 3 932 |
| 阿根廷 | 5 904 | 877 | 6.73 | 10.38 | 9.40 | 3 198 | 2 339 |
| 乌克兰 | 2 619 | 413 | 6.35 | 7.36 | 8.02 | 417 | 689 |
| 罗马尼亚 | 1 088 | 244 | 4.46 | 7.23 | 7.18 | 674 | 662 |

（续表）

| 国家 | 实际产量 / 万吨 | 收获面积 / 万公顷 | 实际单产 /（吨 / 公顷） | 潜在单产 /（吨 / 公顷） | | 增产潜力 / 万吨 | |
|---|---|---|---|---|---|---|---|
| | | | | 2020s | 2050s | 2020s | 2050s |
| 法国 | 804 | 146 | 5.52 | 7.06 | 6.89 | 224 | 200 |
| 巴拉圭 | 619 | 120 | 5.15 | 7.02 | 7.32 | 225 | 261 |
| 俄罗斯 | 1 586 | 264 | 6.00 | 6.60 | 7.20 | 159 | 318 |
| 缅甸 | 210 | 56 | 3.75 | 7.71 | 7.78 | 222 | 226 |
| 老挝 | 46 | 9 | 4.99 | 6.78 | 6.46 | 17 | 14 |
| 总计 | 58 693 | 7 438 | | | | 3 565 | 5 081 |
| 占全球比重 | 50% | — | — | — | — | — | — |

数据来源：根据 FAOSTAT、FAO-GAEZ 数据库整理所得。实际产量以 2022 年为基准。

从大麦看，主要出口国包括澳大利亚、法国、俄罗斯、阿根廷、德国、乌克兰、加拿大、哈萨克斯坦、丹麦和乌拉圭等国。2022 年，以上国家的大麦的实际出口总量占世界大麦出口贸易总量的 92%，实际总产量占全球大麦总产量的 58%。大麦潜在单产方面，根据表 7-10 可知，世界大麦主要出口国中，潜在单产较高的是德国、丹麦和法国，三国在 2020s 和 2050s 两个时期的潜在单产稳定在 7~9 吨 / 公顷；俄罗斯、阿根廷、乌克兰、加拿大和乌拉圭等传统大麦出口国的潜在单产则在 5~6.5 吨 / 公顷；潜在单产较低的国家是澳大利亚和哈萨克斯坦，两者潜在单产均低于 5 吨 / 公顷。大麦单产差距方面，当前实际单产与潜在单产差距较大的国家是哈萨克斯坦、乌克兰和俄罗斯，三国潜在单产分别是 2022 年实际单产的 2.7 倍、1.9 倍和 1.8 倍。大麦增产潜力方面，俄罗斯遥遥领先，在 2020s 和 2050s 两个时期的增产潜力分别为 1 964 万吨和 2 583 万吨，远高于其他传统大麦生产国；澳大利亚次之，增产潜力则可分别达到 850 万吨和 931 万吨。整体来看，世界主要大麦出口国的潜在总产量有较大提升空间，上述国家在 2020s 和 2050s 的增产潜力总和分别可达到 2022 年大麦实际产量的 56% 和 66%。

表 7-9　世界主要大麦出口国潜在单产和增产潜力

| 国家 | 实际产量 / 万吨 | 收获面积 / 万公顷 | 实际单产 /（吨 / 公顷） | 潜在单产 /（吨 / 公顷） | | 增产潜力 / 万吨 | |
|---|---|---|---|---|---|---|---|
| | | | | 2020s | 2050s | 2020s | 2050s |
| 澳大利亚 | 1 438 | 510 | 2.82 | 4.49 | 4.65 | 850 | 931 |
| 法国 | 1 129 | 187 | 6.05 | 7.70 | 6.94 | 309 | 167 |
| 俄罗斯 | 2 339 | 794 | 2.95 | 5.42 | 6.20 | 1 964 | 2 583 |
| 阿根廷 | 528 | 134 | 3.95 | 5.76 | 6.02 | 241 | 276 |
| 德国 | 1 121 | 158 | 7.08 | 8.29 | 8.31 | 191 | 194 |
| 乌克兰 | 561 | 174 | 3.22 | 6.02 | 6.37 | 487 | 548 |
| 加拿大 | 999 | 264 | 3.79 | 5.10 | 5.21 | 346 | 375 |
| 哈萨克斯坦 | 329 | 219 | 1.50 | 4.11 | 4.92 | 570 | 747 |
| 丹麦 | 412 | 62 | 6.71 | 7.27 | 7.51 | 35 | 49 |
| 乌拉圭 | 90 | 21 | 4.25 | 6.09 | 6.36 | 39 | 45 |
| 总计 | 8 945 | 2 521 | | | | 5 031 | 5 915 |
| 占全球比重 | 58% | — | — | — | — | — | — |

数据来源：根据 FAOSTAT、FAO-GAEZ 数据库整理所得。实际产量以 2022 年为基准。因受俄乌冲突影响，俄罗斯大麦 2022 年出口量不具备参考价值，使用 2021 年统计数据替代。

从高粱看，主要出口国包括美国、澳大利亚、阿根廷、法国和缅甸等国。2022 年，以上国家的高粱实际出口总量占世界高粱出口贸易总量的 96%，实际总产量占全球高粱总产量的 19%。高粱潜在单产方面，根据表 7-11 可知，世界高粱主要出口国中，潜在单产最高的是阿根廷，在 2020s 和 2050s 两个时期的潜在单产分别为 7.52 吨 / 公顷和 6.98 吨 / 公顷；缅甸和美国的高粱潜在单产则在 5.45~6.09 吨 / 公顷；而澳大利亚和法国的潜在单产较低，均不足 5 吨 / 公顷。潜在单产较低的国家是澳大利亚和哈萨克斯坦，两者潜在单产均低于 5 吨 / 公顷。高粱单产差距方面，当前实际单产与潜在单产差距较大的国家是缅甸和美国，其潜在单产是 2022 年实际单产的 5.8 倍和 2.1 倍。高粱增产潜力方面，受较高的潜在单产和较大的单产差距影响，美国、阿根廷和缅甸的增产潜力较高产量，缅甸则有望超越法国成为世界高粱第四大出口国。整体来看，世界主要高粱出口国的潜在总产量有很大提升空间，上述国家在 2020s 和 2050s 的增产潜力总和分别可达到 2022 年大麦实际产量的 85% 和 80%。

表 7-10　世界主要高粱出口国潜在单产和增产潜力

| 国家 | 实际产量 / 万吨 | 收获面积 / 万公顷 | 实际单产 / （吨 / 公顷） | 潜在单产 / （吨 / 公顷） | | 增产潜力 / 万吨 | |
|---|---|---|---|---|---|---|---|
| | | | | 2020s | 2050s | 2020s | 2050s |
| 美国 | 477 | 185 | 2.58 | 5.49 | 5.45 | 538 | 531 |
| 澳大利亚 | 265 | 62 | 4.26 | 4.95 | 4.93 | 43 | 42 |
| 阿根廷 | 288 | 70 | 4.12 | 7.52 | 6.98 | 238 | 200 |
| 法国 | 21 | 5 | 4.23 | 4.70 | 4.97 | 2 | 4 |
| 缅甸 | 17 | 17 | 1.03 | 6.00 | 6.09 | 83 | 84 |
| 总计 | 1 068 | 339 | | | | 904 | 861 |
| 占全球比重 | 19% | — | — | — | — | — | — |

数据来源：根据 FAOSTAT、FAO-GAEZ 数据库整理所得。实际产量以 2022 年为基准。

### 7.3.2　全球饲料粮主要出口国对中国的出口潜力空间

世界大豆主要出口国的出口潜力和对中国出口潜力空间如表 7-12 所示。整体来看，在 2020s 和 2050s，主要大豆出口国对中国的出口潜力空间将达到 18 374 万吨和 20 087 万吨，分别是 2022 年中国大豆总进口量（9 108 万吨）的 2 倍和 2.2 倍。未来巴西和美国仍将是中国大豆最主要的进口来源国，两国在 2020s 和 2050s 的对中国出口潜力总量在主要出口国对中国出口潜力总量中的占比稳定在 75% 左右，较当前对中国出口总量占比的 89% 将下降 14 个百分点。这主要是由于阿根廷、巴拉圭和俄罗斯三国具备较大的增产潜力和出口空间，三国在 2020s 和 2050s 的潜在出口总量在主要出口国潜在出口总量中的占比稳定在 20% 左右，较当前出口总量占比 5% 将上涨 15 个百分点。未来我国大豆进口可向阿根廷、巴拉圭和俄罗斯等国拓展，适度降低我国大豆进口的市场集中度。

表 7-12 世界主要大豆出口国对中国出口潜在空间

| 国家 | 实际出口量 / 万吨 | 对中国出口量 / 万吨 | 增产潜力 / 万吨 | | 潜在出口量 / 万吨 | | 对中国出口潜力空间 / 万吨 | |
|---|---|---|---|---|---|---|---|---|
| | | | 2020s | 2050s | 2020s | 2050s | 2020s | 2050s |
| 巴西 | 7 893 | 5 374 | 1 384 | 1 793 | 9 278 | 9 687 | 6 758 | 7 167 |
| 美国 | 5 733 | 3 040 | 3 736 | 4 819 | 9 469 | 10 552 | 6 775 | 7 858 |
| 阿根廷 | 520 | 493 | 2 027 | 1 948 | 2 547 | 2 467 | 2 520 | 2 440 |
| 加拿大 | 428 | 112 | 108 | 174 | 537 | 602 | 220 | 286 |
| 乌拉圭 | 307 | 52 | 416 | 412 | 723 | 718 | 468 | 464 |
| 巴拉圭 | 227 | 0 | 849 | 839 | 1 076 | 1 066 | 849 | 839 |
| 乌克兰 | 200 | 3 | 244 | 268 | 444 | 468 | 247 | 272 |
| 俄罗斯 | 78 | 69 | 467 | 692 | 545 | 770 | 536 | 761 |
| 总计 | 15 386 | 9 143 | 9 231 | 10 944 | 24 617 | 26 330 | 18 374 | 20 087 |
| 占全球比重 | 98% | 100% | — | — | — | — | — | — |

数据来源：根据 FAOSTAT、FAO-GAEZ 数据库整理所得。实际出口量和对中国出口量以 2022 年为基准。

世界玉米主要出口国的出口潜力和对中国出口潜力空间如表 7-13 所示。整体来看，在 2020s 和 2050s，主要玉米出口国对中国的出口潜力空间将达到 8 964 万吨和 9 230 万吨，接近 2022 年中国玉米总进口量（1 871 万吨）的 5 倍。同时，在保持当前玉米播种面积不变的情况下，未来巴西和阿根廷将有望成为中国最大的玉米进口来源国，两国 2020s 和 2050s 对中国出口潜力总量在主要出口国对中国出口潜力总量的占比稳定在 70% 左右，较当前两个国家对中国玉米出口总量占比的 6% 将大幅提升。此外，未来我国玉米进口可向乌克兰、罗马尼亚、俄罗斯、缅甸和老挝等“一带一路”共建国家拓展，以降低我国玉米进口的市场集中度，这些国家对中国玉米出口潜力将达到 1 962 万吨以上，比 2022 年中国玉米进口量高 91 万吨。

表 7-13　世界主要玉米出口国对中国出口潜在空间

| 国家 | 实际出口量 / 万吨 | 对中国出口量 / 万吨 | 增产潜力 / 万吨 | | 潜在出口量 / 万吨 | | 对中国出口潜力空间 / 万吨 | |
|---|---|---|---|---|---|---|---|---|
| | | | 2020s | 2050s | 2020s | 2050s | 2020s | 2050s |
| 美国 | 5 860 | 1 610 | −4 808 | −3 558 | 1 051 | 2 302 | −3 199 | −1 948 |
| 巴西 | 4 339 | 117 | 3 237 | 3 932 | 7 576 | 8 271 | 3 354 | 4 048 |
| 阿根廷 | 3 541 | 0 | 3 198 | 2 339 | 6 739 | 5 880 | 3 198 | 2 339 |
| 乌克兰 | 2 518 | 442 | 417 | 689 | 2 935 | 3 207 | 858 | 1 131 |
| 罗马尼亚 | 554 | 0 | 674 | 662 | 1 228 | 1 216 | 674 | 662 |
| 法国 | 516 | 0.01 | 224 | 200 | 740 | 715 | 224 | 200 |
| 巴拉圭 | 460 | 0 | 225 | 261 | 685 | 721 | 225 | 261 |
| 俄罗斯 | 212 | 10 | 159 | 318 | 371 | 529 | 168 | 327 |
| 缅甸 | 155 | 18 | 222 | 226 | 377 | 381 | 240 | 244 |
| 老挝 | 7 | 5 | 17 | 14 | 24 | 21 | 22 | 19 |
| 总计 | 18 160 | 2 200 | 3 565 | 5 081 | 21 725 | 23 241 | 8 694 | 9 230 |
| 占全球比重 | 87% | 100% | — | — | — | — | — | — |

数据来源：根据 FAOSTAT、FAO-GAEZ 数据库整理所得。实际出口量和对中国出口量以 2022 年为基准。

世界大麦主要出口国的出口潜力和对中国出口潜力空间如表 7-14 所示。整体来看，在 2020s 和 2050s，主要大麦出口国对中国的出口潜力空间将达到 5 598 万吨和 6 483 万吨，分别是 2022 年中国大麦总进口量（576 万吨）的 9.7 倍和 11.3 倍。具体来说，得益于俄罗斯和哈萨克斯坦两国较高的增产潜力，未来两国对华大麦出口潜力可达到 2 563 万~3 359 万吨。中国可挖掘俄罗斯、哈萨克斯坦、乌克兰等“一带一路”共建国家的大麦出口潜力，进一步降低对阿根廷、加拿大和法国等国进口大麦的依赖度。

表 7-14　世界主要大麦出口国对中国出口潜在空间

| 国家 | 实际出口量 / 万吨 | 对中国出口量 / 万吨 | 增产潜力 / 万吨 | | 潜在出口量 / 万吨 | | 对中国出口潜力空间 / 万吨 | |
|---|---|---|---|---|---|---|---|---|
| | | | 2020s | 2050s | 2020s | 2050s | 2020s | 2050s |
| 澳大利亚 | 800 | 0 | 850 | 931 | 1 650 | 1 732 | 850 | 931 |
| 法国 | 557 | 98 | 309 | 167 | 866 | 724 | 407 | 265 |
| 俄罗斯 | 396 | 6 | 1 964 | 2 583 | 2 360 | 2 980 | 1 970 | 2 589 |
| 阿根廷 | 369 | 239 | 241 | 276 | 610 | 645 | 480 | 515 |
| 德国 | 306 | 0 | 191 | 194 | 498 | 501 | 191 | 194 |
| 乌克兰 | 214 | 25 | 487 | 548 | 701 | 762 | 511 | 572 |
| 加拿大 | 213 | 173 | 346 | 375 | 559 | 588 | 519 | 548 |
| 哈萨克斯坦 | 84 | 22 | 570 | 747 | 654 | 831 | 593 | 770 |
| 丹麦 | 63 | 1 | 35 | 49 | 97 | 112 | 36 | 51 |
| 乌拉圭 | 27 | 3 | 39 | 45 | 66 | 72 | 42 | 47 |
| 总计 | 3 030 | 567 | 5 031 | 5 915 | 8 061 | 8 945 | 5 598 | 6 483 |
| 占全球比重 | 92% | 99% | — | — | — | — | — | — |

数据来源：根据 FAOSTAT、FAO-GAEZ 数据库整理所得。实际出口量和对中国出口量以 2022 年为基准。

世界高粱主要出口国的出口潜力和对中国出口潜力空间如表 7-15 所示。整体来看，在 2020s 和 2050s，主要高粱出口国对中国的出口潜力空间将达到 1 779 万吨和 1 736 万吨，是 2022 年中国高粱总进口量（500 万吨）的 3.5 倍左右。尽管美国高粱仍然具有最高的对中国出口潜力，但缅甸未来的对中国出口潜力可增加到 84 万吨左右，占 2022 年中国高粱总进口量的 17%。中国可进一步提高自缅甸的高粱进口，降低对美洲国家的进口高粱依赖度。

表 7-15　世界主要高粱出口国对中国出口潜在空间

| 国家 | 实际出口量 / 万吨 | 对中国出口量 / 万吨 | 增产潜力 / 万吨 | | 潜在出口量 / 万吨 | | 对中国出口潜力空间 / 万吨 | |
|---|---|---|---|---|---|---|---|---|
| | | | 2020s | 2050s | 2020s | 2050s | 2020s | 2050s |
| 美国 | 621 | 517 | 538 | 531 | 1 159 | 1 152 | 1 055 | 1 048 |
| 澳大利亚 | 221 | 189 | 43 | 42 | 264 | 263 | 232 | 231 |
| 阿根廷 | 169 | 169 | 238 | 200 | 407 | 369 | 407 | 369 |
| 法国 | 15 | 0 | 2 | 4 | 17 | 19 | 2 | 4 |
| 缅甸 | 0.7 | 0.7 | 83 | 84 | 83 | 85 | 83 | 85 |
| 总计 | 1 026 | 875 | 904 | 861 | 1 931 | 1 887 | 1 779 | 1 736 |
| 占全球比重 | 96% | 100% | — | — | — | — | — | — |

数据来源：根据 FAOSTAT、FAO-GAEZ 数据库整理所得。实际出口量和对中国出口量以 2022 年为基准。

## 7.4　研究结论与政策启示

### 7.4.1　主要结论

本研究基于我国重要农产品供需水平现状和趋势，采用 GAEZ4.0 模型定量评估，在 RCP4.5 气候条件下，全球大豆、玉米、大麦和高粱主要出口国的饲料粮生产潜力和对中国的出口潜力空间。结果表明：未来（2020—2070 年）全球大豆、玉米、大麦和高粱的平均单产水平均会有不同程度的提高。在保持当前播种面积不变的情况下，世界主要大豆出口国的潜在总产量具有一定提升空间，增产潜力可达 31%~36%；主要玉米出口国的潜在总产量提升空间较为有限，增产潜力为 6%~9%；主要大麦和高粱出口国的潜在总产量提升空间较大，增产潜力分别达到 56%~66% 和 80%~85%；未来全球大豆、玉米、大麦和高粱的对中国出口潜在空间较大，四种产品主要出口国对中国的出口潜力空间将分别达到 2022 年中国大豆、玉米、大麦和高粱总进口量的 2 倍、5 倍、10 倍和 3.5 倍。具体来说，未来巴西和美国仍将是我国主要的大豆进口来源国，巴西和阿根廷有望成为我国主要的玉米进口来源国，俄罗斯、美国将分别拥有最大的对中国大麦、高粱的出口潜力。

### 7.4.2 政策启示

党的十八大以来，我国已做到“口粮绝对安全，谷物基本自给”，但大豆、玉米、大麦和高粱等饲料粮存在对外依存度较高、渠道较单一等风险。本研究在系统考量全球饲料粮主要出口国未来供给能力和出口潜力的基础上，提出以下优化调整我国未来饲料粮进口格局的建议：

**一是稳定与美国农业合作机制和农产品贸易关系。**美国是 2022 年我国玉米和高粱的最大进口来源国、大豆的第二大进口来源国，仍是保障我国饲料粮稳定供给的重要进口市场，未来应进一步借助中美农业联委会等交流渠道，推进中美之间的农业合作对话，在粮食安全、气候智能型农业、农业科技创新、贸易便利化等方面开展深入合作，建立稳定向好的中美农产品贸易合作机制。

**二是深化与巴西、阿根廷在农业领域的全方位合作。**巴西和阿根廷长期以来是我国重要的饲料粮进口来源国，未来仍将在保证我国大豆、玉米等饲料粮稳定供给中发挥较大作用。我国可借助“金砖国家”合作机制，充分发挥双边农业互补优势，深化与巴西在农业基础设施、生产、运输、加工等全产业链上的合作，实现大豆、玉米自巴西的长期化、常态化进口；采取实施最惠国待遇、签署合作谅解备忘录和编制长期合作规划等形式，加深中国与巴西、阿根廷等拉美农业大国的经贸合作往来，持续释放农业合作潜力。

**三是拓展与俄罗斯、哈萨克斯坦等“一带一路”共建国家的农业经贸合作。**未来我国应加快推进与俄罗斯（大豆、玉米、大麦）、哈萨克斯坦（大麦）、乌克兰（玉米、大麦）、罗马尼亚（玉米）、缅甸（玉米、高粱）、老挝（玉米）等有较大饲料粮增产潜力和出口潜力国家的农业科技合作和饲料粮产能合作，推动物流基础设施建设和农业“走出去”力度，通过签订农业技术合作项目、建立现代农业示范基地、派遣农业专家等多种方式开展农业援助与合作，切实提升其农业科技水平和饲料粮综合生产能力，加快实现饲料粮进口多元化布局。

# 第四篇

本部分基于中国农业产业模型（CASM），对 2023 年谷物、油料、畜产品、水产品等 18 个农业产业发展特征进行总结，结合新形势对 2024—2025 年的产业发展趋势进行展望。

第一，谷物产业。2023 年，中国粮食持续性增产丰收，实现“二十连丰”。稻谷、小麦、玉米三大谷物总产量稳中有增，比上年增长 1.38%，其中，稻谷、小麦产量小幅下降 0.91% 和 0.82%，玉米总产量再创历史新高，增幅 4.20%；谷物市场供需基本平衡；国际粮价下行，稻米进口量同比下降 57.50%，玉米、小麦进口量同比增长 32.00% 和 21.50%。预计 2024—2025 年，在中央继续实施新一轮千亿斤粮食产能提升行动、推动大面积提高粮食单产等政策支持下，预计三大谷物产量稳中略增，稻谷、小麦和玉米产量将同比增长 0.60%、1.13% 和 11.66%；市场需求总体稳定；三大谷物将持续呈净进口态势，稻米净进口量或先降后升，小麦和玉米进口量有所下降但仍将维持高位。

第二，油料产业。2023 年，中国油料作物扩种取得积极成效，总产量和进口量呈现“双增”特征。大豆产量 2 084.00 万吨，再创历史新高，油菜籽产量 1 621.09 万吨，连续 5 年恢复性增加，花生产量达到 1 860.00 万吨，同比增长 1.64%。油料进口量同步增加，大豆净进口量 9 928.90 万吨，同比增加 9.15%，油菜籽净进口量 519.81 万吨，同比增长 186.57%，花生净进口量 20.00 万吨，同比下降 64.91%。预计 2024—2025 年，国家“稳大豆”政策导向不变、生产者补贴等支持政策继续向大豆倾斜背景下，预计中国油料作物面积和产量将稳步增加，大豆、油料和花生产量将同比增长 5.14%、3.19% 和 0.31%，由于国内需求刚性增加形势还将延续，2024 年大豆净进口量保持高位，预计为 9 973.20 万吨。

第三，畜禽水产养殖业。2023 年，中国生猪市场供应较为充足，牛羊肉、牛奶、水产品产量稳定增长，鸡肉产量大幅增长，鸡蛋产量创历史新高；猪肉消费恢复不及预期，牛羊肉消费保持增长，牛奶消费恢复增长，水产品消费需求旺盛；猪肉进口回归常态，牛羊肉、水产品进口增长，乳制品进口继续下滑。预计 2024—2025 年，生猪产能或窄幅调整，牛羊肉、鸡肉、牛奶产量保持增长，鸡蛋、水产品供应稳中有增；猪肉消费总体有所下降，牛羊肉、鸡肉、牛奶、水产品消费保持增长，鸡蛋消费增幅收窄；猪肉进口稳中有升，牛肉净进口增加，鸡肉贸易继续保持净进口，鸡蛋贸易保持净出口，乳制品进口高位运行，水产品进口保持快速增长。

第四，其他重要农产品产业。2023 年，马铃薯、蔬菜、水果产量稳中有增，棉花与食糖产量降低。马铃薯消费价格增长，棉花加工需求下降，食糖消费小幅回落，蔬菜消费需求扩大，水果消费价格处于历史高位、季节波动较大。马铃薯净出口增速放缓，棉花进口增长，食糖进口大幅减少、出口增加，蔬菜贸易顺差扩大，水果贸易逆差扩大。预计 2024—2025 年，马铃薯、棉花、蔬菜、水果生产将继续保持稳定，糖料种植面积小幅上涨，食糖产量恢复性增长。马铃薯和水果消费量保持稳定，食糖和蔬菜消费有望小幅增长，棉花加工消费量稳中略降。马铃薯净出口逐步恢复，棉花进口量稳中略降，食糖净进口先大幅上涨后持平，蔬菜净出口有所下降，水果贸易逆差继续扩大。

# 第 8 章

# 谷物产业

本章作者：稻谷产业 张琳（zhanglin02@caas.cn）、小麦产业 宋莉莉（songlili@caas.cn）、玉米产业 杨艳涛（yangyantao@caas.cn）

**主要观点**

● 2023 年，党中央、国务院高度重视粮食生产，各地区各部门严格落实耕地保护和粮食安全责任，持续加大对粮食生产的支持力度，全年粮食实现增产丰收。三大谷物总产量稳中有增，比上年增长 1.38%，其中稻谷、小麦总产量小幅下降，玉米总产量再创历史新高；谷物市场供需基本平衡，其中稻谷、小麦食用消费逐步下降，小麦、玉米饲用消费增幅明显，工业消费较平稳；国际粮价下行，谷物进口数量总体增长，除稻米进口量同比下降外，玉米、小麦进口量同比增幅较明显。

● 2024—2025 年，在中央继续实施新一轮千亿斤粮食产能提升行动，稳定粮食播种面积，推动大面积提高粮食单产，巩固大豆扩种成果，做好农业防灾减灾救灾工作等政策支持下，预计三大谷物产量稳步增长，国内供给充足；市场需求总体稳定，稻谷、小麦消费有所减少，玉米消费略有增长；三大谷物将持续呈净进口态势，稻米进口量先降后升，小麦、玉米进口量有所下降但仍将维持高位。

本章主要针对稻谷、小麦、玉米三大谷物 2023 年产业发展新动态及 2024—2025 年供求形势进行判断。

# 8.1　2023 年产业发展新动态

## 8.1.1　生产形势

**稻谷播种面积和产量均稳中略降，单位产量有所增加**。2023 年，各地贯彻落实粮食安全党政同责，调整优化种植结构，我国稻谷播种面积稳中略降，但稻谷产量仍连续 13 年稳定在 2 亿吨以上，为保障国家粮食安全发挥重要作用。国家统计局数据显示，2023 年我国稻谷播种面积为 2 894.91 万公顷，比上年减少 50.09 万公顷，减幅 1.70%；2023 年稻谷单产 7 136.77 千克 / 公顷，比上年增加 57.14 千克 / 公顷，增幅 0.81%；尽管单产增加，但受播种面积下降影响，2023 年我国稻谷总产量 20 660.30 万吨，比上年减少 189.20 万吨，降幅 0.91%。分品种看，早稻总产量为 2 833.7 万吨，比上年增产 0.76%；中晚稻总产量为 17 826.6 万吨，比上年减产 1.17%。稻谷产量减少来自种植面积下降，其中黑龙江稻谷面积调减较多，一是受国家"两稳两扩"政策影响，二是前两年小麦、玉米价格持续大幅上涨，而稻谷价格滞涨，种植效益相对不高。

**小麦播种面积小幅增长，单位产量和总产量小幅下降**。2023 年，党中央、国务院高度重视粮食生产，持续加大对粮食生产的支持力度，有力克服黄淮罕见"烂场雨"、华北局地严重洪涝等不利因素影响，我国小麦播种面积小幅增长，单产、总产略有下降。播种期间主产区大部分天气正常，冬小麦基本实现适期播种。同时，受上年全国夏收小麦价格上涨带动，农户种麦积极性较高。主产区小麦生长期光热充足，农业气象灾害影响偏轻，病虫害防控及时有效，前期条件总体有利于作物生长发育和产量形成。但 5 月下旬北方麦区出现大范围降雨，持续时间长、过程雨量大、影响范围广，导致小麦灌浆期光照不足，千粒重下降。特别是河南持续降雨时间与小麦成熟收获期叠加重合，造成部分地区小麦萌动发芽，单产下降明显。国家统计局数据显示，2023 年小麦播种面积 2 362.72 万公顷，同比增加 10.87 万公顷，增长 0.46%；单产 5 781.05 千克 / 公顷，同比减少 74.89 千克 / 公顷，下降 1.28%；总产量 13 659.00 万吨，同比减少 113.30 万吨，下降 0.82%。

**玉米播种面积和单位产量均有增加，总产量再创历史新高**。近年来，国内玉米种植利润较高，玉米较竞争作物有明显优势，播种面积有所增加。国家统计局数据显示，2023 年全国玉米播种面积为 4 420.00 万公顷，比上年增加了 113 万公顷，同比增长 2.62%。首先全国大部农区光温水匹配较好，尽管华北东北部分地区发生洪涝灾害，但气象条件总体有利于粮食作物生长发育和产量形成。其次，生产技术改善也助推单产提升。2023 年农业农村部启动了玉米大面积单产提升行动，在 200 个玉米主产县，大力推广耐密品种、高性能播种机和大垄密植栽培模式，提高播种质量、增加种植密度。另外，转基因技术推广进程加快。2023 年 10 月，农业农村部发布 37 个转基因玉米品种、14 个转基因大豆品种通过初审，距离商业推广更进一步。2023 年全国玉米单位面积产量 6 534.84 千克 / 公顷，比上年增加 98.91 千克 / 公顷，增幅 1.54%。玉米种植面积与单位面积产量的齐升，从而带动了总产量的提升，2023 年玉米总产量 28 884 万吨，较上年增加 1 164 万吨，增幅 4.20%，再创历史新高。

中国三大谷物生产情况变化如表 8-1 所示。

**表 8-1　中国三大谷物生产情况变化**

| 指标 | 年份 | 稻谷 | 小麦 | 玉米 | 合计 |
|---|---|---|---|---|---|
| 播种面积 / 万公顷 | 2022 | 2 945.01 | 2 351.85 | 4 307.00 | 9 603.86 |
| | 2023 | 2 894.91 | 2 362.72 | 4 420.00 | 9 677.63 |
| | 同比变化 | −1.70% | 0.46% | 2.62% | 0.77% |
| 单产 /（千克 / 公顷） | 2022 | 7 079.63 | 5 855.94 | 6 436.03 | 6 457.20 |
| | 2023 | 7 136.77 | 5 781.05 | 6 534.84 | 6 484.22 |
| | 同比变化 | 0.81% | −1.28% | 1.54% | 0.42% |
| 总产量 / 万吨 | 2022 | 20 849.50 | 13 772.30 | 27 720.00 | 62 341.80 |
| | 2023 | 20 660.30 | 13 659.00 | 28 884.00 | 63 203.30 |
| | 同比变化 | −0.91% | −0.82% | 4.20% | 1.38% |

数据来源：国家统计局。

### 8.1.2　消费形势

**稻谷总消费量小幅下降，食用消费和饲用消费均有所减少**。2023 年，我国稻谷总体需求呈现下降趋势。随着城乡居民主食消费多样化，人均传统主食消费呈逐渐下降趋势，且人口总量下降和老龄化趋势持续加剧，我国稻谷人均食用消费量和食用总消费量均有所下降。由于国内超期储存稻谷定向销售有所下降，且受玉米价格下降较快的影响，稻谷的饲用替代需求减弱，饲用消费有所下降。随着米制品加工和酿酒、酿醋等行业的发展，稻谷工业消费平稳小幅增长。根据中国农业产业模型（CASM），2023 年国内稻谷消费总量（不含库存变化）21 259.77 万吨，同比减少 0.90%。其中，稻谷食用消费 15 799.58 万吨，同比减少 0.32%；饲用消费 1 673.59 万吨，同比减少 4.76%；工业消费 1 757.00 万吨，同比增加 0.40%。

**小麦总消费量基本平稳，饲用消费增幅明显**。2023 年我国小麦总消费量基本平稳，食用消费小幅下降，饲用消费增幅明显。随着我国人民生活水平不断提高，膳食结构优化调整，人均主食消费总体呈下降趋势。综合考虑我国人口下降等因素影响，2023 年我国小麦食用消费小幅下降。由于 2023 年新麦上市后，小麦玉米价差倒挂，小麦在 6—8 月有一定饲用替代优势，小麦饲用数量同比增加。此外，豫南等地芽麦数量同比增加，饲用小麦数量明显上升。随着小麦酿造等产品的发展，小麦工业消费小幅增长。根据中国农业产业模型（CASM），2023 年国内小麦消费总量（不含库存变化）15 128.96 万吨，同比增长 0.77%。其中，小麦食用消费为 9 162.86 万吨，同比下降 2.31%；饲用消费为 2 010.21 万吨，同比增长 5.26%。工业消费量为 1 071.00 万吨，同比增长 2.00%。

**玉米总消费量增加，饲用消费增加、食用与工业消费保持不变**。饲用消费方面，受玉米价格大幅下跌的影响，玉米饲用消费增长。国内玉米产量增长、玉米进口总量扩大、替代品消费量增加；渠道库存减、深加工库存减、饲料养殖企业库存减，这些因素叠加影响下，我国玉米出现了阶段性宽松状态，玉米价格在市场供求机制的作用下，出现了较大幅度下跌。工业消费方面，2023 年玉米价格重回弱势，尤其是下半年玉米价格加速下跌，至 7 月开始深加工企业普遍已经告别亏损，并且盈利能力不断提升，至 12 月底玉米淀粉开机率最高升至 71% 左右，较上年同期高约 15 个百分点。根据中国农业产业模型（CASM），2023 年国内玉米消费总量（不含库存变化）31 530.20 万吨，同比上涨 6.11%。其中玉米饲用消费 16 615.10 万吨，同比上涨 10.90%；食用消费 1 890 万吨，工业消费 7 700 万吨，均与去年持平。

中国三大谷物消费情况变化如表 8-2 所示。

**表 8-2　中国三大谷物消费情况变化**

单位：万吨

| 指标 | 年份 | 稻谷 | 小麦 | 玉米 | 合计 |
|---|---|---|---|---|---|
| 国内消费量 | 2022 | 21 451.85 | 15 013.14 | 29 716.00 | 66 180.99 |
| | 2023 | 21 259.77 | 15 128.96 | 31 530.20 | 67 918.93 |
| | 同比变化 | -0.90% | 0.77% | 6.11% | 2.63% |
| 食用消费 | 2022 | 15 849.72 | 9 380.00 | 1 890.00 | 27 119.72 |
| | 2023 | 15 799.58 | 9 162.86 | 1 890.00 | 26 852.44 |
| | 同比变化 | -0.32% | -2.31% | 0.00% | -0.99% |
| 饲用消费 | 2022 | 1 757.27 | 1 909.70 | 14 982.68 | 18 649.65 |
| | 2023 | 1 673.59 | 2 010.21 | 16 615.10 | 20 298.90 |
| | 同比变化 | -4.76% | 5.26% | 10.90% | 8.84% |
| 工业消费 | 2022 | 1 750.00 | 1 050.00 | 7 700.00 | 10 500.00 |
| | 2023 | 1 757.00 | 1 071.00 | 7 700.00 | 10 528.00 |
| | 同比变化 | 0.40% | 2.00% | 0.00% | 0.27% |

数据来源：中国农业产业模型（CASM）。

### 8.1.3　贸易形势

**稻米进口量大幅下降**。受国际大米价格大涨、国内外大米价差拉大、进口成本较大增加以及印度大米出口限制措施等影响，2023 年我国稻米进口总量出现较大幅度下降。海关总署数据显示，2023 年我国累计进口稻米 263 万吨，同比减少 356 万吨，减幅 57.5%。其中，累计进口碎米 85 万吨，同比减少 268 万吨，减幅 76.0%。2022 年 9 月印度禁止碎米出口后，我国碎米进口大幅减少，加之巴基斯坦大米大幅减产、出口锐减，我国稻米总进口量下降到较低水平。分国别看，2023 年我国共进口越南大米 93.5 万吨，占比 35.5%，其次分别是缅甸（54.1 万吨，占比 20.5%）、泰国（49.7 万吨，占比 18.9%）、印度（24.2 万吨，占比 9.2%），柬埔寨（20.9 万吨，占比 8.0%），巴基斯坦（18.1 万吨，占比 6.9%）。2023 年我国累计出口稻米 160 万吨，同比减少 59 万吨，减幅 26.9%。2023 年我国稻米出口至 46 个国家（地区），其中土耳其、埃及和巴布亚新几内亚是 2023 年我国稻米出口前三大国家。

**小麦进口量再创新高**。受需求拉动、内外价差、结构改善等多重因素影响，我国小麦进口量再创历史新高。海关总署数据显示，2023 年我国累计进口小麦 1 210 万吨，同比增加 214 万吨，增幅 21.5%。从进口来源国看，我国小麦进口较为集中。2023 年我国小麦进口主要来自澳大利亚，进口 694 万吨，占比 57.35%。其他依次为加拿大、美国、法国、哈萨克斯坦、俄罗斯，分别进口 255 万吨、92 万吨、82 万吨、51 万吨、29 万吨，占比分别为 21.07%、7.60%、6.77%、4.21%、2.40%。依托“一带一路”倡议，我国加大从俄罗斯和哈萨克斯坦进口小麦力度，进口日趋多元化。

**玉米进口量大幅增长**。国内外玉米价差是导致玉米进口量大幅增加的重要因素。虽然 2023 年国内玉米价格下降，但国际价格下调比例更大，进口有利可图，激发了进口的积极性。据海关总署数据显示，2023 年我国累计进口玉米 2 714 万吨，同比增加 652 万吨，增幅 32%。分国别看，从巴西进口 1 281 万吨，占比 47%；从美国进口 714 万吨，占比 26%；从乌克兰进口 553 万吨，占比 20%；三国合计占比 93%，巴西取代美国成为我国第一大玉米进口来源国。与此同时，2023 年累计进口玉米及替代饲用谷物 4 368 万吨，同比增加 717 万吨，增幅 20%。累计进口高粱 521 万吨，同比减少 493 万吨，减幅 49%，进口主要来自美国、澳大利亚和阿根廷。累计进口大麦 1 133 万吨，同比增加 557 万吨，增幅 97%，进口主要来自法国、加拿大、阿根廷和澳大利亚，其中澳大利亚是时隔三年后再次批量进口。

## 8.1.4 产业政策

### 8.1.4.1 稻谷产业

**稻谷最低收购价继续上调，稳定保障农户种植收益**。2023 年国家连续第四年提高稻谷最低收购价，充分发挥“托底”作用，夯实粮食安全根基。2023 年，中央财政继续加大对“三农”的投入力度，落实和完善各项农业补贴制度。国家继续在稻谷主产区实行最低收购价政策，综合考虑粮食生产成本、市场供求、国内外市场价格和产业发展等各方面因素，2023 年早籼稻最低收购价格继续上调，粳稻、中晚稻保持不变。早籼稻 1.26 元 / 斤，同比提高 0.02 元 / 斤；中晚稻、粳稻最低收购价格分别为 1.29 元 / 斤、1.31 元 / 斤，与上年持平。据国家粮食和物资储备局数据，截至 2023 年 12 月 27 日，全国早籼稻平均收购价为 2 822 元 / 吨、中晚籼稻为 2 903 元 / 吨，而粳稻价格为 2 816 元 / 吨，早籼稻、中晚籼稻收购价格分别比粳稻高 6 元 / 吨和 87 元 / 吨。此外，国家印发《全国粮油等主要作物大面积单产提升行动实施方案（2023—2030 年）》，增加产粮大县奖励资金规模，扩大三大粮食作物完全成本保险和种植收入保险实施范围，调整优化种植结构，向实际种粮农民发放一次性补贴 100 亿元，多措并举提高农民种粮积极性。

#### 8.1.4.2 小麦产业

**小麦最低收购价再次上调，切实提升农民种粮积极性。**为了确保农民种粮不亏本、有钱赚，充分调动农民种粮积极性，2023 年国家连续第三年提高小麦最低收购价，充分发挥“托底”作用，确保小麦稳产增产。2023 年国家继续在小麦主产区实行最低收购价政策。综合考虑粮食生产成本、市场供求、国内外市场价格和产业发展等因素，经国务院批准，2023 年生产的小麦（三等）最低收购价为每 50 千克 117 元。此外，还增加产粮大县奖励资金规模，逐步扩大小麦完全成本保险和种植收入保险实施范围，在春季田间管理关键期，中央财政下达资金 100 亿元，向实际种粮农民发放一次性补贴，继续实施小麦“一喷三防”补助全覆盖，切实提升了农民种粮积极性，保障了农民种粮收益。2023 年继续对最低收购价小麦限定收购总量。2023 年最低收购价小麦收购总量为 3 700 万吨，限定收购总量分两批次下达，第一批数量为 3 330 万吨，不分配到省；第二批数量为 370 万吨，视收购需要具体分配到省。同时要求，各地要认真落实限量收购政策，加强市场监管，促进“优粮优价”。

#### 8.1.4.3 玉米产业

**实施玉米单产提升工程，启动新增千亿斤粮食产能提升行动。**国家下大力气强化耕地保护与建设，配合相关部门划实补足永久基本农田，制订逐步把永久基本农田全部建成高标准农田的实施方案，统筹安排年度 8 000 万亩高标准农田新建和改造提升任务，广辟渠道提高投入，加快补上灌溉排水等短板，务实推进耕地种植用途管控。抓紧启动新增千亿斤粮食产能提升行动，大力推进技术装备研发应用，更多采取系统集成的办法，争取适宜机械等短板技术能够尽快取得突破，形成综合解决方案，推动农业科研成果大面积落地见效。

**扎实推进大豆玉米带状复合种植，稳玉米增大豆**。扎实推进大豆玉米带状复合种植，支持东北、黄淮海地区开展粮豆轮作，稳步开发利用盐碱地种植大豆，在稳定玉米种植面积的前提下增加大豆种植。完善玉米大豆生产者补贴，以吉林省为例，2023 年吉林省东部和西部地区大豆生产者补贴亩均高于玉米生产者补贴 220 元左右，中部地区高 320 元左右。完善农资保供稳价应对机制，逐步扩大稻谷小麦玉米完全成本保险和种植收入保险实施范围，实施好大豆完全成本保险和种植收入保险试点。加快玉米大豆生物育种产业化步伐，有序扩大试点范围，规范种植管理。

## 8.2　2024—2025 年供求形势判断

### 8.2.1　生产形势

**稻谷播种面积和总产量基本稳定，单位产量稳步提升**。2023 年底中央农村工作会议提出，抓好粮食和重要农产品生产，稳定粮食播种面积，推动大面积提高粮食单产。农业农村部明确“三稳、一提、一扩”，即稳口粮、稳玉米、稳大豆，继续扩大油菜面积，着力提高单产。同时，由于 2023 年国内稻米市场走势相对较强，与小麦、玉米比价快速回升，稻谷种植效益有所提升，将进一步增强农户种植稻谷的信心。综合国家支持政策导向、稻谷比价全面回升，以及稻谷最低收购价托底等因素，预计 2024 年稻谷种植面积下降趋势将得到遏制，总体上 2024 年稻谷种植面积将保持稳定，局部或略有增加，其中考虑 2023 年早籼稻收购价格较高，种植效益提升，预计 2024 年双季稻生产仍可能有所扩大。在国家推动大面积提高粮食单产的举措下，预计 2024 年稻谷单产仍有可能小幅提升。综上，预计 2024 年我国稻谷总产量可能稳中略增。据中国农业产业模型（CASM），在不发生重大自然灾害的情况下，预计 2024 年稻谷播种面积 2 895.49 万公顷，同比增长 0.02%；单产 7 178.03 千克 / 公顷，同比增长 0.58%；总产量 20 783.91 万吨，同比增长 0.60%。2025 年预计稻谷播种面积 2 896.07 万公顷，单产 7 228.56 千克 / 公顷，总产量 20 934.40 万吨。

**小麦播种面积和总产量稳中有增，单位产量稳步提升**。2023 年年底，中央农村工作会议强调，稳定粮食播种面积，推动大面积提高粮食单产，做好农业防灾减灾救灾工作，确保 2024 年粮食产量保持在 1.3 万亿斤以上。而且，由于近两年粮价提升明显，农民种植积极性不断提升，特别是中央连续上调小麦最低收购价格，更有助于稳定种粮农民的收益预期。因此，预计 2024 年我国小麦播种面积将保持稳中有增的态势。据 2024 年 3 月农业农村部农情调度显示，目前全国冬小麦返青一二类苗比例 89.3%，苗情长势总体好于上年、好于常年。结合近年来我国小麦生产情况，根据中国农业产业模型（CASM），预计 2024 年小麦播种面积为 2 363.19 万公顷，同比增长 0.02%；单产 5 844.93 千克 / 公顷，同比增长 1.11%；总产量为 13 812.70 万吨，同比增长 1.13%。2025 年小麦播种面积 2 363.67 万公顷，单产 5 880.91 千克 / 公顷，总产量 13 900.50 万吨。

**玉米种植面积增加有限，单位产量及总产量稳步增加**。一方面，2023 年地租价格同比大幅上涨，玉米种植成本同比上升幅度较大，但玉米单产提升，缓和了玉米成本上涨幅度；另一方面，玉米生产者补贴相对于大豆补贴下降，玉米种植面积或将维持稳定。2024 年吉林省将加大大豆生产支持力度。原则上，东部和西部地区大豆生产者补贴亩均高于玉米生产者补贴 280 元左右，中部地区高 400 元左右。玉米单产提升行动助推单产稳步增加，总产量也同玉米单产呈相同的变化趋势。根据中国农业产业模型（CASM），预计 2024—2025 年玉米种植面积分别达到 4 422.65 万公顷和 4 425.31 万公顷，种植面积增幅较小，基本保持稳定态势。由于技术进步、种植模式优化，玉米单位产量稳步增加，玉米总产量将呈现稳步增加趋势。预计 2024 年玉米单位产量将达到 6 607.06 千克 / 公顷，总产量达到 29 220.71 万吨。

2024—2025 年中国三大谷物生产预测情况如表 8-3 所示。

表 8-3 2024—2025 年中国三大谷物生产预测

| 品种 | 播种面积 / 万公顷 | | 单产 /（千克 / 公顷） | | 总产量 / 万吨 | |
|---|---|---|---|---|---|---|
| | 2024 年 | 2025 年 | 2024 年 | 2025 年 | 2024 年 | 2025 年 |
| 稻谷 | 2 895.49 | 2 896.07 | 7 178.03 | 7 228.56 | 20 783.91 | 20 934.40 |
| 小麦 | 2 363.19 | 2 363.67 | 5 844.93 | 5 880.91 | 13 812.70 | 13 900.50 |
| 玉米 | 4 422.65 | 4 425.31 | 6 607.06 | 6 706.96 | 29 220.71 | 29 680.36 |
| 合计 | 9 681.33 | 9 685.05 | 6 543.34 | 6 605.48 | 63 817.32 | 64 515.26 |

数据来源：中国农业产业模型（CASM）。

### 8.2.2 消费形势

**稻谷消费稳中有降，食用消费将继续减少。**随着人民生活水平及城镇化水平持续提高，居民食物膳食营养结构调整和主食消费多样化，人均稻米消费量呈持续下降趋势；同时考虑人口下降以及老龄化趋势影响，我国稻谷食用消费总量呈下降趋势，消费结构向绿色优质大米、营养功能大米转型。由于近期玉米价格下降较快，稻谷替代需求将下降，且 2020 年以来最低收购价稻谷库存下降较快，后期超期储存稻谷定向销售也将明显下降，预计稻谷作为饲料的需求将下降，工业需求受大米副产品加工业发展拉动而基本稳定略增。根据中国农业产业模型（CASM），预计 2024 年稻谷国内总消费量（不含库存变化）21 140.94 万吨，同比下降 0.56%；其中，国内食用消费 15 618.42 万吨、饲料消费 1 648.29 万吨、工业消费 1 833.25 万吨，同比分别下降 1.15%、下降 1.51%、增长 4.34%。2025 年稻谷国内总消费量（不含库存变化）21 082.93 万吨，同比减少 0.27%；其中，食用消费、饲料消费、工业消费分别为 15 457.97 万吨、1 664.25 万吨、1 905.88 万吨。

**小麦消费总体稳定，食用和饲用消费小幅下降。**随着我国居民膳食结构不断优化调整，人均主食消费总体将继续呈现下降趋势。综合考虑我国人口下降等因素影响，预计 2024 年我国小麦食用消费有所下降。小麦玉米价差自 2023 年 8 月中旬起已修复，小麦用于饲用优势逐渐消失。出于对国内宏观形势转好的预期，消费增长也会带动小麦工业消费量。根据中国农业产业模型（CASM），预计 2024 年小麦国内消费总量（不含库存变化）15 066.98 万吨，同比下降 0.41%；其中，食用消费 9 048.09 万吨，同比下降 1.25%；饲用消费 1 984.85 万吨，同比下降 1.26%；工业消费 1 123.76 万吨，同比增长 4.93%。2025 年小麦国内消费总量（不含库存变化）15 052.11 万吨，同比下降 0.10%。

**玉米消费相对稳定，深加工向好，饲用消费或降。**一方面，2024 年在原料玉米供应增加、价格下滑预期下，亦有利于下游深加工企业的利润，支撑开机率同比回升，预期 2024 年深加工对玉米的消耗量同比将有所增加；另一方面，在生猪产能过剩情况下，对玉米饲料消费的支撑仍较强，但因行业利润不佳以及去产能化节奏，玉米饲料消费同比预期将有所下降。根据中国农业产业模型（CASM），预计 2024 年玉米国内消费总量（不含库存变化）为 31 719.30 万吨，同比增长 0.6%；其中，食用消费 1 880.87 万吨，同比减少 0.48%；饲用消费 16 563.23 万吨，同比下降 0.31%；工业消费 7 936.79 万吨，同比增长 3.07%。2025 年玉米国内消费总量（不含库存变化）为 32 067.07 万吨，同比增长 1.10%。

2024—2025 年中国三大谷物消费预测情况如表 8-4 所示。

**表 8-4　2024—2025 年中国三大谷物消费预测**

单位：万吨

| 指标 | 年份 | 稻谷 | 小麦 | 玉米 | 合计 |
|---|---|---|---|---|---|
| 国内消费量 | 2024 | 21 140.94 | 15 066.98 | 31 719.30 | 67 927.22 |
| | 2025 | 21 082.93 | 15 052.11 | 32 067.07 | 68 202.11 |
| 食用消费 | 2024 | 15 618.42 | 9 048.09 | 1 880.87 | 26 547.38 |
| | 2025 | 15 457.97 | 8 952.25 | 1 870.79 | 26 281.01 |
| 饲用消费 | 2024 | 1 648.29 | 1 984.85 | 16 563.23 | 20 196.37 |
| | 2025 | 1 664.25 | 1 999.97 | 16 670.88 | 20 335.10 |
| 工业消费 | 2024 | 1 833.25 | 1 123.76 | 7 936.76 | 10 893.77 |
| | 2025 | 1 905.88 | 1 175.05 | 8 152.54 | 11 233.47 |

数据来源：中国农业产业模型（CASM）。

### 8.2.3　贸易形势

**稻米进口量先降后升，总体保持净进口态势。**受 2023 年国际大米价格上涨影响，国际大米短期内供需仍将偏紧，进口大米价格高位仍可能会维持一段时间，预计 2024 年上半年我国稻米进口量可能继续保持较低水平。后期随着主要出口国新季大米上市，国际市场有效供给增加，且预计印度选举结束后放松大米出口限制的可能性较大，将带动国际大米价格下降，我国稻米进口量可能会有所增加，从巴基斯坦和印度进口的大米和碎米预计将回升，但总体上仍可能处于近年来的较低水平。而随着最低收购价稻谷库存的减少和国际大米价格的下跌，预计我国稻米出口仍将维持较低水平，稻米仍将保持净进口态势。根据中国农业产业模型（CASM），预计 2024 年中国稻米（折合为原粮）净进口量约为 156.29 万吨。2025 年稻米（折合为原粮）净进口量约为 249.63 万吨。

**小麦进口量仍将维持高位，净进口量有所减少**。随着居民消费水平的提升，国内对优质专用小麦和饲用小麦需求不断增长，我国每年仍需从国外进口一定数量的小麦。根据海关数据显示，2024 年 1—2 月我国累计进口小麦比去年同期有所降低。但由于国际市场小麦价格优势以及国内消费需求，预计 2024 年我国小麦进口量虽有所下降，但仍将维持高位。根据中国农业产业模型（CASM），预计 2024 年小麦净进口量为 1 140.79 万吨。2025 年小麦净进口量为 1 094.50 万吨。

**玉米短期进口数量有所减少，但长期进口量仍将有较大的增长空间**。2023 年我国进口玉米数量达到 2 714 万吨，进口玉米规模再次重返高位，是继 2021 年创下的 2 835 万吨的历史纪录后的第二高水平。连续 4 年我国的进口玉米超出配额，连续 3 年进口玉米超过 2 000 万吨的大关。预计 2024 年玉米进口量将有所减少，但长期趋势增长空间依然很大。根据中国农业产业模型（CASM），预计 2024 年玉米净进口量为 2 563.92 万吨，较 2023 年减少 148.18 万吨，同比下降 5.46%。2025 净年进口量将达到 2 451.75 万吨，较 2024 年减少 112.17 万吨，降幅 4.37%。

# 第 9 章

# 油料产业

本章作者：大豆产业 王晓君（wagnxiaojun02@caas.cn）、油料产业 钱加荣（qianjiarong@caas.cn）、花生产业 闫琰（yanyan02@caas.cn）

**主要观点**

● 2023 年，大豆油料扩种取得积极成效，总产量和进口量呈现“双增”特征，自给率下滑。2023 年大豆播种面积 1 046.70 万公顷，产量 2 084 万吨，再创历史新高。2023 年油菜播种面积 735 万公顷，连续 5 年恢复性增加，产量达到 1 621.09 万吨。2023 年大豆净进口量 9 929 万吨，同比增加 9.81%，油菜籽进口量 519.81 万吨，同比增加 186.57%。大豆自给率从 2022 年的 18.20% 下滑到 2023 年的 17.33%，油菜籽自给率从 2022 年的 89.54% 下滑到 2023 年的 75.72%。

● 预计 2024—2025 年，在国家“稳大豆”政策导向不变、生产者补贴等支持政策继续向大豆倾斜背景下，油料作物面积和产量将持续增长。2024 年大豆播种面积将增加到 1 062.40 万公顷，同比增长 1.50%；产量将增至 2 191.05 万吨，同比增长 5.14%。油菜播种面积将增加到 735.74 万公顷，同比增长 0.10%，产量将增至 1 672.81 万吨，同比增长 3.19%。由于国内需求刚性增加形势还将延续，2024 年大豆进口量保持高位，预计为 9 973.20 万吨。

本章主要对大豆、油菜籽、花生等重要农产品的 2023 年产业发展新动态及 2024—2025 年供求形势进行判断。

## 9.1 2023 年产业发展新动态

### 9.1.1 生产形势

**大豆种植面积稳步扩大，总产量再创历史新高**。国家统计局数据显示，2023 年，中国大豆播种面积 1 046.7 万公顷，比 2022 年增加 22.7 万公顷，同比增长 2.22%。国家出台稳定大豆生产一揽子支持政策，提高大豆生产者补贴，加大金融信贷支持，推广大豆玉米带状复合种植，引导新型农业经营主体种植大豆，稳定大豆种植规模。大豆单产 1 991 千克 / 公顷，每公顷产量比 2022 年增加 11 千克，同比增长 0.56%。全国大部农区光温水匹配较好，气象条件总体有利于粮食作物生长发育和产量形成。同时，2023 年农业农村部开展粮油等主要作物大面积单产提升行动，实施效果明显。大豆产量连续 2 年创新高，高油高产大豆增加较多，大豆总产量 2 084 万吨，比 2022 年增加 56 万吨，同比增长 2.76%。

**油菜播种面积持续扩大，总产量稳中有升**。认真贯彻落实中央一号文件精神，深入推进油料产能提升工程，开发利用南方冬闲田扩种冬油菜，在西北地区因地制宜发展春油菜，全国油菜播种面积和产量总体保持稳中有升态势。2023 年，油菜播种面积达到 735 万公顷，较 2022 年增加 9.7 万公顷，同比增长 1.34%；油菜单产由 2022 年 2 141.32 千克 / 公顷上升至 2023 年 2 205.56 千克 / 公顷，每公顷增加 64.24 千克，增幅 3%；油菜籽总产量达到 1 621.09 万吨，较 2022 年增加 68 万吨，增幅 4.38%。

**花生播种面积持续扩大，总产量进一步增加**。国家在东北地区扩大花生播种面积，打造花生全产业链基地，在黄淮海等地区因地制宜发展新种植模式。国家统计局数据显示，2023 年全国花生播种面积为 482 万公顷，相较 2022 年增加 2

万公顷，同比增长 0.42%；花生单产水平由 2022 年的 3 812.5 千克 / 公顷增至 2023 年的 3 858.9 千克 / 公顷；全国花生总产量达到 1 860 万吨，相较 2022 年增加 30 万吨，同比增长 1.64%。播种面积及单产增加带来了总产量的增加。

中国主要油料作物生产情况变化如表 9-1 所示。

**表 9-1　中国主要油料作物生产情况变化**

| 指标 | 年份 | 大豆 | 油菜籽 | 花生 |
| --- | --- | --- | --- | --- |
| 播种面积 / 万公顷 | 2022 | 1 024.00 | 725.30 | 480.00 |
| | 2023 | 1 046.70 | 735.00 | 482.00 |
| | 同比变化 | 2.22% | 1.34% | 0.42% |
| 单产 /（千克 / 公顷） | 2022 | 1 980.00 | 2 141.32 | 3 812.50 |
| | 2023 | 1 991.00 | 2 205.56 | 3 858.92 |
| | 同比变化 | 0.56% | 3.00% | 1.22% |
| 总产量 / 万吨 | 2022 | 2 028.00 | 1 553.10 | 1 830.00 |
| | 2023 | 2 084.00 | 1 621.09 | 1 860.00 |
| | 同比变化 | 2.76% | 4.38% | 1.64% |

数据来源：国家统计局和中国农业产业模型（CASM）。

### 9.1.2　消费形势

**大豆总消费稳步提升，工业消费略有增加。**2023 年国内能繁母猪去产能化缓慢，2023 年 1 月至 11 月能繁母猪存栏量平均每月仅下降 21 万头，生猪存栏始终处于高位，拉动国内饲料需求。随着居民生活水平提高和食物消费结构升级，大豆消费量上升。根据中国农业产业模型（CASM），2023 年我国大豆总消费量为 12 013 万吨，同比增长 7.95%；国内大豆食用消费增长，为 1 550 万吨，同比增加 3.54%；工业消费 9 500 万吨，同比增长 1.06%。

**油菜籽加工需求和菜籽油食用需求呈现"双增长"。**菜籽油是我国第二大食用植物油脂，其产量约占国产食用植物油四成。随着社会经济的发展和人民生活水平的提升，居民对菜籽油的消费需求日益增加，菜籽油消费多元化、高质化特点愈发明显，其加工需求量和食用需求量均呈现明显增长趋势。根据中国农业产业模型（CASM），2023 年我国油菜籽加工需求达到 1 933 万吨，较上年增加 83 万吨，同比增长 4.49%；菜籽油食用需求达到 900 万吨，较上年增加 10 万吨，同比增长 1.12%。

**花生总消费有所下降，饲料及工业需求变化是下降主要原因**。2023 年，面对经济转型、人口拐点、有效需求不足等多重挑战，国内市场消费降级，花生、花生油及花生粕等需求表现疲软。根据中国农业产业模型（CASM），2023 年我国花生油食用需求为 345.2 万吨，同比下降 9.19%。2023 年国内花生终端需求整体呈下降态势，由于下游需求萎缩，花生原料价格高位运行，国内花生加工厂销售油粕压力增大，榨利继续收紧，表现负值状态，工厂收购意愿低迷。2023 年花生粕总需求量为 391.8 万吨，同比下降 6.94%。花生饲料需求为 110 万吨，同比下降 4.35%；花生工业需求为 1 070 万吨，同比下降 5.06%。整体来看，2023 年我国花生总需求量降至 1 880 万吨。

中国主要油料作物消费情况变化如表 9-2 所示。

**表 9-2　中国主要油料作物消费情况变化**

单位：万吨

| 指标 | 年份 | 大豆 | 油菜籽 | 花生 |
|---|---|---|---|---|
| 总消费量 | 2022 | 11 127 | 1 850 | 1 887 |
| | 2023 | 12 013 | 1 933 | 1 880 |
| | 同比变化 | 7.95% | 4.49% | -0.37% |
| 食用消费 | 2022 | 1 497 | — | 760 |
| | 2023 | 1 550 | — | 810 |
| | 同比变化 | 3.54% | — | 6.58% |
| 工业消费 | 2022 | 9 400 | 1 850 | 1 127 |
| | 2023 | 9 500 | 1 933 | 1 070 |
| | 同比变化 | 1.06% | 4.49% | -5.06% |

数据来源：中国农业产业模型（CASM）。

### 9.1.3　贸易形势

**大豆进口量增幅较大，自给率下滑**。海关总署数据显示，2023 年，中国大豆进口量 9 941 万吨，比上年增加 888 万吨，同比增加 9.81%，自 2021—2022 年连续 2 年下降后重回增长态势。大豆进口国高度集中，巴西仍为第一大进口国，占比 70.37%，美国为第二大进口国，占比 24.31%，中国从美国进口大豆量有所下降，从 2 955 万吨减少到 2 417 万吨，阿根廷为第三大进口国，占比 2%。2023 年大豆进口量增幅较大的主要原因主要在于：一是巴西大豆产量创历史新高，进口大豆来源充足；二是国内饲料需求旺盛，提振豆粕消费；三是进口成本下降，国内油厂提高大豆库存。

**油菜籽进口量明显增加，菜籽油进口量小幅上升。**加拿大是我国油菜籽的主要进口来源国，其油菜籽产量的波动对中国油菜籽进口量有着重要影响。随着疫情管控的放开和国际贸易的恢复，我国经济仍然处于恢复阶段，油菜籽进口需求旺盛。2023 年，油菜籽净进口量为 519.81 万吨，较上年增加 186.57%；菜籽油净进口量为 197 万吨，较上年上升 0.61%。

**花生、花生油和花生粕净进口均下降。**在国际粮油经贸形势错综变化、国内花生价格持续偏弱，进口利润低迷的背景下，进口商进口意愿有限，2023 年我国花生、花生油净进口量均下降。2023 年中国花生净进口总量为 20 万吨，同比下降 64.91%。进口主要来源国为苏丹、塞内加尔、美国、印度，占比达 95% 以上，进口来源多样。花生油净进口量为 19.00 万吨，同比下降 29.84%。花生粕进口量为 7.74 万吨，同比下降 7.19%。总体来看，目前我国花生、花生油、花生粕均呈现净进口状态。

中国主要油料作物贸易情况变化如表 9-3 所示。

**表 9-3　中国主要油料作物贸易情况变化**

| 指标 | 年份 | 大豆 | 油菜籽 | 花生 |
|---|---|---|---|---|
| 净进口量 / 万吨 | 2022 | 9 053 | 181.39 | 57.00 |
| | 2023 | 9 928.9 | 519.81 | 20.00 |
| | 同比变化 | 9.81% | 186.57% | -64.91% |
| 自给率 /% | 2022 | 18.20% | 89.54% | 96.98% |
| | 2023 | 17.33% | 75.72% | 98.94% |
| | 同比变化 | -0.87% | -13.82% | 1.96% |

数据来源：中国海关总署和中国农业产业模型（CASM）。

### 9.1.4 产业政策

**一是继续实施并完善玉米大豆生产者补贴政策**。东北主产省发布了一系列重磅政策，大豆生产者补贴普遍高于玉米生产者补贴，政策倾向更加明朗。2024年辽宁地区的玉米、大豆、稻谷生产补贴总额度约为 37.4 亿元。大豆生产者补贴的亩均标准将比玉米生产者补贴高出 350 元以上。吉林省将统筹玉米大豆生产者补贴、耕地轮作项目等资金政策，加大大豆生产支持力度。东部和西部地区大豆生产者补贴亩均高于玉米生产者补贴 280 元左右，中部地区高 400 元左右。黑龙江省将继续实施玉米大豆差异化补贴政策，原则上大豆生产者补贴每亩在 350 元以上。农业社会化服务项目向种植大豆倾斜，支持大豆大垄密植、种子包衣、根瘤菌接种技术推广。

**二是《新一轮千亿斤粮食产能提升行动方案（2024—2030 年）》将产能提升重点放在玉米和大豆上**。国家发展改革委、农业农村部牵头会同有关部门编制的《新一轮千亿斤粮食产能提升行动方案（2024—2030 年）》提出，到 2030 年，我国新增粮食产能将达到千亿斤以上，全国粮食综合生产能力进一步增强。行动方案将产能提升重点放在玉米和大豆上，按照“巩固提升口粮、主攻玉米大豆、兼顾薯类杂粮”的思路。玉米重在集成配套、主攻单产，大豆要多措并举、挖掘潜力。通过主攻玉米大豆，可以进一步提高粮食产能，优化种植结构，推动农业现代化。

**三是规范有序扩大转基因玉米、大豆应用范围**。2024 年中央一号文件中明确提出要推进转基因扩容提速，促进农业发展。按照中央部署，2023 年试点范围已扩展到河北、内蒙古、吉林、四川、云南 5 个省区 20 个县并在甘肃安排制种。近期，农业农村部根据国家生物育种产业化工作部署及有关法规标准规定，审定通过了部分转基因玉米大豆品种，并向 26 家企业发放了转基因玉米大豆种子生产经营许可证，但同时明确，这些品种实际种植区域还要符合国家生物育种产业化有关安排。下一步，农业农村部将认真贯彻落实党中央、国务院决策部署，深入总结试点工作经验，完善配套技术和管理措施，在严格监管、严控风险前提下，稳慎有序推进相关工作，加强技术储备，健全制度体系，强化监督管理，按要求规范有序扩大应用范围。

**四是大力开发利用冬闲田扩种油菜**。2023 年中央一号文件再次提出“加力扩种大豆油料”，推进大豆和油料产能提升工程，统筹油菜综合性扶持措施，推行稻油轮作，大力开发利用冬闲田种植油菜。中央一号文件作为我国农业农村改革发展的重要指导性文件，对制定完善油菜产业发展政策，稳定并扩大油菜播种面积起到良好导向作用，推动大力开发利用冬闲田种植油菜，加大撂荒地开发力度，不仅有利于提高土地的利用率，更能提高油菜籽产能。

**五是实施大面积油菜单产提升行动**。2023 年农业农村部出台《全国油菜单产提升三年工作方案（2024—2026 年）》，提出要推动油菜规模化生产和社会化服务，提高油菜生产效益，降低生产成本；加大科技投入和人才培养力度，提高油菜生产科技水平，为油菜产业发展提供有力支撑；加强政策扶持和资金保障，确保各项措施得到有效落实，推动油菜产业健康发展，提升全国范围内的油菜单产水平，确保国家食用油供应的稳定和安全，通过品种优化、技术集成、机械化提升、科技创新和防灾减灾等措施，实现油菜产业的高效、绿色、可持续发展，加强农田基础设施建设，改善油菜生产条件，提高生产效率和抗灾能力。

**六是发挥多层次资本市场支农作用，优化“保险 + 期货”**。2023 年中央一号文件继续提出发挥多层次资本市场支农作用，优化“保险 + 期货”，花生作为我国重要的油料作物，近年来发展迅猛，自花生期货上市后，山东、河南、河北等花生主产省联合郑商所及保险公司等开展的花生“保险 + 期货”收入险等项目相继落地，为我国花生产业稳定发展发挥积极作用。

## 9.2 2024—2025 年供求形势判断

### 9.2.1 生产形势

**大豆播种面积和产量将稳步增加**。随着我国大豆和油料产能提升工程持续推进，大豆产量、播种面积和单产连续 2 年实现“三量齐增”。一方面，由于大豆玉米轮作、大豆玉米带状复合种植、盐碱地种植大豆、果园间套种大豆种植模式的推广应用，大豆扩大种植面积潜力得到充分挖掘，大豆播种面积将稳定增加。另一方面，在国家种业振兴行动推动下，优良大豆油料品种选育推广加快，适合大豆玉米带状复合种植的高产、抗逆品种广泛应用于生产，将切实提高大豆品质和单产。此外，大豆机械作业效率和质量稳步提高，减损能力增强。因此，2024 年我国大豆生产能力仍将稳步持续提升。根据中国农业产业模型（CASM），2024 年大豆播种面积增加到 1 062.40 万公顷，同比增长 1.50%；单产增至 2 062.36 千克 / 公顷，同比增长 3.58%；产量增至 2 191.05 万吨，同比增长 5.14%。2025 年大豆播种面积增加到 1 078.34 万公顷，同比增长 1.50%；单产增至 2 158.52 千克 / 公顷，同比增长 4.66%；产量突破 2 327.61 万吨，同比增长 6.23%。

**油菜面积和产量稳中有增**。受 2024 年年初受多轮雨雪冰冻天气影响，长江流域油菜主产区发生冰冻自然灾害，对油菜生产产生不利影响。相关地区农业农村部门及时采取防灾减灾措施，最大限度减轻低温雨雪天气对油菜生产的影响，并大力实施油菜单产提升行动，确保全年油菜丰收。目前油菜长势好于预期，全年油菜籽产量将实现小幅增加。根据中国农业产业模型（CASM），2024 年油菜播种面积将达到 735.74 万公顷，2025 年达到 736.47 万公顷，较 2023 年分别增加 0.74 万公顷和 1.47 万公顷；2024 年油菜单产约为 2 273.66 千克 / 公顷，2025 年约为 2 352.89 千克 / 公顷，较 2023 年分别增加 68.10 千克 / 公顷和 147.32 千克 / 公顷；2024 年、2025 年油菜籽总产量将分别达到 1 672.81 万吨和 1 732.83 万吨，较 2023 年分别增加 51.72 万吨和 111.74 万吨。

**花生播种面积将继续扩大，总产量稳步提高**。目前，国内花生生产与国际形势及国内政策导向关系密切。从国际市场来看，2023 年国内外价格倒挂，在国内进口负利润状态下，花生进口需求疲软，国内价格下跌在一定程度上提升了花生出口的国际竞争力，出口需求增大；从国内需求及政策支持来看，为确保国家粮食安全，提高油料自给水平，实现《“十四五”全国种植业发展规划》中对花生播种面积及产量的目标要求，2024 年，我国花生播种面积将继续扩大，总产量稳步提高。根据中国农业产业模型（CASM），预计 2024 和 2025 年，花生播种面积将分别达到 486.82 万公顷和 491.69 万公顷。预计 2024 年，国内花生总产量将达到 1 865.84 万吨，2025 年总产量 1 882.02 万吨。

2024—2025 年中国主要油料作物生产预测情况如表 9-4 所示。

**表 9-4　2024—2025 年中国主要油料作物生产预测**

| 品种 | 播种面积 / 万公顷 | | 单产 /（千克 / 公顷） | | 总产量 / 万吨 | |
|---|---|---|---|---|---|---|
| | 2024 年 | 2025 年 | 2024 年 | 2025 年 | 2024 年 | 2025 年 |
| 大豆 | 1 062.40 | 1 078.34 | 2 062.36 | 2 158.52 | 2 191.05 | 2 327.61 |
| 油菜籽 | 735.74 | 736.47 | 2 273.66 | 2 352.89 | 1 672.81 | 1 732.83 |
| 花生 | 486.82 | 491.69 | 3 832.71 | 3 827.67 | 1 865.84 | 1 882.02 |

数据来源：中国农业产业模型（CASM）。

### 9.2.2　消费形势

**大豆食用消费和饲用消费保持相对稳定**。大豆食用消费方面，随着居民食物消费需求转变，国产大豆消费能力逐步增强，但豆制品及精深加工大豆消费量短期内难以大幅度增加，食用大豆需求量总体稳中有进。饲用消费方面，生猪产能及猪肉库存充足，2024 年猪肉价格仍存在下跌压力，饲料市场提振预期不足。此外，受饲用豆粕减量替代等因素影响，削弱了豆粕饲料消费需求。因此，相较 2023 年，2024 年豆粕消费增长空间不大。综合分析表明，2024 年大豆消费量将保持相对稳定。根据中国农业产业模型（CASM），2024 年大豆食用消费比上年增加 0.77%，工业消费增长 0.98%。2025 年大豆食用消费比上年增长 0.47%，工业消费增长 0.96%。

**油菜籽加工需求保持较快增长趋势**。近年来，我国油菜籽压榨业产能的迅速扩张，当前国内油菜籽产量远不能满足加工需求，且疫情政策放开后，餐饮行业快速复苏，菜籽油市场消费需求量加大。根据中国农业产业模型（CASM），2024 年和 2025 年菜籽油食用消费量分别为 906.29 万吨和 909.81 万吨，较 2023 年分别增加 6.29 万吨和 9.81 万吨。受菜籽油消费需求增长带动，油菜籽加工需求在未来两年将呈现出快速增长趋势，对油菜籽市场供求关系产生重要影响。预计 2024 年和 2025 年油菜籽加工需求量分别为 1 950.45 万吨和 1 963.26 万吨，较 2023 年分别增加 17.95 万吨和 30.76 万吨。

**花生需求将呈现增长态势**。预计 2024 年，因大豆国内供给短缺，用于压榨食用油的花生需求将继续扩大；同时，随着未来经济形势好转，有效需求提升，花生工业需求也将有所回暖。根据中国农业产业模型（CASM），2024 年花生需求总量为 1 928.34 万吨。其中食用消费 830.14 万吨，工业消费 1 098.20 万吨；2025 年花生需求量为 1 954.14 万吨，其中食用消费 843.58 万吨，工业消费 1 110.55 万吨。

2024—2025 年中国主要油料作物消费预测情况如表 9-5 所示。

**表 9-5　2024—2025 年中国主要油料作物消费预测**

| 品种 | 食用消费 / 万吨 | | 工业消费 / 万吨 | | 总需求 / 万吨 | |
|---|---|---|---|---|---|---|
| | 2024 年 | 2025 年 | 2024 年 | 2025 年 | 2024 年 | 2025 年 |
| 大豆 | 1 561.92 | 1 569.21 | 9 593.05 | 9 685.02 | 12 164.25 | 12 280.01 |
| 油菜籽 | — | — | 1 950.45 | 1 963.26 | 1 950.45 | 1 963.26 |
| 花生 | 830.14 | 843.58 | 1 098.20 | 1 110.55 | 1 928.34 | 1 954.14 |

数据来源：中国农业产业模型（CASM）。

### 9.2.3　贸易形势

**大豆进口量保持高位**。目前，国产大豆占大豆需求总量的比重不足 20%，生产与需求缺口较大。国内大豆产能提升是一个长期过程，受国际形势及极端气候影响，压榨企业将增加大豆采购量以对冲市场风险。全球大豆“量增价跌”、国内需求刚性增加的形势还将延续，预计 2024 年我国大豆进口量保持高位。根据中国农业产业模型（CASM），2024 年中国大豆净进口量为 9 973.20 万吨，同比增加 0.45%。2025 年中国大豆净进口量为 9 952.40 万吨，同比下降 0.21%。

**油菜籽净进口量出现下降**。我国是全球第三大油菜籽生产国、第二大油菜籽消费国和第三大油菜籽进口国，受国内油菜籽产能提升影响，油菜籽进口需求将减少，未来两年我国油菜籽净进口量将持续下降。根据中国农业产业模型（CASM），2024 年中国油菜籽净进口量将降至 492.69 万吨，较 2023 年减少 27.12 万吨，降幅为 5.2%。2025 年将进一步降至 453.19 万吨，较 2023 年减少

66.62 万吨，降幅达 12.8%。

**花生油及花生粕净进口量均呈下降态势**。由于我国国内花生生产、加工、贸易格局正在发生变化，俄乌冲突、原油价格上涨导致运输成本增大以及国际油料经贸形势复杂变化，导致花生油和花生粕净进口量呈下降态势。根据中国农业产业模型（CASM），2024 年花生净进口量为 62.50 万吨，2025 年为 72.12 万吨。

2024—2025 年中国主要油料作物进口预测情况如表 9-6 所示。

**表 9-6 2024—2025 年中国主要油料作物进口预测**

| 品种 | 净进口量 / 万吨 | | 自给率变化 /% | |
| --- | --- | --- | --- | --- |
| | 2024 年 | 2025 年 | 2024 年 | 2025 年 |
| 大豆 | 9 973.20 | 9 952.40 | 18.01% | 18.95% |
| 油菜籽 | 492.69 | 453.19 | 75.46% | 75.03% |
| 花生 | 62.50 | 72.12 | 96.76% | 96.31% |

数据来源：中国农业产业模型（CASM）。

# 第 10 章

# 畜禽水产养殖业

本章作者：生猪产业 王祖力（wangzuli@caas.cn）、肉牛产业 杨春（yangchun@caas.cn）、肉羊产业 周慧（zhouhui@caas.cn）、肉鸡产业 辛翔飞（xinxiangfei@caas.cn）、蛋鸡产业 朱宁（zhuning@caas.cn）、奶产业 石自忠（shizizhong@caas.cn）、水产品产业 黄圣男（huangshengnan@caas.cn）

**主要观点**

● 2023 年，生猪市场供应较为充足，牛羊肉、牛奶、水产品产量稳定增长，鸡肉产量大幅增长，鸡蛋产量创历史新高；猪肉消费恢复不及预期，牛羊肉消费保持增长，鸡肉消费逐步回暖，鸡蛋消费恢复向好，牛奶消费恢复增长，水产品消费需求旺盛；猪肉进口回归常态，牛羊肉、水产品进口增长，鸡肉进口基本持平，鸡蛋出口顺差明显，乳制品进口继续下滑。

● 2024—2025 年，生猪产能或窄幅调整，牛羊肉、鸡肉、牛奶产量保持增长，鸡蛋、水产品供应稳中有增；猪肉消费稳中有降，牛羊肉、鸡肉、牛奶、水产品消费保持增长，鸡蛋消费增幅收窄；猪肉进口保持正常水平，牛肉净进口增加，羊肉贸易略有增加，鸡肉贸易继续保持净进口，鸡蛋贸易保持净出口，乳制品进口高位运行，水产品进口保持快速增长。

本章主要对生猪、肉牛、肉羊、肉鸡、蛋鸡、牛奶、水产品 2023 年产业发展新动态以及 2024—2025 年供求形势进行判断。

## 10.1 2023年产业发展新动态

### 10.1.1 生产形势

**生猪市场供应较为充足**。国家统计局数据显示，2023年全国生猪出栏量为72 662万头，同比增长3.8%；猪肉产量5 794万吨，同比增长4.6%；生猪出栏及猪肉产量，均创2015年以来新高，市场供应充足。年末生猪存栏量为43 422万头，同比下降4.1%。2023年以来，因行情持续低迷，能繁母猪存栏量进入去产能周期。截至2023年12月，能繁母猪存栏量降至4 142万头，为4 100万头正常保有量的101%；与2022年12月的阶段性高点相比，下降5.6%，降幅相对较小。与前几轮周期动辄超过10%甚至20%的去化幅度相比，近两轮产能降幅明显收窄。随着散养户不断退出，生猪养殖规模化率继续提升。农业农村部数据显示，2023年全国生猪养殖规模比重达到68%以上，比2022年提升约3个百分点，比2018年提高约19个百分点。2023年全国出栏量排名前20的养殖企业共出栏生猪2.0亿头，同比增长18.8%；20家企业生猪出栏量占全国总出栏量的比重达到27.7%，较2022年提高3.5个百分点。与此同时，规模养殖企业通过建设高标准猪场和使用现代化养殖设施装备，不断提升动物疫病防控能力，推动生猪产业素质不断增强。

**牛肉产量稳定增长，价格小幅下跌**。2023年，在肉牛增量提质行动项目持续推进，粮改饲政策深入实施，多地政策发力支持肉牛产业发展的背景下，中国肉牛生产稳步发展，牛肉产量保持增长。国家统计局数据显示，2023年中国肉牛出栏5 023万头，比上年增长3.8%；牛肉产量753万吨，比上年增长4.8%，占猪牛羊禽肉产量的比重为7.8%。肉牛生产专业化、标准化、规模化程度逐步提升，生产效率不断提高。2023年，肉牛出栏胴体重149.91千克/头，比上年增长1.1%，肉牛养殖规模化率有望达36.0%。受市场供应增长、消费增长不及预期、进口价格下跌等因素影响，牛肉价格小幅下跌。数据显示，2023年全年牛肉平均价格84.23元/千克，同比下跌3.8%，处于2020年以来较低水平。

**肉羊产量继续稳定增长，价格保持高位**。2023年，全国肉羊养殖和羊肉生产均稳定发展，呈现稳步增长态势。国家统计局数据显示，全国羊出栏 33 864 万只，比上年增加 240 万只，增长 0.7%；羊肉产量 531 万吨，增加 7 万吨，增长 1.3%，为 2018 年以来最高产量，且逐年增长，连续 3 年超 500 万吨。2023 年末，全国羊存栏 32 233 万只，比上年末减少 395 万只，降低 1.2%。2023 年，受猪肉价格下跌影响，羊肉价格出现明显持续下滑。农业农村部数据显示，羊肉平均价格从 2022 年的 82.83 元 / 千克降到 2023 年的 79.37 元 / 千克，最低时仅为 77.05 元 / 千克，但仍处高位；上半年羊肉价格快速下跌，下半年价格曾一度有所回暖，但年末仍保持下跌趋势。玉米等饲料价格仍然较高，肉羊养殖利润率有所下降。

**肉鸡产量大幅增长，价格整体全年波动下降**。在供给端乐观预期及需求端消费拉动的作用下，肉鸡生产规模扩张迅速。农业农村部数据显示，2023 年肉鸡（包括白羽和黄羽肉鸡）总产量为 1 896.68 万吨，较 2023 年增长 14.11%。肉鸡生产大幅增长的同时，产业结构持续调整，白羽和黄羽肉鸡生产呈现明显反向变动趋势，白羽肉鸡大幅增长，黄羽肉鸡持续萎缩。2023 年，白羽和黄羽肉鸡累计出栏量分别为 71.95 亿只和 35.95 亿只，分别较 2022 年分别增长 18.14%、下降 3.52%；白羽、黄羽肉鸡产量分别为 1 429.37 万吨和 467.31 万吨，分别较 2022 年分别增长 20.01%、下降 0.85%。从黄羽肉鸡内部结构变动看，快速型占比下降，中速型相对稳定，慢速型占比增加。价格方面，综合鸡肉价格全年波动下降，价格降幅在畜产品中相对较小；白羽和黄羽商品代肉鸡出栏全年波动明显，白羽肉鸡年末价格较 2022 年同比降幅明显，黄羽肉鸡年末价格较 2022 年略有微幅上升。农业农村部数据显示，2023 年综合鸡肉价格全年平均为 24.13 元 / 千克，较 2022 年增长 10.6%；年末鸡肉综合价格为 23.87 元 / 千克，明显低于 2022 年同期，降幅 4.23%；全年最低谷为 7 月份第 2 周的 23.50 元 / 千克，较全年最高峰 1 月份第 4 周的 25.14 元 / 千克下降 1.64 元 / 千克，降幅 6.52%。

**鸡蛋产量创历史新高，蛋价小幅下跌**。2023 年，蛋鸡养殖持续盈利，养殖场户补栏增养信心明显增强，在产蛋鸡存栏稳中有增、处历史高位，鸡蛋市场供应充裕。国家统计局数据显示，按照鸡蛋产量占禽蛋产量 85% 测算，2023 年全国鸡蛋产量达到 3 028.55 万吨，比 2022 年增长 3.10%，比以往最高的 2020 年高 2.74%，鸡蛋产量创历史新高。由于鸡蛋供需略显偏松，蛋价小幅回落，农业农村部数据显示，2023 年鸡蛋月均批发价及集贸市场价分别为 10.48 元 / 千克、11.62 元 / 千克，较 2022 年分别下跌 0.88%、0.58%；因玉米、豆粕价格保持高水平，蛋鸡配合饲料价格小幅上涨，较 2022 年上涨 1.97%；蛋价跌、饲料涨，压缩了蛋鸡养殖盈利空间，全年盈利排在 2010 年以来的第 8 位，处于中等偏低水平。

**牛奶生产继续保持增长，价格持续下行**。在政策和市场双轮驱动下，近年来中国奶业不断向高质量发展迈进。国家统计局数据显示，2018 年起牛奶产量连续 6 年保持增长态势，2023 年增至 4 197 万吨，较上年增长 6.75%。乳制品价格近年来呈现出持续下滑态势，农业农村部数据显示，2022 年生鲜乳集贸市场平均价格普遍维持在 4.10 元 / 千克左右的较低水平，2023 年出现快速下滑，年底降至 3.70 元 / 千克以下水平；2024 年以来，生鲜乳集贸市场平均价格继续保持下滑态势，4 月第 2 周内蒙古、河北等 10 个主产省份生鲜乳平均价格为 3.47 元 / 千克，较前一周下跌 0.3%，同比下跌 11.9%。

**水产品产量稳步增长，养殖产能不断提升，养捕比例持续优化**。2023 年，水产品市场价格总体平稳，水产养殖产能持续提升，捕捞产量小幅下降，水产品总产量稳步增长。国家统计局数据显示，2023 年全国水产品产量突破 7 000 万吨，达到 7 100 万吨，同比增长 3.4%。其中，养殖水产品产量 5 812 万吨，同比增长 4.4%；捕捞水产品产量 1 288 万吨，同比下降 1.0%；养捕比例达到 81.9 ∶ 18.1。

### 10.1.2 消费形势

**猪肉消费恢复不及预期**。2023 年，中国居民人均猪肉表观消费量达到 42.2 千克，较 2022 年增长 4.2%。与此同时，猪肉价格却从 2022 年的 30.7 元 / 千克下跌至 2023 年的 25.7 元 / 千克，跌幅为 16.3%。在价格明显下跌的情况下，消费增长幅度不及预期。究其原因，一方面是由于替代产品尤其是禽肉因价格优势、渠道优势等因素替代作用逐渐增强；另一方面则源于人口结构和居民消费习惯的调整。国家统计局数据显示，近些年 65 岁以上人口数量逐年增多，从 2014 年的 13 902 万人增长到 2023 年的 21 676 万人，8 年间增加了近 7 774 万人。65 岁及以上人口占全国总人口的比重也持续上升，从 2014 年的 10.1% 上升到 2023 年的 15.4%。这意味着老龄化人口数量正在不断攀升，势头似乎不可逆。人口老龄化一定会在某种程度上削弱猪肉消费量。另外，猪肉消费主力群体逐渐转向 90 后、00 后等，年轻消费群体对猪肉的消费偏好逐渐转向快餐和外卖使用更多的鸡肉等产品，亦进一步削弱猪肉的刚性需求和季节性效应。

**牛肉消费需求保持增长，增速有所趋缓**。一方面，居民肉类消费结构升级、城镇化进程持续推进，拉动牛肉消费需求增长。居民肉类消费结构升级使得对高蛋白、低脂肪牛肉消费偏好有所增加。2023 年，中国城镇化率达到 66.16%，比 2022 年提高 0.94 个百分点。另一方面，消费增长不及预期、人口减少、老龄化程度提高等，使得牛肉消费增速放缓。疫情结束后，居民消费处于逐步恢复过程，消费增长呈趋弱态势。2023 年，中国人口总量已连续两年负增长，且人口减少量有所扩大；中国 60 岁以上的老人占总人口的比重达 21.1%，较 2022 年增加了 1.3 个百分点。2023 年，中国牛肉总需求达到 1 026.73 万吨，较上年增长 4.0%，增幅处于 2017 年以来的低位水平。

**羊肉需求持续增长，消费保持稳定增长**。随着居民生活水平提高，户外消费成为居民羊肉消费的重要方式。对于大多数不会烹制羊肉的家庭来说，户外就餐羊肉消费兴起，拉动了羊肉消费需求。研究数据显示，中国城镇居民和农村居民羊肉户外消费比例分别为 39.87% 和 25.98%。2023 年，随着疫情结束，羊肉价格有所下降，户外消费回升，羊肉消费稳步增长。根据中国农业产业模型（CASM），2023 年羊肉总需求达到 574.24 万吨。

**鸡肉消费数量显著上升，消费市场逐步回暖**。2022 年底，随着国内新冠肺炎疫情防控政策调整，持续 3 年的疫情影响逐渐减弱，经济社会运行逐步向常态化回归。国家统计局数据显示，2023 年 GDP 增速从 2022 年的 3.0% 上升到 5.2%，餐饮收入从 2022 年的下降 6.3% 变化为增长 20.4%。在整体国民经济恢复性增长大背景下，鸡肉消费市场逐步回暖，2023 年中国鸡肉总消费量为 1 914.57 万吨（包括白羽和黄羽肉鸡），人均消费量 13.58 千克。

**鸡蛋消费恢复向好**。2023 年鸡蛋消费延续上年恢复态势，保持稳中向好，根据中国农业产业模型（CASM），2023 年鸡蛋鲜食消费为 2 141.00 万吨，同比增长 3.48%；人均鸡蛋消费量为 15.19 千克，同比增长 3.63%；鸡蛋加工量为

837.00万吨，同比增长1.95%。鸡蛋消费整体呈现与往年相同的变动规律，春节和中秋两节的前后旺季、淡季比较明显，但出现元旦、清明节、劳动节、端午节对鸡蛋消费拉动不明显的情况，不仅没有拉升蛋价，反而没有稳住蛋价以及止住蛋价下跌趋势。

**牛奶消费恢复增长态势**。前几年，受新冠疫情等诸多因素影响，国内经济保持低迷态势，奶类消费需求呈现较大幅度下滑；国家统计局数据显示，2022年城乡居民人均奶类消费量降至15.4千克和8.4千克，分别较上年下降15.38%和9.68%。2023年以来，随着宏观经济形势持续向好，城乡居民收入稳定增长，国内奶类消费需求呈现恢复增长态势。根据中国农业产业模型（CASM），2023年国内牛奶总消费量为5 891.13万吨，同比增长0.98%；人均消费量为37.05千克，同比增长1.54%。

**水产品消费需求旺盛，居民户外消费增加，加工消费稳中有增**。2023年，随着疫情防控平稳转段，经济社会全面恢复常态化运行，线下消费场景有序恢复，餐饮旅游业加快复苏。国家统计局数据显示，全国餐饮收入同比增长20.4%，居民水产品户外消费显著增加。根据中国农业产业模型（CASM），2023年水产品直接食用需求总量为3 132.04万吨，同比增长7.2%。同时，随着居民消费模式升级，酸菜鱼、粉丝扇贝等水产预制菜越来越符合“懒人消费”“宅经济”趋势，水产品加工消费量稳步增长，根据中国农业产业模型（CASM），2023年水产品加工消费量达到2 607.25万吨，同比增长2.0%。

### 10.1.3 贸易形势

**猪肉进口回归常态**。海关数据显示，2023年中国猪肉进口总量155.1万吨，较2022年同期的176万吨，下降11.7%，基本降至非洲猪瘟疫情前的正常年份水平。从月度情况看，2023年除1月份猪肉进口量为21.5万吨外，其他月份基本保持在9万~17万吨，处于相对较低水平。从进口来源看，巴西是第一大猪肉进口来源国，其次为西班牙，第三为加拿大，三个国家猪肉进口量占全国进口总量的比重分别为25.9%、24.6%和8.5%；美国、荷兰和丹麦猪肉进口量占全国进口总量的比重均在7.0%~8.0%。受非洲猪瘟疫情影响，近几年猪肉出口明显减少，2023 年出口量为 2.7 万吨，同比下降 2.2%，继续保持在较低水平。

**牛肉进口保持增长，进口价格下跌**。受牛肉国际市场供应呈宽松格局，中国与多国自由贸易合作不断强化，进口税率下调，进口牛肉价格优势明显等因素影响，中国牛肉进口量增价跌。2023 年，中国牛肉进口量 273.74 万吨，比上年增长 1.8%，进口牛肉约占据中国牛肉市场份额的 26.7%；牛肉平均到岸价格 5 194.81 美元 / 吨（折合人民币 36.60 元 / 千克），比上年下跌 21.3%。进口格局呈现多元化，进口牛肉主要来自巴西、阿根廷、乌拉圭、澳大利亚及新西兰，其中巴西进口 117.70 万吨，占比 43.0%；阿根廷进口 52.70 万吨，占比 19.3%，乌拉圭进口 27.47 万吨，占比 10.0%；澳大利亚进口 22.63 万吨，占比 8.3%；新西兰进口 20.60 万吨，占比 7.5%；其余从美国、玻利维亚、智利及俄罗斯等国进口。与上年相比，2023 年中国从巴西、澳大利亚、阿根廷的牛肉进口量分别增长 6.5%、24.0%、7.5%，从新西兰、乌拉圭的牛肉进口量减少了 4.6%、22.9%。2023 年，中国牛肉出口量 92.74 吨，同比呈现增长态势，但仍处于历史低位水平，以冻去骨牛肉为主，出口市场较为局限，集中在中国香港和朝鲜。

**羊肉进口小幅度上升，进口来源国仍以新西兰、澳大利亚为主**。随着 2023 年中国进口澳大利亚羊肉关税降至零和国际羊肉市场价格下跌的影响，中国羊肉进口在 2023 年出现一定幅度上升。海关数据显示，2023 年羊肉进口量达到 43.4 万吨，较 2022 年增长 21.2%，但进口额为 124.5 亿元，较 2022 年下降 9.3%；羊肉进口主要来源于新西兰和澳大利亚，从两国进口的数量占中国羊肉进口总量的 96% 以上，其他进口来源国包括乌拉圭、智利、阿根廷等。中国羊肉出口仅为 0.16 万吨，主要面向中国香港、中国澳门、科威特等国家和地区。

**鸡肉进口基本持平，出口小幅增加**。高致病性禽流感在全球多地暴发，对鸡肉贸易形成较大限制。2023 年，全球鸡肉进口量为 1 112.8 万吨，增长 0.34%；出口量为 1 355.9 万吨，下降 0.11%。2023 年，全球鸡肉四大出口国（地区）巴西、美国、欧盟、泰国出口量分别为 477.0 万吨、330.0 万吨、171.5 万吨和 113.5 万吨。中国鸡肉出口在全球排名第 5 位，出口量为 55.4 万吨，较 2022 年增长 5.14%；出口额 17.8 亿美元，较 2022 年下降 2.54%。2023 年，中国鸡肉进口量为 130.2 万吨，与 2022 年基本持平；进口额 41.9 亿美元，较 2022 年增长 2.93%。鸡肉产品出口以深加工制品为主，占比达到 54.05%；鸡肉产品进口基本是初加工的生鲜或冷冻鸡肉，其中又以鸡翅、鸡爪和带骨冻鸡块为主导，占比达到 91.83%。

**鸡蛋出口顺差明显**。海关数据显示，包含鸡蛋在内的蛋产品贸易保持出口为主格局，贸易顺差加大，中国蛋产品以出口鲜蛋为主，主要出口到中国香港和中国澳门，2023 年蛋产品出口总额达到 3.41 亿美元，同比增长 13.04%，出口 16.68 万吨，同比增长 18.38%，其中，种用禽蛋、鲜蛋、加工蛋分别出口 0.01 万吨、13.25 万吨、3.42 万吨。蛋产品进口以鸡蛋加工品为主，且每年进口量不稳定，2023 年仅进口 0.10 吨，进口总额为 1.64 万美元。

**乳制品进口继续保持下滑**。海关数据显示，2023 年中国进口各类乳制品 287.81 万吨，同比下降 12%，进口乳制品折合生鲜乳 1 718 万吨、同比下降 10.4%。其中，进口大包粉 77.71 万吨、下降 24.9%，主要来自新西兰；进口婴幼儿配方奶粉 22.3 万吨、下降 16%，主要来自欧盟和新西兰；进口奶酪类 17.82 万吨、增长 22.5%，主要来自新西兰；进口奶油类 13.06 万吨、下降 8.7%，主要来自新西兰；进口乳清类 66.31 万吨、增长 9.4%，主要来自美国和欧盟；进口炼乳 1.7 万吨、下降 29.7%，主要来自欧盟和澳大利亚；进口蛋白类 5.4 万吨、增长 4.9%，主要来自新西兰、欧盟和美国；进口包装牛奶 54.94 万吨、下降 23.9%，主要来自欧盟、新西兰和澳大利亚；进口酸奶类 2.13 万吨、下降 9.8%，主要来自欧盟和新西兰；进口稀奶油 26.45 万吨、增长 3.6%，主要来自新西兰和欧盟。出口各类乳制品 5.81 万吨、同比增长 30%，其中干乳制品 2.58 万吨、增长 76.7%；乳制品主要出口至中国香港。

**水产品进口持续增长，出口小幅下降，水产品贸易逆差扩大**。2023 年，随着中国进口冷链食品疫情防控措施调整优化，下调鲑鱼等优质水产品的进口暂定税率，居民对对虾、鳕鱼等优质水产品进口需求不断增加，水产品进口量持续增长。2023 年，中国水产品进口量为 673.03 万吨，同比增长 4.0%；进口额小幅下降至 233.83 亿美元，同比下降 1.4%。出口方面，受全球经济增速放缓和通货膨胀的影响，各国消费普遍疲软，导致中国水产品出口量额双降，2023 年全国水产品出口量为 369.71 万吨，同比下降 1.8%；出口额大幅下降，降至 196.71 亿美元，同比下降 14.5%。水产品贸易逆差增至 37.12 亿美元，同比增长了 433.3%。

### 10.1.4　政策形势

**国家先后 3 次启动冻猪肉收储**。受养殖长期亏损影响，2023 年国家先后 3 次启动冻猪肉收储。其中，2 月 24 日，商务部会同国家发展改革委、财政部开展 2023 年第一批中央储备猪肉收储工作，最终完成收储 7100 吨。7 月 14 日，商务部会同国家发展改革委、财政部开展 2023 年第二批中央储备猪肉收储工作，完成收储数量 2 万吨。11 月 24 日，国家发展改革委再次发布消息称，全国平均猪粮比价连续三周以上运行在 5 ∶ 1~6 ∶ 1，处于《完善政府猪肉储备调节机制 做好猪肉市场保供稳价工作预案》（以下简称《预案》）过度下跌二级预警区间。为推动生猪价格合理回升，按照《预案》有关规定，发展改革委会同有关部门启动年内第三批中央猪肉储备收储工作。11 月 28 日，华储网发布关于 2023 年第三批中央储备冻猪肉收储竞价交易有关事项的通知，明确 11 月 29 日收储挂牌竞价交易 1 万吨。消息公布后，华中、西北地区猪价应声开涨，其他地区也停止了下跌。第三批次的交易量与第二批的 2 万吨相比，虽然少了一半，但短期内还是提振了市场信心。

## 10.2　2024—2025 年供求形势判断

### 10.2.1　生产形势

**生猪产能或窄幅调整**。持续的亏损导致行业现金流资金链压力不断加大，2023 年全年生猪产能连续回调。但与过去几轮“猪周期”相比，本轮产能回调速度较慢，幅度较小。全国能繁母猪存栏量从 2022 年年末的 4 390 万头降到 2023 年末的 4 142 万头，减少了 248 万头，降幅为 5.6%。2023 年 12 月，农业农村部公开发布消息，明确表示将坚持生产调控与市场调控“双管齐下”，优化完善《生猪产能调控实施方案》，精准开展生产预警引导，推动生猪产能稳定在合理水平。稳定和完善长效性支持政策，提升全产业链竞争力，进一步夯实生猪生产和市场供应基础。随着生猪生产监测体系和产能调控方案的不断完善，预计 2024 年各地会继续将数据“晴雨表”变为行动“指南针”，生猪产能或窄幅波动，总体将稳定在合理区间。从供应看，2024 年是 2023 年产能下降的兑现期，预计猪肉产量将有所下降。根据中国农业产业模型（CASM），2024 年猪肉产量为 5 641.05 万吨，较上年的 5 794.00 万吨减少 152.95 万吨，降幅为 2.64%；2025 年猪肉产量为 5 657.47 万吨，较 2024 年增加 16.42 万吨，增长 0.29%。

**牛肉产量保持平稳增长**。2024 年，国家重视稳定牛肉基础生产能力。相关利好政策继续为肉牛养殖产业发展提供保障，包括粮改饲政策、肉牛肉羊增量提质行动项目、草原畜牧业转型升级项目等。2023 年，年末牛存栏 10 509 万头，比上年末增加 293 万头，增长 2.9%，预计 2024 年牛出栏数量将相应增长。随着对品种改良的持续推进以及生产技术的提升，肉牛生产效率逐步提高，母牛生产性能、肉牛育肥效率有望进一步提升，预计肉牛胴体重将继续增长。结合政策环境、养殖规模、生产技术综合研判，牛肉产量将继续保持平稳增长。根据中国农业产业模型（CASM），2024 年中国牛肉产量为 765.45 万吨，比上年增长 1.65%，2025 年可达到 776.05 万吨。

**羊肉产量将保持稳定的小幅增长**。2024 年，随着经济形势继续逐渐稳定向好，在肉牛肉羊生产发展五年行动方案等政策推动下，各地积极发展肉羊产业，肉羊出栏量和羊肉产量将保持小幅度增长。但是，猪肉价格大幅度波动、饲料价格人工成本上涨等因素，会带动羊肉价格和收益出现波动。随着资源环境约束趋紧，羊肉产量增速也将放缓。根据中国农业产业模型（CASM），2024 年羊肉产量为 535.70 万吨，较 2022 年增长 0.82%。

**肉鸡生产仍将实现较大幅度增长**。2024 年，随着经济社会运行环境的进一步优化，消费端需求增长仍将是拉动肉鸡生产增长的重要因素。虽然在 2023 年末，受当年供大求影响，短期内商品代肉鸡出栏量呈现减少趋势，但白羽和黄羽肉鸡父母代后备种鸡存栏充裕。在供给端产能支持以及需求端消费增长拉动双方面因素作用下，预计 2024 年肉鸡产量将实现较大幅度增长。根据中国农业产业模型（CASM），2024 年中国鸡肉产量将增至 2 007.49 万吨，较 2023 年将实现约 5.84% 的增幅。

**鸡蛋供应稳中有增**。由于 2023 年蛋鸡养殖连续 12 个月盈利，养殖场户补栏扩产积极性较大，尤其是 3—5 月、9—11 月补栏数量较多，新增产能将在 2024

年充分释放，而且近三年新建养殖场不断涌现，也支撑了在产蛋鸡存栏保持高水平。在没有重大疫情、重大灾害等突发事件发生的情况下，根据中国农业产业模型（CASM），2024 年鸡蛋产量为 3 044.97 万吨，同比增长 0.54%；2025 年鸡蛋产量为 3 068.05 万吨，同比增长 0.76%。

**牛奶生产继续保持增长**。随着奶业发展基础持续向好，政策不断发力，在没有突发事件影响的情况下，未来一段时期内中国奶业发展前景依旧广阔；奶业将朝着高质量发展方向继续迈进，产业结构持续优化，生产效率不断提高，奶业质量效益和竞争力稳步提升。根据中国农业产业模型（CASM），2024 年中国牛奶产量将达到 4 326.10 万吨，同比增长 3.08%；2025 年产量进一步增至 4 453.65 万吨，同比增长 2.95%。

**水产品生产稳中有增，养殖效率持续提升**。2024 年 1—2 月，水产品市场价格小幅上涨，尤其是春节假期旅游和餐饮消费明显增加，充分带动各地水产养殖户信心。成本端，鱼粉、玉米、豆粕等水产饲料价格高位回落，养殖成本压力得到缓解，将有力推动水产养殖业稳步发展。与此同时，2023 年 6 月，《全国现代设施农业建设规划（2023—2030 年）》印发，提出要建设以生态健康养殖为主的现代设施渔业，推动智能化养殖渔场建设，新技术、新工艺的应用，将进一步提升水产养殖质量效益。根据中国农业产业模型（CASM），2024 年中国水产品产量将达到 7 209 万吨，同比增长 1.5%。

### 10.2.2 消费形势

**猪肉消费将总体稳中有降**。2023 年 12 月召开的中央经济工作会议指出，综合起来看，中国发展面临的有利条件强于不利因素，经济回升向好、长期向好的基本趋势没有改变，并明确提出要“切实保障和改善民生”。宏观经济形势好转，将在一定程度上拉动猪肉消费。但是也要看到，人口老龄化、居民消费习惯改变和替代效应持续显现等不利因素，将继续对猪肉消费带来负面影响。预计全年消费量将较上年同期略降，总体呈稳中有降态势。根据中国农业产业模型（CASM），2024 年全国居民猪肉消费总量为 5 795.91 万吨，较 2023 年的 5 946.32 万吨减少 150.41 万吨，同比下降 2.53%；人均猪肉消费量为 31.15 千克，同比小幅下降；

2025 年全国居民猪肉消费量为 5 820.43 万吨，较 2024 年增加 24.52 万吨，同比增长 0.42%；人均猪肉消费量将增加为 31.26 千克，同比增长 0.35%。

**牛肉消费需求保持增长**。2024 年，随着国家进一步加大宏观政策调控力度，经济发展的有利条件逐步显现，经济回升向好态势将得到巩固和增强。经济上行释放潜能，餐饮消费持续复苏，国家统计局数据显示，2024 年 1—2 月，社会消费品零售总额 81 307 亿元，同比增长 5.5%。其中餐饮收入增长趋势强劲，同比增长 12.5%，预计户外消费（酒店、餐馆等）将继续成为中国牛肉消费增长的重要渠道。同时，牛肉线上销售因其便利性将愈发受欢迎，快速发展的预制菜市场为未来牛肉消费提供新动力。中国人口已进入负增长阶段，老龄化水平提升，一定程度上使得牛肉消费增长趋缓。综合研判，预计 2024 年牛肉消费趋于平稳增长。根据中国农业产业模型（CASM），2024 年中国牛肉总需求达 1 061.28 万吨，比上年增长 3.37%，2025 年牛肉总需求达 1 086.94 万吨。

**羊肉消费进一步增长**。随着经济形势逐渐向好，中央政府提出扩大内需战略，在大食物观引领下，未来居民动物蛋白消费将继续提升，肉类消费结构进一步优化，预计城乡居民的户内户外羊肉消费进一步增长。但是，在总人口继续出现下降、膳食消费转型升级等多重因素影响下，羊肉总消费增长有限。根据中国农业产业模型（CASM），2024 年羊肉总需求将达到 585.16 万吨，羊肉人均消费量将增至 3.34 千克。

**鸡肉需求仍将进一步增加**。长期来看，突出的实惠性、营养性、便捷性，以及更广的被接纳性等多方优势，将拉动鸡肉消费总量进一步扩大。2024 年，随着经济社会运行环境的进一步优化，消费端需求仍将进一步增加。根据中国农业产业模型（CASM），2024 年鸡肉食用消费总量增至 1 978.85 万吨，人均消费水平达到 14.05 千克。

**鸡蛋消费增幅收窄**。2024 年，受经济回升向好、有效需求扩大、城乡居民收入增加等因素影响，鸡蛋消费需求将会有所增长。根据中国农业产业模型（CASM），鸡蛋鲜食消费稳中微增，加工消费增速快于鲜食消费，2024 年鸡蛋鲜食消费为 2 153.13 万吨，同比增长 0.57%，鸡蛋加工需求为 857.79 万吨，同比增长 0.46%；2025 年鸡蛋鲜食消费为 2 160.05 万吨，同比增长 0.32%，鸡蛋加工需求为 871.78 万吨，同比增长 1.83%。

**牛奶消费需求继续保持增长**。虽然 2022 年城乡居民牛奶消费需求呈现出阶段性下滑，但城乡居民收入水平提高和膳食结构改善的大趋势没有根本转变，叠加宏观经济持续向好等因素，未来一段时间内城乡居民牛奶消费还将保持继续增长态势。根据中国农业产业模型（CASM），2024 年中国牛奶总需求量将达到 6 076.81 万吨，同比增长 3.15%；其中，食用需求 5 388.57 万吨、同比增长 3.16%，人均消费量 38.25 千克、同比增长 3.24%。2025 年总需求量进一步增至 6 219.81 万吨，同比增长 2.35%，其中，食用需求 5 511.28 万吨、同比增长 2.28%，人均消费量 39.16 千克、同比增长 2.38%。

**水产品消费需求强劲，居民在外消费增幅明显**。随着居民膳食营养结构改善，尤其是后疫情时代居民对营养健康的重视，水产品作为优质蛋白重要来源将越来越受到居民青睐。同时，随着经济内生动能逐步修复，餐饮、旅游等服务业活力强劲，将有力带动水产品消费需求。根据中国农业产业模型（CASM），2024 年中国水产品食用消费需求为 3 234.01 万吨，同比增长 3.3%；加工消费需求量为 2 670.68 万吨，同比增长 2.4%。

### 10.2.3 贸易形势

**猪肉进口或保持正常水平**。2023 年，受猪价持续低迷、冻肉库存处于历史高位等因素影响，全年猪肉进口量同比减少 11.7%，从前几年的高位回落到正常年份水平。因 2023 年生猪产能调减幅度相对有限，2024 年国内生猪市场供应压力仍然不小，预计猪肉价格总体不会太高，猪肉进口利润空间较为有限，进口商猪肉进口订单数量或难有增长。在进口需求总量稳定的情况下，进口市场进一步多元化。预计 2024 年猪肉进口量将保持正常年份水平，上半年进口量相对偏低，下半年随着猪价回暖可能会环比增长，但总体变化幅度不会太大，与 2023 年的 155.1 万吨基本持平。根据中国农业产业模型（CASM），在其他因素不变的情况下，2024 年猪肉净进口量为 154.85 万吨，同比略增 2.53 万吨，增长 1.66%；2025 年增加为 162.95 万吨，同比增长 5.23%。

**牛肉净进口有所增加**。未来，对华主要牛肉出口国生产稳定，且仍将保持价格优势，自由贸易合作进一步深化，出口潜力较大，考虑到国内牛肉消费需求增长，预计中国将继续保持牛肉净进口格局，进口量将有所增加。从对华主要牛肉出口国来看：生产方面，预期巴西牛肉产量增长略快于消费增长，牛肉供应形势将进一步宽松；极端干旱导致阿根廷大部分地区牛犊和母牛数量减少，对后续出口能力产生一定影响；澳大利亚 2023 年活牛存栏量达到十年新高，2024 年一季度活牛屠宰量处于近几年同期高位，预期肉牛存栏、牛肉产量保持增长。贸易合作方面，自 2024 年 3 月 12 日起，巴西获得输华资格的牛肉工厂数量由 41 家增至 67 家；在比索汇率大幅贬值背景下，2024 年起阿根廷全面放开牛肉出口，取消了 7 种牛肉的出口限制；自 2024 年起，澳大利亚与中国牛肉进口协定关税税率降为零。根据中国农业产业模型（CASM），预测 2024 年中国牛肉净进口量达到 295.83 万吨，比上年增长 8.08%，2025 年牛肉净进口量达 310.89 万吨。

**羊肉贸易预计与上年基本持平**。随着生猪产能恢复和肉类产量回升，以及与澳大利亚、新西兰等国自由贸易合作深化，2024 年中国羊肉进口预计与 2023 年基本持平或小幅度增加。这主要是因为，一是国内肉类供给恢复，逐渐满足国内需求；二是澳大利亚、新西兰两国羊肉进口关税已全部降为零，促进更多质优价廉的澳新羊肉进入国内市场。但也应该看到，澳新两国近年来受气候干旱等因素影响，肉羊养殖量有所减少，进口增幅不大。根据美国农业部信息，新西兰羊群以每年 2% 的速度下降，羊肉产量和可贸易量收紧，将抑制中国羊肉进口。根据中国农业产业模型（CASM），2024 年羊肉净进口将保持在 49.46 万吨。

**鸡肉贸易量继续保持净进口状态**。需求端和供给端两方面利好因素会刺激鸡肉贸易的进一步扩大，但地缘政治风险继续上升、国际贸易疲软、利率维持高位等因素，仍旧在很大程度上抑制了肉鸡贸易增长步伐。中国鸡肉贸易方面，2019 年受非洲猪瘟疫情冲击导致国内肉类供给不足，当年鸡肉进口创历史新高，之后的 2020—2023 年鸡肉进口虽然仍居历史相对高位，但呈缓慢回调趋势，预计 2024 年鸡肉进口下降 43.21 万吨；受全球鸡肉消费需求增长影响，中国肉鸡出口将在 2024 年有小幅增长；净进口量预计较 2023 年小幅下降。根据中国农业产业模型（CASM），2024 年中国鸡肉净进口量为 31.5 万吨。

**鸡蛋保持净出口**。中国蛋产品贸易格局短期内不会有改变，保持贸易顺差，根据 2023 年蛋产品贸易形势以及国外禽流感疫情情况，蛋产品出口结构、运输距离、检验检疫标准、贸易技术壁垒、出口市场比较饱和等因素限制仍会存在，2024 年中国蛋产品出口保持增势，难有明显突破。根据中国农业产业模型（CASM），2024 年鸡蛋等蛋品净出口量为 16.98 万吨，同比增长 1.80%；2025 年鸡蛋等蛋品净出口量增加到 17.47 万吨，同比增长 2.89%。

**乳制品进口高位态势难以扭转**。考虑到当前国内奶业质量效益和竞争力尚处在较低水平，城乡居民乳制品特别是优质乳制品消费需求依然巨大，虽然近年来乳制品进口持续下滑，但进口高位运行态势在短期内恐难以根本改变。随着国内乳制品生产持续增长，未来国内需求与之前年份相比将更多依靠国内生产来保障。根据中国农业产业模型（CASM），2024 年中国乳制品将与上年度基本持平，净进口量维持在 1 750.71 万吨水平；2025 年进出口贸易态势依然不会发生根本转变，净进口量维持在 1 766.16 万吨的较高水平。

**水产品进口保持快速增长，出口弱势，贸易逆差持续扩大**。2024 年，随着居民食物消费需求增加，国内对虾蟹等优质水产品需求旺盛，将进一步刺激水产品进口数量。与此同时，出口端，全球经济增速动力不足，欧盟等中国水产品出口市场需求乏力，加之越南、泰国等东南亚国家同质竞争加剧，技术性贸易措施增加企业出口成本，导致出口竞争优势急剧下降，贸易逆差将持续扩大。根据中国农业产业模型（CASM），2024 年中国水产品净进口量将达到 368.25 万吨，同比增长 21.4%。

2022—2025 年中国畜产品和水产品供求和贸易情况详见表 10-1。

**表 10-1　2022—2025 年中国畜产品和水产品供求和贸易**

单位：万吨

| 品种 | 指标 | 2022 年 | 2023 年 | 2024 年 | 2025 年 |
|---|---|---|---|---|---|
| 猪肉 | 国内产量 | 5 541.00 | 5 794.00 | 5 641.05 | 5 657.47 |
|  | 食用需求 | 4 128.68 | 4 546.55 | 4 388.35 | 4 399.45 |
|  | 净进口量 | 173.26 | 152.32 | 154.85 | 162.95 |

（续表）

| 品种 | 指标 | 2022 年 | 2023 年 | 2024 年 | 2025 年 |
|---|---|---|---|---|---|
| 牛肉 | 国内产量 | 718.26 | 753.00 | 765.45 | 776.05 |
| | 食用需求 | 875.96 | 925.67 | 958.55 | 982.79 |
| | 净进口量 | 268.99 | 273.73 | 295.83 | 310.89 |
| 羊肉 | 国内产量 | 525.00 | 531.00 | 535.70 | 540.09 |
| | 食用需求 | 456.26 | 460.83 | 470.49 | 476.32 |
| | 净进口量 | 35.66 | 43.24 | 49.46 | 52.00 |
| 鸡肉 | 国内产量 | 1 662.17 | 1 896.68 | 2 007.49 | 2 032.51 |
| | 食用需求 | 1 722.76 | 1 914.57 | 1 978.85 | 2 028.32 |
| | 净进口量 | 77.21 | 74.79 | 31.58 | 56.78 |
| 鸡蛋 | 国内产量 | 2 937.60 | 3 028.55 | 3 044.97 | 3 068.05 |
| | 食用需求 | 2 069.00 | 2 141.00 | 2 153.13 | 2 160.05 |
| | 净出口量 | 14.09 | 16.68 | 16.98 | 17.74 |
| 牛奶 | 国内产量 | 3 931.63 | 4 197.00 | 4 326.10 | 4 453.65 |
| | 食用需求 | 5 151.86 | 5 223.43 | 5 388.57 | 5 511.28 |
| | 净进口量 | 1 902.32 | 1 694.13 | 1 750.71 | 1 766.16 |
| 水产品 | 国内产量 | 6 865.91 | 7 100.00 | 7 209.16 | 7 312.03 |
| | 食用需求 | 2 920.36 | 3 132.04 | 3 234.01 | 3 311.60 |
| | 净进口量 | 270.68 | 303.32 | 368.25 | 406.92 |

数据来源：中国农业产业模型（CASM）。

# 第 11 章

# 其他重要农产品产业

本章作者：马铃薯产业 陈玨颖（chenjueying@caas.cn）、棉花产业 钱静斐（qianjingfei@caas.cn）、糖料产业 郭君平（guojunping@caas.cn）、蔬菜产业 周向阳（zhouxiangyang@caas.cn）、水果产业 高芸（gaoyun02@caas.cn）

**主要观点**

● 2023 年，马铃薯、蔬菜、水果产量稳中有增，棉花与食糖产量降低。马铃薯消费价格增长，棉花加工需求下降，食糖消费小幅回落，蔬菜消费需求扩大，水果消费价格处于历史高位、季节波动较大。马铃薯净出口增速放缓，棉花进口增长，食糖进口大幅减少、出口增加，蔬菜贸易顺差扩大，水果贸易逆差扩大。

● 2024—2025 年，马铃薯、棉花、蔬菜、水果生产将继续保持稳定，糖料种植面积小幅上涨，食糖产量恢复性增长。马铃薯和水果消费量保持稳定，食糖和蔬菜消费有望小幅增长，棉花加工消费量稳中略降。马铃薯净出口逐步恢复，棉花进口量稳中略降，食糖净进口先大幅上涨后持平，蔬菜净出口有所下降，水果贸易逆差继续扩大。

本章主要针对马铃薯、棉花、糖、蔬菜、水果等重要农产品的 2023 年产业发展新动态及 2024—2025 年供求形势进行判断。

## 11.1　2023 年产业发展新动态

### 11.1.1　生产形势

**马铃薯产量稳步增长**。马铃薯播种面积保持稳定，为夺取全年丰收打下坚实基础。2023 年马铃薯播种面积约为 460 万公顷，与上年基本持平；产量达 9 150 万吨，较 2022 年增加 209 万吨，涨幅近 2%。近些年马铃薯产量稳步增长，主要得益于科技支撑。随着农业高质量发展，脱毒种薯等先进生产技术不断普及，有力带动了单产水平的稳定增长，2023 年马铃薯单产达到 19 891 千克 / 公顷，同比增加 1%，保障了产量稳步增长。从播种面积看，排在前列的是贵州、四川、甘肃、云南，占全国总播种面积的 50% 以上，从产量看，这四省的产量占总产量的一半以上。从单产看，新疆马铃薯的单产水平已达全国平均值的两倍多。

**棉花单产略增，总产量因种植面积下降而减少**。2023 年全国棉花种植面积为 278.81 万公顷，比 2022 年减少 21.22 万公顷，降幅为 7.07%。分地区看，新疆继续实施粮棉种植结构调整，引导次宜棉区退出棉花种植，同时将棉花目标价格补贴支持规模确定为 510 万吨，促进棉花种植向生产保护区集中。2023 年新疆棉花种植面积 236.93 万公顷，比 2022 年减少 12.75 万公顷。受植棉比较收益偏低、农资价格上涨等因素的影响，内地棉区种植面积继续萎缩，2023 年内地棉花播种面积为 41.88 万公顷，比上年减少 5.90 万公顷，降幅为 12.35%。其中，长江流域棉区播种面积为 20.46 万公顷，比上年减少 2.99 万公顷，降幅为 12.75%；黄河流域棉区播种面积为 19.00 万公顷，比上年减少 5.33 万公顷，降幅为 21.91%。2023 年全国棉花单产为 2 014.99 千克 / 公顷，较上年增长 1.14%；总产量 561.80 万吨，较上年减少 36.20 万吨，下降 6.01%。分地区看，新疆虽然部分棉区春夏两季分别遭受低温多雨和持续高温的影响，但秋季气象条件较好，有利于棉花采收。2023 年新疆棉花单产为 2 157.80 千克 / 公顷，与上年基本持平；产量由于播种面积减少降至 511.20 万吨，较上年减少 28.10 万吨，降幅为 5.20%；长江流域整体气象条件适宜棉花生长，与上年持续高温导致减产相比实现恢复性增产，单产 1 071 千克 / 公顷，较上年增长 5.31%，单产涨幅低于面积降幅，产量降至 21.90 万吨，降幅为 8.37%；黄河流域气象条件基本正常，棉花单产稳中有升，为 1 257 千克 / 公顷，较上年提升 1.50%，面积降幅超过单产增幅，产量降至 23.90 万吨，较上年下降 20.59%。

**糖料种植面积持平略涨，食糖产量明显减少**。从市场年度[①]来看，2023 年中国糖料种植面积 128.4 万公顷，与上一榨季相比增长 1.66%；食糖产量 897 万吨，与上一榨季相比减少 6.17%。一方面，甘蔗种植面积 110.2 万公顷，与上一榨季相比减少 1.78%，占糖料种植面积的 85.83%；甘蔗糖产量 789 万吨，与上一榨季相比减少 9.31%，占食糖产量的 87.96%。原因在于：一是广西极端干旱天气频发，甘蔗长势受到严重影响；二是广西大多数甘蔗种植户仍沿用传统种植方法，普遍未落实精细化管理；三是连续干旱致原料蔗病虫害越来越严重，防治成本越来越高。另一方面，甜菜种植面积 18.2 万公顷，与上一榨季相比增长 29.08%，占糖料种植面积的 14.17%；甜菜糖产量 108 万吨，与上一榨季相比增长 25.58%，占食糖产量的 12.04%；增长的主要原因是内蒙古甜菜收购价上调刺激了菜农种植积极性，并且天气状况良好促使甜菜出糖率高。

**蔬菜生产保持稳定增长态势**。2023 年，蔬菜种植面积是 2 288.4 万公顷，产量达到 82 800 万吨。全年蔬菜总体生产稳定，一些地区的设施蔬菜面积有所增加，局部地区存在气候条件不利影响，大部分地区气候条件有利于蔬菜种植。同时，受春节消费拉动、生产成本上涨、物流运力吃紧等多种因素影响，蔬菜价格在上半年 2—3 月高位运行，但有利于后续月份蔬菜生产。下半年北方冷凉地区种植面积有所增加，产量供应充足，增加了市场供给，夏季洪涝情况较往年相比较为平稳、程度较轻，受单位面积产量的提升以及面积增加因素影响，蔬菜的供给量大，部分地区存在一定的滞销情况，蔬菜价格平均而言较 2022 年略低。从全年总体情况来看，蔬菜生产保持较为宽松的状态，为城乡居民蔬菜消费提供了充足的保障。2023 年，各地积极推动蔬菜产业发展，实行绿色生产、设施生产、加强冷链等措施，稳步促进了蔬菜产业的升级转型，为“菜篮子”保供稳价奠定

① 文中，按市场年度展开分析，2023 年指“2022/2023 榨季”，即 2022 年 10 月至 2023 年 9 月；2024 年指“2023/2024 榨季”，即 2023 年 10 月至 2024 年 9 月。以此类推。

了良好的产业基础。

**水果产量平稳略增，供给韧性足**。2022 年中国水果总产量为 31 296.2 万吨，种植面积 1 300.9 万公顷，其中柑橘、苹果、梨、葡萄、香蕉产量分别为 6 003.9 万吨、4 757.2 万吨、1 926.5 万吨、1 537.8 万吨、1 177.7 万吨，这五个品种的总产量占比为 49.2%。其中，柑橘种植面积和产量均创历史新高，为 303.3 万公顷和 6 003.9 万吨。2023 年中国水果种植面积为 1 280 万公顷，较 2022 年下降 1.61%，产量达到 29 600 万吨，较 2022 年下降 5.42%；单产为 23 125 千克 / 公顷，较 2022 年下降 3.88%。2023 年产季苹果、柑橘等大宗水果面积、产量较为稳定。由于夏秋和初冬高温天气较多，温带水果总体丰产。供给格局以苹果、柑橘、梨、葡萄、香蕉、西瓜大宗品种为主，草莓、杧果、甜瓜等特色水果和蓝莓、樱桃等高价位水果为辅，总体保持产能大、品种丰富、供给韧性足的特点。

中国其他重要农产品生产情况变化详见表 11-1。

**表 11-1　中国其他重要农产品生产情况变化**

| 指标 | 年份 | 马铃薯 | 棉花 | 糖料 | 蔬菜 | 水果 |
|---|---|---|---|---|---|---|
| 播种面积 / 万公顷 | 2022 | 453.48 | 300.03 | 126.30 | 2 244.53 | 1 300.90 |
| | 2023 | 460.00 | 278.81 | 128.40 | 2 288.40 | 1 280.00 |
| | 同比变化 | 1.44% | −7.07% | 1.66% | 1.95% | −1.61% |
| 单产 /（千克 / 公顷） | 2022 | 19 717.52 | 1 992.13 | 7 561.36 | 35 640.96 | 24 057.34 |
| | 2023 | 19 891.30 | 2 014.99 | 6 985.98 | 36 182.49 | 23 125.00 |
| | 同比变化 | 0.88% | 1.14% | −7.61% | 1.52% | −3.88% |
| 总产量 / 万吨 | 2022 | 8 941.50 | 597.70 | 955.98 | 79 997.20 | 31 296.20 |
| | 2023 | 9 150.00 | 561.80 | 897.00 | 82 800.00 | 29 600.00 |
| | 同比变化 | 2.33% | −6.01% | −6.17% | 3.50% | −5.42% |

数据来源：国家统计局和中国农业产业模型（CASM）。

### 11.1.2　消费形势

**马铃薯价格呈上涨趋势**。马铃薯消费总量和消费结构总体稳定，2023 年马铃薯国内消费是 9 125 万吨，其中食用消费为 5 872 万吨，占总消费量的 64%；饲料消费达到 550.5 万吨，占总消费量的 6%；加工消费 917.5 万吨，占总消费量的 10%；种用消费为 825.75 万吨，占总消费量的 9%。与此同时，消费价格随运输成本变化有所上升。根据中国马铃薯网统计，滕州、定西、围场等马铃薯主产区产地平均价为 2.2 元 / 千克，比 2022 年增加了 36%。北京、天津、成都等主销区批发市场平均价格为 2.71 元 / 千克，比 2022 年提高了 24%，这很大程度上与物流成本、人工成本上升有关（表 11-2）。

**棉花加工需求下降**。在海外纺织品服装终端市场需求疲弱、外贸环境更加错综复杂等因素影响下，2023 年我国棉花加工需求下滑。国内市场方面，据国家统计局数据，2023 年 1—12 月，我国限额以上单位服装类商品零售额累计 10 352.9 亿元，同比增长 15.4%，增速比上年同期提升 23.1 个百分点。国际市场方面，我国服装出口延续 2022 年四季度增速放缓的态势，出口下行压力加大，出口规模明显下降。据海关总署统计，2023 年中国纺织品服装出口 2 936.42 亿美元，较上年减少 8.10%。虽然内销市场持续回暖，但海外终端市场持续疲软拖累棉花消费下降至 750 万吨，较 2022 年减少 30 万吨，降幅为 3.85%。

**食糖消费量持平略减，工业消费仍占主导地位**。从总量看，2023 年中国食糖消费量 1 535 万吨，与上一榨季相比减少 0.32%。其主要原因如下：一是人口进入负增长时代，2023 年中国人口总数减少 208 万人；二是食糖摄入过多可能引发健康问题受到更多关注。随着经济社会的快速发展，中国居民的营养健康诉求日益强烈，国家对此高度重视。2017 年，国务院办公厅印发《国民营养计划（2017—2030 年）》，提出开展“三减三健”专项行动，减糖就位列其中；2019 年，国家卫健委印发《健康中国行动（2019—2030 年）》，在倡导控糖的同时鼓励低糖、无糖食品的生产与消费。在此形势背景下，“减糖”观念日渐深入人心，甜味剂等替代品消费增加，食糖消费有所下降。从结构上看，食糖消费结构总体稳定，工业消费仍占主导地位。目前，中国用于食品加工等行业的食糖工业消费约占 64%，用于居民和餐饮行业直接食用等领域的食糖民用消费约占 36%；其中，白砂糖用量约占 27%，绵白糖用量约占 9%。

**蔬菜消费需求扩大**。随着城乡居民收入的增长，城乡居民对蔬菜的消费需求平稳上升。2023年，随着户外消费量的增长，居民蔬菜人均消费量达到136.11千克。同时，随着城镇化人口比例的提升，大中城市的蔬菜消费量进一步增加，产区与销区之间的衔接问题对蔬菜影响较大，区域性消费差距拉大，给交通运输提出更高要求。受各地政策引导、强化"菜篮子"市长负责制落实以及蔬菜市场供应充足保障等有利条件的影响，城乡居民的蔬菜消费保持有序增长态势。

**水果价格处于历史高位，季节波动较大**。2023年人均水果表观消费量约为115千克，依然以鲜食消费为主，约占国内产量的六成。2023年农业农村部重点监测的6种大宗水果（富士苹果、鸭梨、巨峰葡萄、西瓜、香蕉、菠萝）平均批发价格为每千克7.4元，较2022年上涨了6.9%，处于历史高位。受节假日消费周期性和供给季节性影响因素共同作用，水果价格较往年波动幅度大，9至11月秋季水果丰收上市形成价格谷底期，与3—6月价格高峰期价差约为1.43元/千克。一些具有特色的小品种水果如蓝莓、圣女果、草莓、樱桃等受到消费市场追捧，价格随行就市波动较大，同时在水果品种不断优化，种植模式不断改进的过程中，种植户的水果种植技术需求增强。

中国其他重要农产品消费情况变化详见表11-2。

**表11-2　中国其他重要农产品消费情况变化**

单位：万吨

| 指标 | 年份 | 马铃薯 | 棉花 | 食糖 | 蔬菜 | 水果 |
|---|---|---|---|---|---|---|
| 国内消费 | 2022 | 8 921.50 | 780.00 | 1 489.00 | 78 788.04 | 31 684.70 |
| | 2023 | 9 125.00 | 750.00 | 1 535 | 81 509.33 | 29 936.70 |
| | 同比变化 | 2.28% | -3.85% | -0.32% | 3.45% | -5.52% |
| 食用消费 | 2022 | 5 722.56 | — | 536.04 | 18 875.98 | 14 762.00 |
| | 2023 | 5 872.00 | — | 462.82 | 19 187.14 | 15 018.71 |
| | 同比变化 | 2.61% | — | -13.66% | 1.65% | 1.74% |
| 工业消费 | 2022 | 894.15 | 780.00 | 953.96 | 13 372.00 | 8 461.40 |
| | 2023 | 917.50 | 750.00 | 822.78 | 15 292.00 | 7 517.99 |
| | 同比变化 | 2.61% | -3.85% | -13.75% | 14.36% | -11.15% |

数据来源：中国农业产业模型（CASM）。

### 11.1.3　贸易形势

**马铃薯净出口增速放缓**。受贸易政策和国际交通运输成本增长等因素的影响，我国马铃薯净出口量为 25 万吨，出口地多为越南、马来西亚等周边国家和地区，出口产品主要为鲜或冷藏的马铃薯；进口来源国主要是马铃薯加工业强国，其中非醋方法制作或保藏的冷冻马铃薯来自美国、土耳其、荷兰，马铃薯淀粉主要产于荷兰、德国等国家。依靠中国—东盟自由贸易区的辐射带动，广西成为仅次于山东省的第二大马铃薯出口省份。

**棉花进口增加**。据中国海关总署统计，2023 年中国累计进口棉花 195.02 万吨，较上年增加 1.2%。其中，美棉进口数量为 75.3 万吨，较上年减少 37.9 万吨，降幅为 33.5%，占我国棉花进口总量的 37.1%，连续 4 年排名第一；巴西棉进口数量为 58.9 万吨，较上年增加 1.2 万吨，增幅为 2.1%，占我国棉花进口总量的 29.0%。

**食糖进口量大幅减少，出口量有所增加**。2023 年中国食糖进口 388.6 万吨，与上一榨季相比减少 27.09%，进口来源国主要是巴西、印度、韩国、泰国以及危地马拉，贸易方式以一般贸易、保税监管场所进出境货物和海关特殊监管区域物流货物为主，国内进口省份主要包括北京、山东、广东和江苏。食糖进口量大幅减少主要有两方面原因：一是国际糖业组织（ISO）对 2023 年食糖产量预估多次下调，全球食糖供需形势从宽松转向偏紧，国际糖价涨幅高于国内，我国配额外食糖进口成本上升，利润减少，国内糖厂全年处于亏损状态；二是糖浆及预混粉（东盟国家关税为 0）进口 159 万吨（折合糖约 116 万吨），同比增加 40.8%，弥补了国内部分食糖需求。2023 年中国食糖出口量有所增加，达 18.5 万吨，与上一榨季相比增长 15.63%，主要出口目的地是朝鲜、蒙古国、中国香港等国家和地区，出口细分品类以砂糖、精制糖和绵白糖为主。

**蔬菜贸易形势良好**。2023 年，中国蔬菜贸易保持良好发展态势，1—12 月，蔬菜出口 1 326 万吨，出口额达到 185.43 亿美元，同比增加 0.30%。而蔬菜进口量达到 35.33 万吨，进口额达到 9.89 亿美元，同比减少 1.40%。蔬菜贸易为顺差，顺差金额为 175.54 亿美元，同比增加 7.96%。2023 年中国蔬菜出口市场主要面向日本、韩国、越南、马来西亚等东亚、东南亚国家和地区，进口主要集中在印度、越南。在各类蔬菜品种中，2023 年出口最多的品种为大蒜，进口最多的品种是辣椒。

**水果消费继续推动进口额增长，出口保持平稳**。2023 年我国水果进口额达到 183.4 亿美元，进口量 839.2 万吨，同比分别增加 16.3% 和 5.8%，贸易逆差 112.8 亿美元，同比增加 27.2%。进口额较高的品种依然是榴莲、樱桃、香蕉、山竹、椰青，其中榴莲、樱桃和香蕉分别占进口额的 36.6%、14.5%、5.9%。进口榴莲主要来自泰国、越南、马来西亚，樱桃来自智利，香蕉来自菲律宾、越南、柬埔寨和厄瓜多尔。主要进口品种均价均有下跌，其中榴莲下跌约 4%，樱桃下跌 1%，香蕉下跌 5%。出口额较高的品种有柑橘、苹果、葡萄、梨，分别占出口额的 17.7%、13.7%、11.5%、7.6%，出口目的国主要是越南、印度尼西亚、孟加拉国、泰国等。

## 11.2 2024—2025 年供求形势判断

### 11.2.1 生产形势

**马铃薯生产将保持稳定**。联农带农机制的不断完善及农业科技对马铃薯产业的助推，2024 年生产形势总体乐观。根据中国农业产业模型（CASM），预计 2024 年中国马铃薯播种面积为 460.41 万公顷，总产量 9 168.66 万吨，单产 19 913.95 千克 / 公顷。马铃薯产业的蓬勃发展，对吸纳当地农村劳动力就业，特别是脱贫地区农民持续稳定增收具有重要保障作用。

**棉花生产继续保持稳定**。由于有目标价格补贴政策的支持，相较于其他经济作物，棉花种植收益可靠、风险低，新疆棉农种植意向相对稳定。内地棉区受植棉比较效益低、机械化推广难度大等因素影响，总体意向植棉面积预计进一步下滑，但长江流域和黄河流域植棉意向或呈分化态势。据中国棉花协会种植意向调查，截至 2024 年 3 月底，2024 年度新疆棉花种植意向面积为 244.51 万公顷，同比下降 1.5%；由于 2023 年籽棉价格稳定，提振棉农积极性，2024 年度黄河流域意向面积为 15.82 万公顷，同比增长 2.5%；长江流域意向面积为 10.94 万公顷，同比下降 6.7%。根据中国农业产业模型（CASM），预计 2024 年中国棉花播种面积为 276.02 万公顷，产量为 558.74 万吨；2025 年中国棉花播种面积为 273.26 万公顷，产量为 558.49 万吨，与 2024 年基本持平。

**糖料种植面积小幅上涨，食糖产量恢复性增长**。据中国农业产业模型（CASM）预测，2024 年，中国糖料种植面积 134 万公顷，与上一榨季相比增长 4.36%。其中，甘蔗面积 116 万公顷，与上一榨季相比增长 5.26%；甜菜面积 18 万公顷，与上一榨季相比减少 1.10%。2025 年，糖料种植效益好转，与竞争性作物的比较优势凸显，农民种植积极性提升，中国糖料种植面积达 142 万公顷，与上一榨季相比增长 5.97%。其中，甘蔗面积 120 万公顷，与上一榨季相比增长 3.45%；甜菜面积 21.6 万公顷，与上一榨季相比增长 20%。随着糖料种植良种化、机械化、水利化等程度进一步加深，加之天气条件总体正常，糖料作物单产提升，食糖产量将恢复性增长。据中国农业产业模型（CASM）预测，2024 年全国食糖产量 995 万吨，与上一榨季相比增长 10.93%。其中甘蔗糖产量 881 万吨，与上一榨季相比增长 11.66%；甜菜糖产量 114 万吨，与上一榨季相比增长 5.56%。2025 年全国食糖产量为 1 100 万吨，与上一榨季相比增长 10.55%。

**蔬菜生产保持平稳态势**。2024 年，市场流通顺畅，蔬菜价格保持平稳，同比略下降，农户生产者蔬菜生产决策更趋于理性，根据不同品种的市场行情变化和上一期作物面积进行合理优化。2024 年，蔬菜生产依然受到气候因素影响，局部地区在没有及时更新设施等条件下，将导致部分品种的产能下降。2024 年，一些产区将积极落实国家设施农业发展政策，对老旧蔬菜设施进行维修管护，是稳定产能的重要措施。根据中国农业产业模型（CASM），2024 年，蔬菜产量将稳定在 82 022.46 万吨。

**水果生产保持稳定态势**。水果产业作为乡村振兴支柱产业，在政策引导和市场推动下种植面积和产量近年保持高位态势，但进口增长和出口平稳态势下，导致贸易逆差不断扩大，加剧了市场竞争态势。由于水果种植利润率水平高于粮食作物，投资规模和生产风险较小，但劳动强度大，未来 3 年水果产量和种植面积将维持当前规模。根据 CASM 模型，2024 年水果种植面积将保持 1 281.28 万公顷，水果产量为 29 463.84 万吨。柑橘、苹果、梨、西瓜继续保持世界产量第一的生产规模，因布局优化和提质增效因素产量将小幅下降，樱桃、杧果、蓝莓、荔枝由于前期新增果园和老龄果园改造，产能将有明显提高，但大田种植水果的商品率和产量易受突发天气影响，仍有不确定性。总体来看，水果种植的利润水平较 5 年前有所下降，水果生产仍有降本增效空间。

2024—2025 年中国其他重要农产品生产预测详见表 11-3。

**表 11-3　2024—2025 年中国其他重要农产品生产预测**

| 品种 | 播种面积 / 万公顷 | | 单产 /（千克 / 公顷） | | 总产量 / 万吨 | |
|---|---|---|---|---|---|---|
| | 2024 年 | 2025 年 | 2024 年 | 2025 年 | 2024 年 | 2025 年 |
| 马铃薯 | 460.41 | 460.79 | 19 913.95 | 19 937.34 | 9 168.66 | 9 186.86 |
| 棉花 | 276.02 | 273.26 | 2 024.28 | 2 043.79 | 558.74 | 558.49 |
| 糖类 | 134.00 | 142.00 | 7 425.37 | 7 746.48 | 995 | 1 100 |
| 蔬菜 | 2 290.69 | 2 292.98 | 35 806.90 | 35 743.00 | 82 022.46 | 81 957.96 |
| 水果 | 1 281.28 | 1 282.56 | 22 995.63 | 22 952.88 | 29 463.84 | 29 438.48 |
| 合计 | 4 442.40 | 4 451.59 | 88 166.13 | 88 423.49 | 122 191.56 | 122 133.10 |

数据来源：中国农业产业模型（CASM）。

### 11.2.2　消费形势

**马铃薯消费市场运行平稳**。随着大食物观理念的推行，马铃薯的营养价值越发地被关注，它的需求量将有所增加。根据中国农业产业模型（CASM），预计 2024 年中国马铃薯国内消费总量 9 119.67 万吨。其中，食用消费 5 858.81 万吨，占总消费量的 64%；饲料消费 548.30 万吨，占总消费量的 6%；加工消费 929.67 万吨，占总消费量的 10%；种用消费 826.49 万吨，占总消费量的 9%。2024 年马铃薯的消费用途用量基本与 2023 年持平。

**棉花加工消费量稳中略降**。全球经济复苏仍面临多重挑战。根据国际货币基金组织 IMF2023 年 4 月最新发布的《世界经济展望报告》，全球经济预计在 2023 年增长 2.8%，较 1 月份预测值下调 0.1 个百分点，2024 年增速将保持在 3.0%，较 1 月份预测值下调 0.1 个百分点。根据中国农业产业模型（CASM），2024 年棉花加工消费量预计为 751.26 万吨，较 2023 年减少 126 万吨；2025 年棉花消费量预计为 750.49 万吨，较 2024 年减少 0.78 万吨。

**食糖消费量持平略涨**。随着中国宏观经济逐渐恢复，居民人均可支配收入持续增长，食品工业、饮料业、饮食业等用糖行业快速发展，中国食糖工业消费稳步上升，与此同时受人口减少、居民“低糖少糖”观念兴起、饮食习惯改变以及代糖产品消费增加等的影响，中国食糖居民消费水平将持平或低速增长。据中国农业产业模型（CASM）预测，2024 年中国食糖消费 1 570 万吨，与上一榨季相比增长 2.23%，2025 年中国食糖消费 1 580 万吨，与上一榨季相比增长 0.64%。

**蔬菜消费小幅上升**。受现代居民生活节奏加快、加工产品供给、消费习惯改变等因素影响，蔬菜加工需求所占比重将呈上升趋势，2024 年占比达到 18% 以上。2024 年，蔬菜春季蔬菜消费需求旺盛，价格略上涨，有利于后续生产发展。各地区不断加强改善冷链物流条件、规范发展预制菜产业等措施，为蔬菜产业带来新一轮发展机遇，消费端对便利化、安全化、营养化、有机化蔬菜产品需求旺盛，对多样化开发的蔬菜加工制品消费需求也稳定增长，经营主体对蔬菜产业升级准备更加充分，蔬菜的加工需求增长潜力较大。2024 年，居民在外就餐次数增加，蔬菜户外消费需求有望进一步提升，预期蔬菜消费需求保持增长趋势，根据中国农业产业模型（CASM），2024—2025 年城乡居民人均蔬菜需求预计同比增长 0.50%。

**水果消费总量稳定，品种多样**。根据 CASM 模型，2024 年居民家庭和农村居民家庭人均水果户内消费量仍将保持当前水平，食用消费量达到 1.5 亿吨。水果消费呈现多元化特征，许多水果品种在国内外市场供应支持下，实现了周年供应。消费者对老品种、老口味执着追捧，也对新品种有一定的青睐和消费热度，热带水果、特色水果消费需求不断增加。自东亚、南亚热带水果进口量额，以及自南美洲樱桃、李子、蓝莓进口量仍将保持高位态势，加之水果品种在种植过程中会出现种性退化，国内外新品种不断涌现，水果消费市场保持总量稳定，品种多样态势。蓝莓、樱桃、李子等市场售价较高的水果种植面积将扩大，地方培育特色品种增多。

2024—2025 年中国其他重要农产品消费预测详见表 11-4。

表 11-4　2024—2025 年中国其他重要农产品消费预测

单位：万吨

| 指标 | 年份 | 马铃薯 | 棉花 | 糖料 | 蔬菜 | 水果 |
|---|---|---|---|---|---|---|
| 国内消费 | 2024 | 9 119.67 | 751.26 | 1 570 | 81 258.49 | 30 026.81 |
| | 2025 | 9 130.91 | 750.49 | 1 580 | 81 368.89 | 30 117.15 |
| | 同比变化 | 0.12% | -0.10% | 0.64% | 0.14% | 0.30% |
| 食用消费 | 2024 | 5 858.81 | — | 465.04 | 19 304.52 | 15 139.41 |
| | 2025 | 5 836.11 | — | 466.72 | 19 390.95 | 15 251.52 |
| | 同比变化 | -0.39% | — | 0.36% | 0.45% | 0.74% |
| 工业消费 | 2024 | 929.67 | 751.26 | 851.14 | 15 508.96 | 7 558.27 |
| | 2025 | 962.57 | 750.49 | 873.62 | 15 683.39 | 7 579.43 |
| | 同比变化 | 3.54% | -0.10% | 2.64% | 1.12% | 0.28% |

数据来源：中国农业产业模型（CASM）。

### 11.2.3　贸易形势

**马铃薯净出口逐步恢复**。我国虽然是马铃薯生产大国，但是出口贸易量却不大。预计 2024 年中国马铃薯净出口量有望达到 48.99 万吨。随着高水平对外开放，在巩固传统贸易伙伴的基础上，继续开拓“一带一路”共建国家市场及周边地区，研发更多适合出口的马铃薯产品，提高马铃薯的附加值，有望逐步恢复和增加马铃薯出口量。

**棉花进口量稳中略降**。在全球经济增速明显放缓的背景下，下游市场消费需求仍呈疲弱态势，棉花进口量将持平略减。根据中国农业产业模型（CASM），2024 年和 2025 年中国棉花净进口量将分别达到 194.17 万吨和 193.05 万吨，比 2023 年分别减少 3.17 万吨和 2.05 万吨，降幅分别为 1.67% 和 1.07%。

**食糖进口量大幅上涨，出口量波动明显**。长期以来，中国主要通过关税配额管理、进口许可证发放等措施来调节食糖进口节奏，未来两年在国内食糖市场开放度提高、食糖产不足需基本面不变、国内外价差客观存在等因素的综合作用下，中国食糖进口规模有望稳中有增。据中国农业产业模型（CASM）预测，2024 年中国食糖进口 500 万吨，与上一榨季相比增长 28.67%；食糖出口 14 万吨，与上一榨季相比减少 24.32%。2025 年中国食糖进口 500 万吨，与上一榨季持平；食糖出口 16 万吨，与上一榨季相比增长 14.29%。

**蔬菜净出口量有所下降**。中国蔬菜产业具有较强国际竞争力，2023 年一些出口不利因素有所消除。应注意到，欧洲东部等一些国家和地区短期内经济依然恢复缓慢，存在一定的危机隐患，不利于蔬菜等农产品进口，但东亚、东南亚国家出口市场保持一定的增长态势。综合考虑国内供需形势，预计 2024 年蔬菜出口市场将呈现有所下降态势。根据中国农业产业模型（CASM），2024 年、2025 年蔬菜净出口量达到 763.96 万吨、589.07 万吨。

**水果贸易将保持高位逆差态势**。未来，中国仍是东亚、南亚国家榴莲、香蕉、山竹、椰子等热带水果的重点出口市场，热带水果上市期恰逢我国 3—6 月水果价格周期性高位，同时大宗温带水果集中在 9—11 月上市，我国水果产业和出口面临更加严峻的市场竞争。近年，水果出口受海运费用上涨、经济下行等多因素影响，出口量、出口额提升空间有限，水果贸易整体将保持高位逆差态势。水果产业亟待通过提高标准化生产水平，开展区域公用品牌和出口基地建设，提升水果的商品率和竞争力水平，除常规出口的温带、大宗水果品种外，还应开拓日本、韩国、中东、东南亚市场浆果和特色水果的鲜果和冻干果出口，促进出口量额双提升。

# 主要参考文献


陈萌山，秦朗，程广燕，2023. 践行大食物观：中国食物系统转型的挑战、目标与路径[J]. 农业经济问题（5）：4–10.

程国强，2023. 大食物观：结构变化、政策涵义与实践逻辑[J]. 农业经济问题（5）：49–60.

樊胜根，田旭，龙文进，2024. 大食物观下我国食物供求均衡的挑战与对策[J]. 华中农业大学学报（社会科学版）（2）：1–9.

高帆，2023. "新质生产力"的提出逻辑、多维内涵及时代意义[J]. 政治经济学评论，14（6）：127–145.

龚斌磊，袁菱苒，2024. 新质生产力视角下的农业全要素生产率：理论、测度与实证[J]. 农业经济问题（4）：68–80.

郭芸芸，王景伟，韩昕儒，王振东，2023-12-27. 2023中国新型农业经营主体发展分析报告（二）——基于中国农业企业500强的调查[N]. 农民日报.

国家统计局. 2022年全国农业及相关产业增加值占GDP比重为16. 24%[EB/OL].（2023-12-29）. [2024-04-20]. https://www. stats. gov. cn/sj/zxfb/202312/t20231229_1946063. html.

国务院新闻办就2023年前三季度农业农村经济运行情况举行发布会[EB/OL].（2023-10-23）. [2024-04-20]. https://www. gov. cn/lianbo/fabu/202310/content_6911096. htm.

韩俊，2018. 以习近平总书记"三农"思想为根本遵循实施好乡村振兴战略[J]. 管理世界，34（8）：1–10.

韩长赋，2017-06-29. 大力推进农产品加工业转型升级加快发展[N]. 农民日报.

胡冰川，2022. 粮食安全背景下的大食物观[J]. 中国发展观察（6）：81–85.

胡莹，方太坤，2024. 再论新质生产力的内涵特征与形成路径——以马克思生产力理论为视角［J］. 浙江工商大学学报，1-13.

黄季焜，解伟，2022. 中国未来食物供需展望与政策取向［J］. 工程管理科技前沿，41（1）：17-25.

黄群慧，盛方富，2024. 新质生产力系统：要素特质、结构承载与功能取向［J］. 改革（2）：15-24.

贾小玲，孙致陆，李先德，2023. 中国大麦进口格局及进口多元化分析［J］. 世界农业（5）：57-67.

姜长云，2024-05-08. 农业新质生产力：内涵特征、发展重点、面临制约和政策建议[J/OL]. 南京农业大学学报（社会科学版）：1-17. [2024-05-08]. https://doi.org/10.19714/j.cnki.1671-7465.20240429.001.

林永钦，齐维孩，祝琴，2019. 基于生态足迹的中国可持续食物消费模式［J］. 自然资源学报，34（2）：338-347.

刘奇，2021. 树立大食物安全观　保障国家粮食安全［J］. 乡村振兴（3）：32-35.

刘馨阳，韩昕儒，王晶晶，等，2014. 中国加工农产品国际竞争力及其敏感产品分析［J］. 世界农业（4）：103-110.

刘长全，韩磊，李婷婷，等，2023. 大食物观下中国饲料粮供给安全问题研究［J］. 中国农村经济（1）：33-57.

龙文进，樊胜根，2023. 基于大食物观的多元化食物供给体系构建研究［J］. 农业现代化研究，44（2）：233-243.

卢江，郭子昂，王煜萍，2024. 新质生产力发展水平、区域差异与提升路径［J］. 重庆大学学报（社会科学版），1-16.

罗必良，耿鹏鹏，2024. 农业新质生产力：理论脉络、基本内核与提升路径［J］. 农业经济问题（4）：13-26.

毛世平，张琛，2024. 以发展农业新质生产力推进农业强国建设［J］. 农业经济问题（4）：36-46.

毛学峰，刘靖，朱信凯，2014. 国际食物消费启示与中国食物缺口分析：基于历史数据［J］. 经济理论与经济管理（8）：103-112.

倪国华，王赛男 & JIN Yanhong，2021. 中国现代化进程中的粮食安全政策选择

[J]. 经济研究（11），173-191.

农业农村部乡村产业发展司. 2020年中国农产品加工业经济运行报告[EB/OL]. http://lwzb. stats. gov. cn/pub/lwzb/tzgg/202107/W020210723348606771467. pdf.

农业农村部乡村产业发展司. 2022年中国农产品加工业经济运行报告[EB/OL]. http://lwzb. stats. gov. cn/pub/lwzb/fbjd/202306/W020230605413585326652. pdf.

蒲清平，黄媛媛，2023. 习近平总书记关于新质生产力重要论述的生成逻辑、理论创新与时代价值[J]. 西南大学学报（社会科学版），49（6）：1-11.

秦越，李干琼，2022. 典型国家与地区肉类消费特征及变化规律研究[J]. 农业展望，18（1）：15-25.

仇焕广，雷馨圆，冷淦潇，等，2022. 新时期中国粮食安全的理论辨析[J]. 中国农村经济（7）：2-17.

全世文，张慧云，2023. 中国食物消费结构的收敛性研究[J]. 中国农村经济（7）：57-80.

任保平，2024. 生产力现代化转型形成新质生产力的逻辑[J]. 经济研究，59（3）：12-19.

王汉中，王济民，郭静利，等，2021. 农业及农业科技改革开放40年回顾与展望[M]. 北京：中国农业科学技术出版社.

王静华，刘人境，2024. 乡村振兴的新质生产力驱动逻辑及路径[J]. 深圳大学学报（人文社会科学版），1-9.

王琴梅，杨军鸽，2023. 数字新质生产力与我国农业的高质量发展研究[J]. 陕西师范大学学报（哲学社会科学版），52（6）：61-72.

习近平，2023. 加快建设农业强国推进农业农村现代化[J]. 农村工作通讯，（6）：4-9.

向晶，钟甫宁，2013. 人口结构变动对未来粮食需求的影响：2010—2050[J]. 中国人口·资源与环境，23（6）：117-121.

辛良杰，2018. 中国大陆可能的膳食消费水平与粮食需求量——基于中国台湾的历程判断[J]. 中国工程科学，20（5）：135-141.

辛良杰，2021. 中国居民膳食结构升级、国际贸易与粮食安全[J]. 自然资源学报，36（6）：1469-1480.

杨广越，2024. 新质生产力的研究现状与展望[J]. 经济问题（5）：7-17.

杨军，程申，杨博琼，等，2013. 日韩粮食消费结构变化特征及对我国未来农产品需求的启示[J]. 中国软科学（1）：24-31.

杨崑，李光泗，祁华清，2023. “立足自给”还是“倚重贸易”——农业强国进程中的饲用粮食安全困境[J]. 农业经济问题（12）：17-35.

易纲，樊纲，李岩，2003. 关于中国经济增长与全要素生产率的理论思考[J]. 经济研究（8）：13-20.

曾庆华，宗刚，杨正东，2019. 基于全要素生产率的重点产业核心竞争力分析——北京市2008—2017年数据的实证研究[J]. 科技管理研究，39（1）：118-128.

张辉，唐琦，2024. 新质生产力形成的条件、方向及着力点[J]. 学习与探索（1）：82-91.

张彰，2024. 数字新质生产力、农业产业链延伸与共同富裕[J]. 统计与决策，1-6.

郑志浩，高颖，赵殷钰，2016. 收入增长对城镇居民食物消费模式的影响[J]. 经济学（季刊），15（1）：263-288.

中国农产品加工业年鉴编辑委员会，2014. 中国农产品加工业年鉴2014[M]. 北京：中国农业出版社.

中国农业科学院，2019. 中国农业产业发展报告2019[M]. 北京：经济科学出版社.

中国营养学会，2022. 中国居民膳食指南（2022）[M]. 北京：人民卫生出版社.

周洁，2024. 以新质生产力保障粮食安全：内在逻辑、机遇挑战与对策建议[J]. 经济纵横（3）：31-40.

周文，何雨晴，2024. 新质生产力：中国式现代化的新动能与新路径[J]. 财经问题研究（4）：3-15.

周文，许凌云，2023. 论新质生产力：内涵特征与重要着力点[J]. 改革（10）：1-13.

周晓雨，逄学思，郭燕枝，等，2018. 日本食物消费结构变化及对中国的启示

［J］. 中国农业科技导报，20（2）：80-85.

朱迪，叶林祥，2024. 中国农业新质生产力：水平测度与动态演变［J］. 统计与决策，1-7.

朱文博，全世文，杨鑫，2024. 中国城乡居民健康饮食评价研究［J］. 世界农业（3）：54-67.

日本农林水产省. 6次産業化総合調査［EB/OL］.（2024-4-19）. [2024-04-20]. https://www. maff. go. jp/j/tokei/kouhyou/rokujika/index. html.

BEA. Interactive Data-Components of Value Added［EB/OL］.（2023-10-27）. [2024-04-20]. https://apps. bea. gov/iTable/?isuri=1&reqid=151&step=1.

CHRISTOPHE C，GOUEL H G，2019. Nutrition Transition and the Structure of Global Food Demand［J］. American Journal of Agricultural Economics，101（2）：383-403.

FAO，2018. The future of food and agriculture – Alternative pathways to 2050［J］. 1-228.

FISCHER G，NACHTERGAELE F O，VAN VELTHUIZEN H，et al.，2021. Global agro-ecological zones（gaez v4）-model documentation［J］.

REGMI A，GEHLHAR M，WAINIO J，et al.，2005. Market access for high-value foods［M］. US Department of Agriculture，Economic Research Service.

SHENG F，WANG J，CHEN K Z，et al.，2021. Changing Chinese diets to achieve a win–win solution for health and the environment［J］. China & World Economy，29（6）：34-52.

USDA. Ag and Food Sectors and the Economy［EB/OL］.（2024-4-19）. [2024-04-20]. https://www. ers. usda. gov/data-products/ag-and-food statistics-charting-the-essentials/ag-and-food-sectors-and-the-economy/.

YIN J，ZHANG X，HUANG W，et al.，2021. The potential benefits of dietary shift in China：Synergies among acceptability，health，and environmental sustainability［J］. Science of the Total Environment，779：146497.

# 附　录

# 附录一

# 2024—2035 年主要农产品供求展望

在 2018—2023 年《中国农业产业发展报告》的基础上，本报告根据最新的统计数据对供求平衡表进行了适当修正，利用中国农业产业模型（CASM），以 2023 年为基期，对 2024—2035 年主要年份农产品的供求形势进行了展望。展望结果见附表 1 至附表 19。

**附表 1　2023—2035 年中国粮食供求展望**

| 项目 | 2023 年（基期） | 2024 年 | 2025 年 | 2030 年 | 2035 年 |
| --- | --- | --- | --- | --- | --- |
| 总供给 / 万吨 | 85 475.00 | 86 393.82 | 87 186.50 | 89 712.88 | 90 209.65 |
| 国内产量 / 万吨 | 69 541.00 | 70 258.07 | 71 091.08 | 75 932.78 | 76 473.70 |
| 播种面积 / 万公顷 | 11 896.90 | 11 916.42 | 11 936.16 | 12 038.44 | 12 133.25 |
| 单产 /（千克 / 公顷） | 5 845.30 | 5 895.90 | 5 955.94 | 6 307.53 | 6 302.82 |
| 净进口量 / 万吨 | 15 934.00 | 16 135.75 | 16 095.42 | 13 780.10 | 13 735.95 |
| 总需求 / 万吨 | 85 475.00 | 86 393.82 | 87 186.50 | 89 712.88 | 90 209.65 |
| 食用需求 / 万吨 | 28 749.36 | 28 456.16 | 28 196.29 | 27 118.68 | 26 112.33 |
| 种用需求 / 万吨 | 1 137.11 | 1 138.63 | 1 140.16 | 1 148.12 | 1 155.86 |
| 饲料需求 / 万吨 | 24 251.22 | 24 146.93 | 24 323.23 | 25 149.47 | 25 551.70 |
| 工业需求 / 万吨 | 22 101.12 | 22 572.83 | 23 011.85 | 25 784.98 | 27 202.13 |
| 损耗 / 万吨 | 9 621.34 | 9 677.24 | 9 747.66 | 10 130.99 | 9 826.09 |
| 其他需求 / 万吨 | −385.13 | 402.03 | 767.31 | 380.65 | 361.54 |

资料来源：中国农业产业模型（CASM）。

附表 2　2023—2035 年中国稻谷供求展望

| 项目 | 2023 年（基期） | 2024 年 | 2025 年 | 2030 年 | 2035 年 |
|---|---|---|---|---|---|
| 总供给 / 万吨 | 20 760.90 | 20 940.20 | 21 184.03 | 22 129.27 | 22 273.25 |
| 国内产量 / 万吨 | 20 660.30 | 20 783.91 | 20 934.40 | 21 782.38 | 21 889.92 |
| 播种面积 / 万公顷 | 2 894.91 | 2 895.49 | 2 896.07 | 2 898.97 | 2 900.42 |
| 单产 /（千克 / 公顷） | 7 136.77 | 7 178.03 | 7 228.56 | 7 513.85 | 7 547.17 |
| 净进口量 / 万吨 | 100.60 | 156.29 | 249.63 | 346.89 | 383.33 |
| 总需求 / 万吨 | 20 760.90 | 20 940.20 | 21 184.03 | 22 129.27 | 22 273.25 |
| 食用需求 / 万吨 | 15 799.58 | 15 618.42 | 15 457.97 | 14 793.37 | 14 180.70 |
| 种用需求 / 万吨 | 132.00 | 132.03 | 132.05 | 132.18 | 132.25 |
| 饲料需求 / 万吨 | 1 673.59 | 1 648.29 | 1 664.25 | 1 753.81 | 1 838.37 |
| 工业需求 / 万吨 | 1 757.00 | 1 833.25 | 1 905.88 | 3 030.74 | 3 669.38 |
| 损耗 / 万吨 | 1 897.60 | 1 908.95 | 1 922.78 | 2 000.66 | 2 010.54 |
| 其他需求 / 万吨 | −498.87 | −200.74 | 101.10 | 418.50 | 442.02 |

资料来源：中国农业产业模型（CASM）。

附表 3　2023—2035 年中国小麦供求展望

| 项目 | 2023 年（基期） | 2024 年 | 2025 年 | 2030 年 | 2035 年 |
|---|---|---|---|---|---|
| 总供给 / 万吨 | 14 848.40 | 14 953.50 | 14 995.01 | 15 033.78 | 14 949.57 |
| 国内产量 / 万吨 | 13 659.00 | 13 812.70 | 13 900.50 | 14 216.91 | 14 262.59 |
| 播种面积 / 万公顷 | 2 362.72 | 2 363.19 | 2 363.67 | 2 366.03 | 2 367.21 |
| 单产 /（千克 / 公顷） | 5 781.05 | 5 844.93 | 5 880.91 | 6 008.76 | 6 025.05 |
| 净进口量 / 万吨 | 1 189.40 | 1 140.79 | 1 094.50 | 816.87 | 686.98 |
| 总需求 / 万吨 | 14 848.40 | 14 953.50 | 14 995.01 | 15 033.78 | 14 949.57 |
| 食用需求 / 万吨 | 9 162.86 | 9 048.09 | 8 952.25 | 8 572.25 | 8 224.68 |
| 种用需求 / 万吨 | 639.69 | 639.82 | 639.95 | 640.59 | 640.91 |
| 饲料需求 / 万吨 | 2 010.21 | 1 984.85 | 1 999.97 | 2 070.10 | 2 113.82 |
| 工业需求 / 万吨 | 1 071.00 | 1 123.76 | 1 175.05 | 1 407.93 | 1 619.42 |
| 损耗 / 万吨 | 2 245.19 | 2 270.46 | 2 284.89 | 2 336.90 | 2 344.41 |
| 其他需求 / 万吨 | −280.56 | −113.48 | −57.10 | 6.02 | 6.34 |

资料来源：中国农业产业模型（CASM）。

**附表4 2023—2035年中国玉米供求展望**

| 项目 | 2023年（基期） | 2024年 | 2025年 | 2030年 | 2035年 |
| --- | --- | --- | --- | --- | --- |
| 总供给 / 万吨 | 31 596.10 | 31 784.63 | 32 132.11 | 33 774.58 | 33 743.16 |
| 国内产量 / 万吨 | 28 884.00 | 29 220.71 | 29 680.36 | 32 135.27 | 32 238.52 |
| 播种面积 / 万公顷 | 4 420.00 | 4 422.65 | 4 425.31 | 4 438.60 | 4 440.82 |
| 单产 /（千克 / 公顷） | 6 534.84 | 6 607.06 | 6 706.96 | 7 239.96 | 7 259.59 |
| 净进口量 / 万吨 | 2 712.10 | 2 563.92 | 2 451.75 | 1 639.31 | 1 504.64 |
| 总需求 / 万吨 | 31 596.10 | 31 784.63 | 32 132.11 | 33 774.58 | 33 743.16 |
| 食用需求 / 万吨 | 1 890.00 | 1 880.87 | 1 870.79 | 1 823.35 | 1 774.58 |
| 种用需求 / 万吨 | 126.00 | 126.08 | 126.15 | 126.53 | 126.59 |
| 饲料需求 / 万吨 | 16 615.10 | 16 563.23 | 16 670.88 | 17 161.18 | 17 328.08 |
| 工业需求 / 万吨 | 7 700.00 | 7 936.76 | 8 152.54 | 9 170.26 | 9 365.29 |
| 损耗 / 万吨 | 5 199.10 | 5 212.37 | 5 246.71 | 5 429.61 | 5 090.90 |
| 其他需求 / 万吨 | 65.90 | 65.33 | 65.04 | 63.65 | 57.72 |

资料来源：中国农业产业模型（CASM）。

**附表5 2023—2035年中国大豆供求展望**

| 项目 | 2023年（基期） | 2024年 | 2025年 | 2030年 | 2035年 |
| --- | --- | --- | --- | --- | --- |
| 总供给 / 万吨 | 12 012.90 | 12 164.25 | 12 280.01 | 11 990.98 | 12 346.82 |
| 国内产量 / 万吨 | 2 084.00 | 2 191.05 | 2 327.61 | 3 550.62 | 3 835.37 |
| 播种面积 / 万公顷 | 1 046.70 | 1 062.40 | 1 078.34 | 1 161.67 | 1 251.44 |
| 单产 /（千克 / 公顷） | 1 991.02 | 2 062.36 | 2 158.52 | 3 056.47 | 3 064.76 |
| 净进口量 / 万吨 | 9 928.90 | 9 973.20 | 9 952.40 | 8 440.36 | 8 511.45 |
| 总需求 / 万吨 | 12 012.90 | 12 164.25 | 12 280.01 | 11 990.98 | 12 346.82 |
| 食用需求 / 万吨 | 1 550.00 | 1 561.92 | 1 569.21 | 1 588.83 | 1 597.58 |
| 种用需求 / 万吨 | 84.78 | 86.05 | 87.34 | 94.09 | 101.36 |
| 工业需求 / 万吨 | 9 500.00 | 9 593.05 | 9 685.02 | 10 064.85 | 10 425.27 |
| 损耗 / 万吨 | 120.25 | 126.43 | 134.31 | 204.88 | 221.31 |
| 其他需求 / 万吨 | 757.87 | 796.80 | 804.14 | 38.33 | 1.29 |

资料来源：中国农业产业模型（CASM）。

**附表 6　2023—2035 年中国油菜籽供求展望**

| 项目 | 2023 年（基期） | 2024 年 | 2025 年 | 2030 年 | 2035 年 |
|---|---|---|---|---|---|
| 总供给 / 万吨 | 2 140.90 | 2 165.50 | 2 186.03 | 2 266.84 | 2 309.85 |
| 国内产量 / 万吨 | 1 621.09 | 1 672.81 | 1 732.83 | 1 998.45 | 2 013.89 |
| 播种面积 / 万公顷 | 735.00 | 735.74 | 736.47 | 740.16 | 743.86 |
| 单产 /（千克 / 公顷） | 2 205.56 | 2 273.66 | 2 352.89 | 2 700.02 | 2 707.34 |
| 净进口量 / 万吨 | 519.81 | 492.69 | 453.19 | 268.39 | 295.96 |
| 总需求 / 万吨 | 2 140.90 | 2 165.50 | 2 186.03 | 2 266.84 | 2 309.85 |
| 工业需求 / 万吨 | 1 932.50 | 1 950.45 | 1 963.26 | 2 009.93 | 2 050.95 |
| 其他需求 / 万吨 | 208.40 | 215.05 | 222.77 | 256.91 | 258.90 |

资料来源：中国农业产业模型（CASM）。

**附表 7　2023—2035 年中国花生供求展望**

| 项目 | 2023 年（基期） | 2024 年 | 2025 年 | 2030 年 | 2035 年 |
|---|---|---|---|---|---|
| 总供给 / 万吨 | 1 880.00 | 1 928.34 | 1 954.14 | 2 049.01 | 2 129.44 |
| 国内产量 / 万吨 | 1 860.00 | 1 865.84 | 1 882.02 | 1 931.39 | 1 970.76 |
| 播种面积 / 万公顷 | 482.00 | 486.82 | 491.69 | 500.59 | 505.61 |
| 单产 /（千克 / 公顷） | 3 858.92 | 3 832.71 | 3 827.67 | 3 858.23 | 3 897.76 |
| 净进口量 / 万吨 | 20.00 | 62.50 | 72.12 | 117.62 | 158.69 |
| 总需求 / 万吨 | 1 880.00 | 1 928.34 | 1 954.14 | 2 049.01 | 2 129.44 |
| 食用需求 / 万吨 | 810.00 | 830.14 | 843.58 | 887.67 | 921.59 |
| 工业需求 / 万吨 | 1 070.00 | 1 098.20 | 1 110.55 | 1 161.34 | 1 207.85 |

资料来源：中国农业产业模型（CASM）。

**附表 8　2023—2035 年中国马铃薯供求展望**

| 项目 | 2023 年（基期） | 2024 年 | 2025 年 | 2030 年 | 2035 年 |
|---|---|---|---|---|---|
| 总供给 / 万吨 | 9 150.00 | 9 168.66 | 9 186.86 | 9 371.48 | 9 523.34 |
| 国内产量 / 万吨 | 9 150.00 | 9 168.66 | 9 186.86 | 9 371.48 | 9 523.34 |
| 播种面积 / 万公顷 | 460.00 | 460.41 | 460.79 | 462.16 | 462.98 |
| 单产 /（千克 / 公顷） | 19 891.30 | 19 913.95 | 19 937.34 | 20 277.39 | 20 569.68 |

（续表）

| 项目 | 2023 年（基期） | 2024 年 | 2025 年 | 2030 年 | 2035 年 |
|---|---|---|---|---|---|
| 总需求 / 万吨 | 9 150.00 | 9 168.66 | 9 186.86 | 9 371.48 | 9 523.34 |
| 食用需求 / 万吨 | 5 872.00 | 5 858.81 | 5 836.11 | 5 688.55 | 5 497.82 |
| 种用需求 / 万吨 | 825.75 | 826.49 | 827.16 | 829.63 | 831.10 |
| 饲料需求 / 万吨 | 550.50 | 548.30 | 551.56 | 566.16 | 570.97 |
| 工业需求 / 万吨 | 917.50 | 929.67 | 962.57 | 1 277.24 | 1 615.37 |
| 损耗 / 万吨 | 959.25 | 956.40 | 953.51 | 948.59 | 940.11 |
| 净出口量 / 万吨 | 25.00 | 48.99 | 55.96 | 61.30 | 67.98 |

资料来源：中国农业产业模型（CASM）。

**附表 9 2023—2035 年中国棉花供求展望**

| 项目 | 2023 年（基期） | 2024 年 | 2025 年 | 2030 年 | 2035 年 |
|---|---|---|---|---|---|
| 总供给 / 万吨 | 752.80 | 752.92 | 751.54 | 739.87 | 726.48 |
| 国内产量 / 万吨 | 561.80 | 558.74 | 558.49 | 565.38 | 539.13 |
| 播种面积 / 万公顷 | 278.81 | 276.02 | 273.26 | 259.87 | 247.13 |
| 单产 /（千克 / 公顷） | 2 014.99 | 2 024.28 | 2 043.79 | 2 175.64 | 2 181.54 |
| 净进口量 / 万吨 | 191.00 | 194.17 | 193.05 | 174.49 | 187.36 |
| 总需求 / 万吨 | 752.80 | 752.92 | 751.54 | 739.87 | 726.48 |
| 工业需求 / 万吨 | 750.00 | 751.26 | 750.49 | 739.65 | 726.39 |
| 其他需求 / 万吨 | 2.80 | 1.66 | 1.05 | 0.22 | 0.09 |

资料来源：中国农业产业模型（CASM）。

**附表 10 2023—2035 年中国糖供求展望**

| 项目 | 2023 年（基期） | 2024 年 | 2025 年 | 2030 年 | 2035 年 |
|---|---|---|---|---|---|
| 总供给 / 万吨 | 1 267.10 | 1 481.00 | 1 584.00 | 1 589.87 | 1 604.01 |
| 国内产量 / 万吨 | 897.00 | 995.00 | 1 100.00 | 1 134.00 | 1 204.00 |
| 净进口量 / 万吨 | 370.10 | 486.00 | 484.00 | 455.87 | 400.01 |
| 总需求 / 万吨 | 1 267.10 | 1 481.00 | 1 584.00 | 1 589.87 | 1 604.01 |
| 食用需求 / 万吨 | 462.82 | 465.04 | 466.72 | 572.40 | 576.00 |

资料来源：中国农业产业模型（CASM）。

附表 11 2023—2035 年中国蔬菜供求展望

| 项目 | 2023 年（基期） | 2024 年 | 2025 年 | 2030 年 | 2035 年 |
|---|---|---|---|---|---|
| 总供给 / 万吨 | 82 800.00 | 82 022.46 | 81 957.96 | 83 620.43 | 85 462.73 |
| 国内产量 / 万吨 | 82 800.00 | 82 022.46 | 81 957.96 | 83 620.43 | 85 462.73 |
| 播种面积 / 万公顷 | 2 288.40 | 2 290.69 | 2 292.98 | 2 304.47 | 2 316.00 |
| 单产 /（千克 / 公顷） | 36 182.49 | 35 806.90 | 35 743.00 | 36 286.24 | 36 901.07 |
| 总需求 / 万吨 | 82 800.00 | 82 022.46 | 81 957.96 | 83 620.43 | 85 462.73 |
| 食用需求 / 万吨 | 19 187.14 | 19 304.52 | 19 390.95 | 19 635.45 | 19 715.62 |
| 工业需求 / 万吨 | 15 292.00 | 15 508.96 | 15 683.39 | 16 400.62 | 17 057.44 |
| 损耗 / 万吨 | 20 700.01 | 20 362.08 | 20 232.13 | 20 333.48 | 20 679.10 |
| 其他需求 / 万吨 | 26 330.18 | 26 082.92 | 26 062.41 | 26 591.08 | 27 176.92 |
| 净出口量 / 万吨 | 1 290.67 | 763.96 | 589.07 | 659.80 | 833.65 |

资料来源：中国农业产业模型（CASM）。

附表 12 2023—2035 年中国水果供求展望

| 项目 | 2023 年（基期） | 2024 年 | 2025 年 | 2030 年 | 2035 年 |
|---|---|---|---|---|---|
| 总供给 / 万吨 | 29 936.70 | 30 026.81 | 30 117.15 | 30 464.27 | 30 659.43 |
| 国内产量 / 万吨 | 29 600.00 | 29 463.84 | 29 438.48 | 29 633.29 | 29 878.55 |
| 播种面积 / 万公顷 | 1 280.00 | 1 281.28 | 1 282.56 | 1 288.99 | 1 295.40 |
| 单产 /（千克 / 公顷） | 23 125.00 | 22 995.63 | 22 952.88 | 22 989.60 | 23 065.13 |
| 净进口量 / 万吨 | 336.70 | 562.97 | 678.68 | 830.98 | 780.88 |
| 总需求 / 万吨 | 29 936.70 | 30 026.81 | 30 117.15 | 30 464.27 | 30 659.43 |
| 食用需求 / 万吨 | 15 018.71 | 15 139.41 | 15 251.52 | 15 684.87 | 15 965.40 |
| 工业需求 / 万吨 | 7 517.99 | 7 558.27 | 7 579.43 | 7 626.50 | 7 660.45 |

资料来源：中国农业产业模型（CASM）。

附表 13 2023—2035 年中国猪肉供求展望

| 项目 | 2023 年（基期） | 2024 年 | 2025 年 | 2030 年 | 2035 年 |
|---|---|---|---|---|---|
| 总供给 / 万吨 | 5 946.32 | 5 795.91 | 5 820.43 | 5 878.84 | 5 898.18 |
| 国内产量 / 万吨 | 5 794.00 | 5 641.05 | 5 657.47 | 5 720.21 | 5 780.56 |

（续表）

| 项目 | 2023 年（基期） | 2024 年 | 2025 年 | 2030 年 | 2035 年 |
|---|---|---|---|---|---|
| 净进口量 / 万吨 | 152.32 | 154.85 | 162.95 | 158.63 | 117.62 |
| 总需求 / 万吨 | 5 946.32 | 5 795.91 | 5 820.43 | 5 878.84 | 5 898.18 |
| 食用需求 / 万吨 | 4 546.55 | 4 388.35 | 4 399.45 | 4 402.95 | 4 371.84 |
| 损耗 / 万吨 | 297.45 | 289.60 | 290.44 | 293.66 | 296.76 |
| 其他需求 / 万吨 | — | — | — | — | — |

资料来源：中国农业产业模型（CASM）。

**附表 14　2023—2035 年中国牛肉供求展望**

| 项目 | 2023 年（基期） | 2024 年 | 2025 年 | 2030 年 | 2035 年 |
|---|---|---|---|---|---|
| 总供给 / 万吨 | 1 026.73 | 1 061.28 | 1 086.94 | 1 139.55 | 1 170.71 |
| 国内产量 / 万吨 | 753.00 | 765.45 | 776.05 | 814.69 | 838.49 |
| 净进口量 / 万吨 | 273.73 | 295.83 | 310.89 | 324.87 | 332.22 |
| 总需求 / 万吨 | 1 026.73 | 1 061.28 | 1 086.94 | 1 139.55 | 1 170.71 |
| 食用需求 / 万吨 | 925.67 | 958.55 | 982.79 | 1 030.22 | 1 058.18 |
| 其他需求 / 万吨 | 101.06 | 102.73 | 104.15 | 109.34 | 112.53 |

资料来源：中国农业产业模型（CASM）。

**附表 15　2023—2035 年中国羊肉供求展望**

| 项目 | 2023 年（基期） | 2024 年 | 2025 年 | 2030 年 | 2035 年 |
|---|---|---|---|---|---|
| 总供给 / 万吨 | 574.24 | 585.16 | 592.09 | 614.82 | 632.10 |
| 国内产量 / 万吨 | 531.00 | 535.70 | 540.09 | 560.73 | 574.86 |
| 净进口量 / 万吨 | 43.24 | 49.46 | 52.00 | 54.09 | 57.24 |
| 总需求 / 万吨 | 574.24 | 585.16 | 592.09 | 614.82 | 632.10 |
| 食用需求 / 万吨 | 460.83 | 470.49 | 476.32 | 494.24 | 507.70 |
| 损耗 / 万吨 | 64.09 | 64.66 | 65.19 | 67.68 | 69.38 |
| 其他需求 / 万吨 | — | — | — | — | — |

资料来源：中国农业产业模型（CASM）。

附表 16　2023—2035 年中国鸡肉供求展望

| 项目 | 2023 年（基期） | 2024 年 | 2025 年 | 2030 年 | 2035 年 |
|---|---|---|---|---|---|
| 总供给 / 万吨 | 1 971.47 | 2 039.07 | 2 089.29 | 2 288.80 | 2 471.81 |
| 国内产量 / 万吨 | 1 896.68 | 2 007.49 | 2 032.51 | 2 138.85 | 2 242.77 |
| 净进口量 / 万吨 | 74.79 | 31.58 | 56.78 | 149.95 | 229.04 |
| 总需求 / 万吨 | 1 971.47 | 2 039.07 | 2 089.29 | 2 288.80 | 2 471.81 |
| 食用需求 / 万吨 | 1 914.57 | 1 978.85 | 2 028.32 | 2 224.63 | 2 404.53 |

资料来源：中国农业产业模型（CASM）。

附表 17　2023—2035 年中国鸡蛋供求展望

| 项目 | 2023 年（基期） | 2024 年 | 2025 年 | 2030 年 | 2035 年 |
|---|---|---|---|---|---|
| 总供给 / 万吨 | 3 028.55 | 3 044.97 | 3 068.05 | 3 164.58 | 3 243.69 |
| 国内产量 / 万吨 | 3 028.55 | 3 044.97 | 3 068.05 | 3 164.58 | 3 243.69 |
| 总需求 / 万吨 | 3 028.55 | 3 044.97 | 3 068.05 | 3 164.58 | 3 243.69 |
| 食用需求 / 万吨 | 2 141.00 | 2 153.13 | 2 160.05 | 2 176.20 | 2 176.00 |
| 加工需求 / 万吨 | 837.00 | 840.81 | 856.22 | 929.46 | 1 003.48 |
| 损耗 / 万吨 | 33.87 | 34.05 | 34.31 | 35.39 | 36.28 |
| 净出口量 / 万吨 | 16.68 | 16.98 | 17.47 | 23.53 | 27.94 |

资料来源：中国农业产业模型（CASM）。

附表 18　2023—2035 年中国牛奶供求展望

| 项目 | 2023 年（基期） | 2024 年 | 2025 年 | 2030 年 | 2035 年 |
|---|---|---|---|---|---|
| 总供给 / 万吨 | 5 891.13 | 6 076.81 | 6 219.81 | 6 785.23 | 7 209.65 |
| 国内产量 / 万吨 | 4 197.00 | 4 326.10 | 4 453.65 | 5 132.29 | 5 384.22 |
| 净进口量 / 万吨 | 1 694.13 | 1 750.71 | 1 766.16 | 1 652.95 | 1 825.43 |
| 总需求 / 万吨 | 5 891.13 | 6 076.81 | 6 219.81 | 6 785.23 | 7 209.65 |
| 食用需求 / 万吨 | 5 223.43 | 5 388.57 | 5 511.28 | 5 968.74 | 6 353.07 |
| 损耗 / 万吨 | 410.36 | 422.98 | 435.45 | 501.81 | 526.44 |
| 其他需求 / 万吨 | 257.34 | 265.26 | 273.08 | 314.69 | 330.13 |

资料来源：中国农业产业模型（CASM）。

**附表 19　2023—2035 年中国水产品供求展望**

| 项目 | 2023 年（基期） | 2024 年 | 2025 年 | 2030 年 | 2035 年 |
| --- | --- | --- | --- | --- | --- |
| 总供给 / 万吨 | 7 403.32 | 7 577.42 | 7 718.95 | 8 300.93 | 8 837.62 |
| 国内产量 / 万吨 | 7 100.00 | 7 209.16 | 7 312.03 | 7 816.87 | 8 322.91 |
| 净进口量 / 万吨 | 303.32 | 368.25 | 406.92 | 484.06 | 514.71 |
| 总需求 / 万吨 | 7 403.32 | 7 577.42 | 7 718.95 | 8 300.93 | 8 837.62 |
| 食用需求 / 万吨 | 3 132.04 | 3 234.01 | 3 311.60 | 3 595.37 | 3 831.51 |
| 加工需求 / 万吨 | 2 607.25 | 2 670.68 | 2 727.73 | 2 997.98 | 3 277.09 |
| 损耗 / 万吨 | 1 664.03 | 1 672.72 | 1 679.62 | 1 707.58 | 1 729.02 |

资料来源：中国农业产业模型（CASM）。

# 附录二

# 中国农业产业模型

为了更好地预测未来中国农业产业的发展趋势和模拟分析各种政策变化或外界冲击对农业产业发展的影响，中国农业科学院农业经济与发展研究所与国际食物政策研究所（IFPRI）依据局部均衡理论构建了政策模拟分析工具——中国农业产业模型（China Agricultural Sector Model，简称 CASM 模型）。该模型涵盖了农作物和畜产品及其加工品共 35 种产品，包括国内生产、消费、库存、进出口贸易和价格等模块构成，建立了不同产品之间的各种相互联系，模拟了农产品市场的运行机制，由国内供给、国内需求和外生国际市场价格共同决定国内价格，当市场出清时，实现市场均衡。中国农业产业模型（CASM）的理论基本框架如附图 1 所示。

与现有模型相比，中国农业产业模型（CASM）具有以下特点：第一，该模型考虑了各种农产品之间存在的替代和互补关系。第二，该模型考虑了畜产品的生产技术特点，在模型中引入了能繁母猪、能繁母牛和商品猪、商品牛，建立了能繁母猪、商品猪与猪肉，能繁母牛、商品牛与牛肉之间的关系。第三，为了更准确地反映城乡居民的食物消费变化特点，该模型将城乡居民的食物消费进一步划分为在家消费和在外消费，以体现不同消费需求类型的特点和影响因素差异。第四，该模型中考虑了农产品的加工品，如大豆、大豆油和豆粕，油菜籽、菜籽油和菜粕，甘蔗、甜菜和食糖，有利于进行整产业链分析。第五，模型中的各类农产品可以灵活加总，不仅可以应用于单个产业分析，也可以应用于多个产业或所有产业分析。

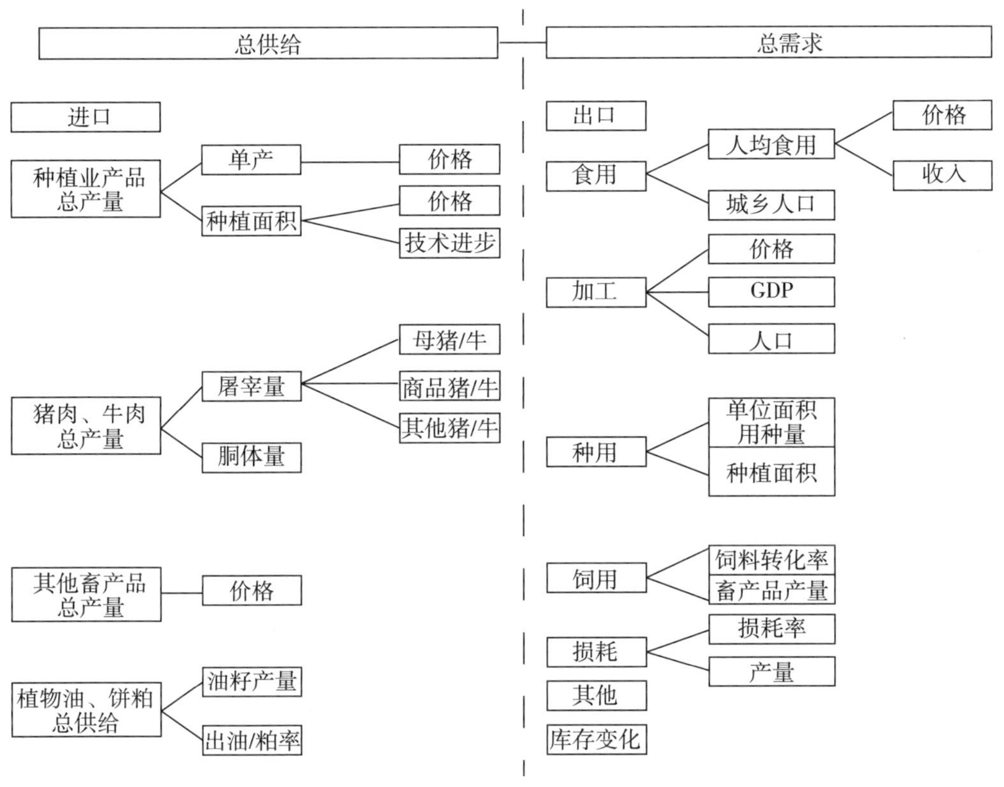


附图 1 中国农业产业模型理论框架

近两年，为了将中国农业产业模型（CASM）运用于更广泛的研究，对模型数据进行了进一步更新和扩展，增加了营养健康和碳排放模块。一是利用最新的统计数据，将中国农业产业模型（CASM）的基准年更新至 2021 年，并递归动态至 2035 年。利用国家统计局和中国营养健康调查数据、结合各种参考文献，调整了所有农产品的供需平衡表，包括重新估计了农村和城镇居民各种农产品的在家消费和在外消费量数据、调整了各种农产品的损失和浪费数据，不仅考虑农产品生产环节的食物损耗，而且考虑了从田到餐桌整个环节的食物损失和浪费。二是为了反映城乡居民的膳食质量和营养状况，模型增加了宏量营养素模块，根据中国疾病预防控制中心营养与健康所发布的《中国食物成分表》，根据每种食物的营养成分和城乡居民的食物消费量，折算能量、蛋白质和脂肪等宏量营养素摄入水平，估计算营养素构成比例。三是将各个产业的温室气体排放量按照实际增温效果转化为相应二氧化碳排放当量。其中，农作物碳排放通常来源于作物残留物排放、焚烧秸秆排放、使用化肥排放、稻田耕地排放。农作物碳排放系数通过参考 FAO 的计算方法，结合《全国农产品成本收益调查统计资料汇编》中关于各种农作物单位面积化肥使用量和《中国统计年鉴》中各种作物的面积，估计各种作物的化肥碳排放结构比例，依据 FAO 提供的化肥排放数量，估计单位农作物面积的化肥碳排放系数。畜产品碳排放参考联合国粮农组织数据库（FAOSTAT）当中测算结果，确定不同种类畜产品单位产量的碳排放当量系数，然后乘以对应产品产量就可以得出某类产品的碳排放当量。农业生产的碳排放当量总量由农作物碳排放量加上畜产品产量碳排放量得到。考虑到未来技术进步带来的碳排放强度下降，CASM 模型假定单位产量畜产品和单位面积农作物二氧化碳排放当量随时间推移而下降。

该模型应用 GAMS（通用代数建模系统）软件进行开发和模型求解。目前，该模型由 36 组 566 个方程、23 组变量、566 个内生变量以及若干外生变量构成。其中，农作物产量取决于种植面积和单产水平；畜产品的产量取决于屠宰量和胴体重，屠宰量取决于母畜存栏量、产仔率、出栏率和其他牲畜的存栏等，胴体重取决于商品的价格和养殖技术进步等。需求由国内需求和出口需求两部分组成。由于农产品的多用途性，农产品的国内需求分为食用、加工、种用、饲用、损耗等，不同类型的消费需求受到的影响因素不同。其中，人均食物消费量主要取决于收入和价格（包括自价格和相关商品价格）；加工消费主要受经济发展 GDP、价格和人口规模等因素的影响。具体方程如下：

## 一、需求方程

### （一）食用需求

食用需求方程由三组方程构成，首先分别计算城镇居民和农村居民的人均食物需求量（价格和收入的函数），然后分别计算城镇居民和农村居民的食物需求量，最后加总城乡居民食物需求量得到食物需求总量。

居民人均食物消费需求：

（1）$\mathrm{Ln}QDFHpc_{C,H,T}=\alpha_{C,H}^{FH}+\sum_{CP}e_{C,CP,H}^{DFPH}\mathrm{Ln}PD_{CP,T}+e_{C,H}^{DFIH}\mathrm{Ln}INCPC_{H,T}$

其中，$QDFHpc_{C,H,T}$ 为人均消费量；$PD_{CP,T}$ 为消费者价格；$INCPC_{H,T}$ 为人均收入；$e_{C,CP,H}^{DFPH}$ w 为居民食物需求价格弹性，$e_{C,H}^{DFPH}$ 为居民食物需求收入弹性，C 和 CP 为产品，H 为人口分组（包括城镇居民和农村居民），T 为年份，DFPH 指可用作食物消费的产品。

居民的食物消费总需求：

（2）$QDFH_{C,H,T} = QDFHpc_{C,H,T} \times POPH_{H,T}$

其中，$QDFH_{C,H,T}$ 为各组家庭的食物消费总量，$POPH_{H,T}$ 为各组家庭的人口数量。

所有居民食物消费总需求：

（3）$QDF_{C,T} = \sum_{H} QDFH_{C,H,T}$

其中，$QDF_{C,T}$ 为全部家庭的食物消费总量。

**（二）饲料需求**

（4）$FEES_{\mathrm{CFEED,CLVS},T} = \alpha_{\mathrm{CFEED,CLVS}}^{\mathrm{FE}} \times IOXL_{\mathrm{CFEED,CLVS}} \times QX_{\mathrm{CLVS},T}$

饲料消费需求取决于将畜产品产量和饲料转化系数。其中，$FEES_{CFEED,CLVS,T}$ 为每种畜产品的各类饲料需求量，$QX_{CLVS,T}$ 为畜产品产量，$IOXL1_{CFEED,CLVS}$ 为饲料转化系数，FE 和 CFEED 为可用于饲料的作物，CLVS 为各种畜产品。

（5）$QDL_{\mathrm{CFEED},T} = \sum_{CLVS} \mathrm{FEES}_{\mathrm{CFEED,CLVS},T}$

各种作物用于作为饲料的需求量等于各种畜产品饲料用量之和。其中，$QDL_{\mathrm{CFEED},T}$ 为各类作物的饲料需求量。

（6）$FECOST_{\mathrm{CLVS},T} = \sum_{\mathrm{CFEED}} (FEES_{\mathrm{CFEED,CLVS},T} \times PD_{\mathrm{CFEED},T}$

畜产品的饲料成本等于各种饲料消费量乘以价格之和。其中，$FECOST_{\mathrm{CLVS},T}$ 为饲料成本，$PD_{\mathrm{CFEED},T}$ 为饲料作物消费者价格。

**（三）加工需求**

（7）$\mathrm{Ln}QDP_{CSUGCRP,T} = \alpha_{CSUGCRP}^{SUG} + sugoutela_{CSUGCRP}\mathrm{Ln}(\frac{PX_{SUGA,T}}{PX_{CSUGCRP,T}})$

糖料作物的加工需求量（QDP）主要由甘蔗和甜菜两类糖料作物的生产者价格和食糖价格的比值，SUGCRP 为糖料作物。

（8）$LnQDP_{C,T}=\alpha_C^P+e_C^{LAP}LnPD_{C,T}+e_C^{LAGDP}LnGDPT_T+e_C^{LAPOP}\times Ln(\sum_H POPH_{H,T})$

除糖料作物外农产品的加工需求量（QDP）取决于农产品（原材料）的价格（PD）、经济发展（GDPT）和人口（POPH）总量，其中，（PX）为生产者价格。

**（四）种用需求**

（9）$QDS_{C,T}=IOXS_{C,T}\times AC_{C,T}$

种用需求量（QDS）为每单位面积用种量（IOXS）和种植面积（AC）的乘积。

**（五）其他需求**

（10）$QDO_{C,T}=IOXO_{C,T}\times QX_{C,T}$

其他需求量（QDO）由产量（QX）和其他需求量的固定比例（IOXO）决定。

**（六）损耗**

（11）$QDW_{C,T}=IOXW_{C,T}\times QX_{C,T}$

损耗量（QDW）由产量（QX）和损耗比例（IOXW）共同决定。

**（七）库存变动**

（12）$STV_{C,T}=IOSTV_{C,T}\times QX_{C,T}$

库存变动（STV）为产量（QX）和库存固定比例（IOSTV）决定。

## 二、供给方程

**（一）农作物种植面积**

（13）$LnAC_{C,T}=a_{C,T}^a+\sum_{CP}e_{C,CP}^{AP}LnPX_{CP,T}$

农作物种植面积（AC）由各类作物生产者价格（PX）的函数和种植面积价格弹性决定。其中，这里的 C 仅表示农作物，$e_{C,CP}^{AP}<>0$。

**（二）农作物单产**

（14）$YC_{C,T}=a_{C,T}^Y+e_C^{YP}LnPX_{C,T}$

农作物单产（YC）取决于作物本身的生产者价格（PX）。

**（三）产量**

（15）$QX_{C,T} = YC_{C,T} \times AC_{C,T}$

作物产量（QX）由单产（YC）和种植面积（AC）共同决定。

（16）$QX_{COILMEAL,T} = \sum_{COILSDP} (QDP_{COILSDP,T} \times IOOILSD_{COILMEAL,COILSDP,T})$

植物油和饼粕产量（QX）由油料作物加工需求（QDP）和榨油（饼粕）率（IOOLSD）决定。

（17）$QX_{CSUG,T} = \sum_{CSUGCRP} (IOSUG_{CSUGCRP} \times QDP_{CSUGCRP,T})$

糖产量（QX）是糖加工需求（QDP）的固定比例（IOSUG）。

（18）$\mathrm{Ln}QX_{C,T} = \alpha_C^{SM} + \sum_{CP} e_{C,CP}^{SP} \mathrm{Ln}PX_{C,T} + inpela_C \mathrm{Ln}FECOST_{C,T}$

除猪肉、牛肉外畜产品产量由畜产品生产者价格（PX）和饲料成本（FECOST）共同决定。其中，$e_{C,CP}^{SP}$ 为供给价格弹性，$inpela_C$ 为投入品弹性。

## 三、猪和牛的供需方程

（19）$QX_{\mathrm{CMEAT},T} = \sum_{CLIVE} (IOLVMT_{\mathrm{CLIVE,CMEAT},T} \times QDP_{\mathrm{CLIVE},T})$

猪肉和牛肉产量（QX）取决于出栏量（QDP）和胴体重（IOLVMT），CMEAT 为猪肉和牛肉。

（20）$IOLVMT_{\mathrm{CLIVE,CMEAT},T} = AIOLVMT_{\mathrm{CLIVE,CMEAT}} + \sum_{CP} e_{CMEAT,CP}^{SP} LnPX_{CP,T}$

猪和牛的胴体重为生产者价格（PX）的函数，CLIVE 为商品猪和商品牛。

（21）$EST_{CPCB,T} = EST.L_{CPCB,T}$

活猪和活牛基期期末存栏量等于基期期末存栏量。

（22）$\mathrm{Ln}EST_{CPCB,T} = \mathrm{LnEST}.L_{CPCB,T-1} + \mathrm{estela} \times \mathrm{Ln}(\sum_{CPCM} (\left(\frac{PX_{CPCM,T}}{PX.L_{CPCM,T-1}}\right) \times \mathrm{fecost}.L_{CPCM,T-1}) / fecost_{CPCM,T})$

活猪和活牛未来本期存栏量是期初存栏量、生产者价格变化与饲料成本之间的函数，EST 期末库存，estela 为弹性，fecost 为饲料成本，T-1 为 T 的上一期

（23）$QDP_{CPCB,T} = EST.L_{CPCB,T-1} \times IOBRDSLT_{CPCB,T}$

淘汰母猪 / 母牛屠宰量（QDP）是期初存栏量和母猪 / 母牛的淘汰率（IOBRDSLT）决定，CPCB 为母猪或母牛。

母猪 / 母牛新增存栏方程为：

（24）$QX_{CPCB,T} = EST_{CPCB,T} + QDP_{CPCB,T} - EST.L_{CPCB,T-1}$

新增母猪 / 母牛数 = 母猪 / 母牛期末存栏 + 淘汰母猪 / 母牛 − 母猪 / 母牛期初存栏

商品猪 / 商品牛新增头数方程为：

（25）$QX_{CPCO,T} = \sum_{CPCB} \left( EST.L_{CPCB,T-1} \times IOBRDOTH_{CPCB,T} \right)$

商品猪 / 牛头数 = 母猪 / 母牛期初存栏 × 产仔率

商品猪 / 商品牛死亡头数方程为：

（26）$QDW_{CPCO,T} = QDP_{CPCO,T} \times IODEATH_{CPCO,T}$

商品猪 / 商品牛可屠宰数量方程为：

（27）$QDP_{CPCO,T} = (EST.L_{CPCO,T-1} + QX_{CPCO,T} - QDW) \times IOPCOSLT_{CPCO,T}$

商品猪 / 牛的期末存栏方程为：

（28）$EST_{CPCO,T} = EST.L_{CPCO,T-1} + QX_{CPCO,T} - QDW_{CPCO,T} - QDP_{CPCO,T}$

畜产品存栏量变化方程为：

（29）$STV_{C,T} = EST_{C,T} - EST.L_{C,T-1}$

## 四、价格和市场出清方程

居民消费者价格方程为：

（30）$PD_{C,T} = PX_{C,T} \times (1 + margD_C)$

消费者价格 = 生产者价格 ×（1+ 国内边际成本）

进口价格方程为：

（31） $pwm_{C,T} \times (1 + mmargwm_{c}) > PD_{C,T}$

进口价格（pwm）×（1+ 进口边际成本）> 消费者价格

出口价格方程为：

（32） $PX_{C,T} > pwe_{C,T} \times (1 - margwe_{C})$

生产者价格（PX）> 国际出口价格 ×（1- 出口边际成本）

需求总量方程为：

（33） $QDT_{C,T} = QDF_{C,T} + QDL_{C,T} + QDS_{C,T} + QDP_{C,T} + QDO_{C,T} + QDW_{C,T} + STV_{C,T}$

总需求 = 食物消费需求 + 饲料消费需求 + 种子需求 + 加工需求 + 其他消费需求 + 损耗 + 库存变化

市场出清方程为：

（34） $QX_{C,T} + QM_{C,T} - QE_{C,T} = QDT_{C,T}$

产量 + 进口量 - 出口 = 总需求

# 后　记

2018 年 6 月 26 日，中国农业科学院和国际食物政策研究所（IFPRI）首次联合发布《中国农业产业发展报告 2018》和《2018 全球食物政策报告》，共同关注日益抬头的逆全球化思潮在农业领域产生的影响。2019 年 5 月 13 日，中国农业科学院和 IFPRI 联合发布《中国农业产业发展报告 2019》和《2019 全球食物政策报告》，报告主题聚焦乡村振兴。2020 年 6 月 3 日，中国农业科学院和 IFPRI 联合发布《中国农业产业发展报告 2020》和《2020 全球食物政策报告》，报告主要分析农业产业竞争力和食物系统相关问题。2021 年 5 月 25 日，中国农业科学院和 IFPRI 联合发布《中国农业产业发展报告 2021》和《2021 全球食物政策报告》，集中讨论全球及中国农业食物系统风险与韧性。2022 年 6 月 17 日，中国农业科学院和 IFPRI 联合发布《中国农业产业发展报告 2022》和《2022 全球食物政策报告》，进一步聚焦农业食物系统风险与韧性开展系统深入研究。2023 年 5 月 21 日，中国农业科学院和 IFPRI 联合发布《中国农业产业发展报告 2023》和《2023 全球食物政策报告》，对农业强国建设相关产业发展热点问题进行了深入探讨。

《中国农业产业发展报告 2024》（以下简称《报告》）是中国农业科学院智库报告、中国农业发展战略研究院智库报告的重要组成部分，由中国农业科学院农业经济与发展研究所组织科研骨干进行编写，是集体智慧的结晶。《报告》各章撰写人员如下：第 1 章为杨艳涛，第 2 章为张宇，第 3 章为韩昕儒、王斌发，第 4 章为姜茜、林青宁、龚斌磊、胡向东、王国刚，第 5 章为黄圣男、韩昕儒、朱文博，第 6 章为曹芳芳、常倩、韩昕儒、刘丽，第 7 章为钱静斐、钱宸、李学惠、胡向东、王国刚，第 8 章为张琳（稻谷产业）、宋莉莉（小麦产业）、杨艳涛（玉米产业），第 9 章为王晓君（大豆产业）、钱加荣（油菜籽产业）、闫琰（花生产业），第 10 章为王祖力（生猪产业）、杨春（肉牛产业）、周慧（肉羊产业）、辛翔飞（肉鸡产业）、朱宁（蛋鸡产业）、石自忠（奶产业）、黄圣男（水产品产业），第 11 章为陈珏颖（马铃薯产业）、钱静斐（棉花产业）、郭君平（糖料产业）、周向阳（蔬菜产业）、高芸（水果产业），附录一和附录二为韩昕儒。《报告》由胡向东、王国刚、刘丽、王晓君、姜茜、曹芳芳、常倩、韩昕儒、钱宸、张琳、钱静斐、杨艳涛、张宇等统稿校稿，不足之处请读者批评指正。

《报告》在撰写过程中得到诸多领导与专家的鼎力相助。中国农业科学院原副院长梅旭荣研究员、中国农业科学院农业经济与发展研究所原所长袁龙江研究员、中国农业科学院战略研究中心主任王济民研究员、中国农业大学田维明教授和樊胜根教授、IFPRI 陈志钢高级研究员等专家多次参与《报告》提纲拟定、初稿修改和终稿审定。感谢 CGIAR 大科学展望项目“加速粮食、土地和水系统转型的展望和度量”的资助，感谢中国农业科学院农业经济与发展研究所科技处、综合办公室、杂志社、财务处、人事处、党办同事的大力协助。感谢中国农业科学技术出版社的大力支持。

2024 年是中华人民共和国成立 75 周年，也是实现“十四五”规划目标任务的关键一年，“三农”工作任务更加艰巨。《中国农业产业发展报告》将坚持定量研究与定性研究相结合的方式，集成中国农业科学院智库研究成果，服务政府决策和产业发展。